Roberto Assagioli

PSYCHOSYNTHESE
Methoden, Prinzipien und Techniken

Roberto Assagioli
Psychosynthese
Prinzipien, Methoden und Techniken

Verlag Astrologisch-Psychologisches Institut
Adliswil/Zürich

Titel der 1. Amerikanischen Original-Ausgabe:
»Psychosynthesis - a Manual of Principles and Techniques«
Hobbs, Dorman & Company, Inc., New York, 1965

1. Deutsche Auflage 1978:
Aurum Verlag, Freiburg/Br.

2. Deutsche Auflage 1988:
in vollständig überarbeiteter Übersetzung
von David Bach, Werner Stephan, Irène Wieser

© 1984 weltweit: Berkshire Center for Psychosynthesis
Monterey/MA
© 1988 Verlag Astrologisch-Psychologisches Institut
CH-8134 Adliswil/Zürich

Alle Rechte vorbehalten
Nachdruck oder Vervielfältigung des Buches oder
von Teilen daraus nur mit ausdrücklicher Genehmigung
des Verlages

Umschlaggestaltung und Graphik: Michael A. Huber
Satz: Werner Stephan
Hergestellt mit dem Textline-PC-Satzsystem
Druck: Werkdruck GmbH Oberursel/BRD

Printed in Germany
ISBN 3.85523 802 2

Inhaltsverzeichnis

1. Teil: Prinzipien

Einleitung: Psychosynthese und existentialistische Psychotherapie... 13
  A. Gemeinsamkeiten... 13
  B. Unterschiede... 15

Kapitel I: Dynamische Psychologie und Psychosynthese... 22

Kapitel II: Selbstverwirklichung und psychologische Störungen... 48

2. Teil: Methoden und Techniken der Psychosynthese

Übersicht über die in der Psychosynthese eingesetzten Methoden... 76
  I. Eingangstechniken... 76
  II. Bewertung... 76
  III. Spezielle Techniken... 76
  IV. Kombinierte Übungen... 77
  V. Persönlicher Einfluss... 77
  VI. Gruppentechniken... 78
  VII. Techniken der interindividuellen Psychosynthese... 78

Einleitung: Grundlegende Kommentare und allgemeine Bemerkungen zu den Techniken der Psychosynthese... 79

Kapitel III: Allgemeine Einschätzung und Erforschung des Unbewussten... 83
  A) Diagnose und Exploration... 83
  B) Fragebögen... 95
  C) Die Struktur des Menschen... 103
  D) Die Erforschung des Unbewussten... 110

Kapitel IV: Personale Psychosynthese... 119
1. Katharsis... 119
2. Kritische Analyse... 125
3. Selbstidentifikation... 129
4. Disidentifikations-Übung... 136
5. Techniken zur Entwicklung des Willens... 146
6. Techniken für Schulung und Gebrauch der Imagination... 165
7. Techniken der Visualisierung... 167
8. Techniken der auditiven Evokation... 174
9. Techniken der imaginativen Evokation anderer Sinne... 180
10. Plan der Psychosynthese... 187
11. Techniken des Idealbildes... 189
12. Techniken der Symbolverwendung... 201

Kapitel V: Spirituelle Psychosynthese... 217
13.1. Einleitung zur spirituellen Psychosynthese... 217
13.2. Die Erforschung des Überbewussten... 222
13.3. Symbole der spirituellen Psychosynthese... 228
13.4. Die Technik des Dialogs... 230
13.5. Übungen zur spirituellen Psychosynthese... 234
14. Techniken für den Gebrauch der Intuition... 245
15. Übung zur Erzielung heiterer Gelassenheit... 252

Kapitel VI: Interpersonale Psychosynthese... 253
16. Techniken der interpersonalen Beziehung... 253
17. Anmerkungen zur Technik Henri Baruks für die Beziehung zwischen Therapeut und Patient... 257
18. Allgemeine Anmerkungen zu den Techniken... 261

3. Teil: Anhang

Das Katathyme Bild-Erleben... 267
Die meditativen Verfahren in der Psychotherapie... 286
Geschichtlicher Abriss und Entwicklung der Psychosynthese... 298
Psychosynthese Lehrzentren und Institute... 300
Bibliographie... 304
Literatur... 307
Anmerkungen... 317

Vorwort zur 2. Auflage der englischen Ausgabe

Um einige mir gestellte Fragen zu beantworten scheint es mir angemessen, mehr Information über Ursprung und Ausarbeitung der verschiedenen Abschnitte dieses Buches zu geben und zugleich all jenen meinen Dank auszusprechen, die bei der Vorbereitung dieses Buches für die Publikation behilflich waren.

Kapitel 1 schrieb ich ursprünglich in Italienisch; es erschien 1931 unter dem Titel »Psicoanalisi e Psicosintesi« als Broschüre. Es wurde dann ins Englische übersetzt und unter dem gleichen Titel 1934 im *Hibbert Journal* veröffentlicht. Später wurde es gründlich überarbeitet und 1959 als Broschüre von der Psychosynthesis Research Foundation unter dem Titel *Dynamic Psycholoy and Psychosynthesis* publiziert.

Kapitel II wurde ursprünglich ebenfalls in Italienisch geschrieben und 1933 veröffentlicht, eine englische Übersetzung erschien 1937 im *Hibbert Journal* unter dem Titel »Spiritual Development and its Attendant Maladies«. Unter Mithilfe von Robert Gerard, Ph. D., wurde es 1961 von der Psychosynthesis Research Foundation unter dem jetzigen Titel *(Self-Realisation and Psychological Disturbances)* veröffentlicht.

Das grundlegende Material für den ersten Teil des Buches *(Kapitel III bis VI)* wurde in vielen Jahren therapeutischer Praxis und Erfahrung von mir gesammelt und in meinen Vorträgen und Kursen am »Istituto di Psicosintesi« und vielen unveröffentlichten Aufsätzen zugänglich gemacht.

Mit der Begründung der »Psychosynthesis Research Foundation« im Jahr 1957 wurde das Bedürfnis deutlich, das Material im Hinblick auf eine Veröffentlichung als Handbuch der Psychosynthese-Techniken zu ordnen. Robert Gerard kam dafür 1959, unterstützt durch Mittel der Foundation, nach Italien und arbeitete mit mir zusammen. Wir diskutierten viele der Techniken und nahmen unsere Gespräche auf Band auf, und allmählich entwickelte sich das allgemeine Muster für die Beschreibung der Techniken: *Ziel - Prinzip - Vorgehensweise - Indikationen und An-*

wendungsbereich - Grenzen und Kontraindikationen - Kombination mit anderen Techniken. Bei dieser Arbeit erwies sich Robert Gerards Mitarbeit als sehr wertvoll, und ich möchte meine Anerkennung dafür aussprechen.

Die Übungen zur spirituellen Psychosynthese (zur Gralssage, Dantes *Göttlicher Komödie* und dem Erblühen einer Rose sowie die Übung zur Erzielung heiterer Gelassenheit und innerer Klarheit) sind ursprünglich von mir verfasst.

Später wurde das gesammelte Material - einschliesslich der Tonbandabschriften - von Bruno und Louise Huber, die zu der Zeit Sekretariatsarbeiten für mich machten, gründlich durchgearbeitet und geordnet. Eine weitere sorgfältige Überarbeitung, besonders hinsichtlich Wortwahl und Stil, besorgten Frank und Hilda Hilton. Eine letzte Durchsicht mit hilfreichen Vorschlägen erfolgte durch Jack Cooper.

Florenz, Juli 1969   *Roberto Assagioli*

Vorwort zur 2. deutschen Ausgabe

Die Verleger dieses Buches, Bruno und Louise Huber, halfen Roberto Assagioli im Jahre 1960, die ursprüngliche amerikanische Ausgabe aus Tonbändern und kurzen Schriften zusammenzustellen und zu ordnen.

Die Übersetzer dieser neuen deutschen Ausgabe, Werner Stephan und Irène Wieser, hielten sich weitgehend an diese Original-Ausgabe. Wir entschlossen uns jedoch, die Kapitel »Music as a Cause of Disease and as a Healing Agent«, »Transmutation and Sublimation of Sexual Energies« und »Pictures and Colors: Their Psychological Effects« nicht zu verwerten, da sie uns zu sehr an ihre Entstehungszeit gebunden schienen.

Im Anhang fügten wir eine Liste der uns bekannten Psychosynthese Lehrzentren und Institute hinzu. Die Literaturliste enthält neben den im Originalbuch angegebenen Büchern auch solche neueren Datums, die unter anderem vom »Psychosynthesis Institute of New York« in seinen Lehrkursen verwendet werden. Diese Bücher sind zusätzlich durch zwei Sterne (**) gekennzeichnet. Diese Bücher wurden gemeinsam von Werner Stephan und mir zusammengestellt.

Monterey, Massachusetts
März, 1988   David Bach

1. TEIL:
PRINZIPIEN

Einleitung: Psychosynthese und existentialistische Psychotherapie

Um die Psychosynthese in den Zusammenhang gegenwärtigen Denkens in Psychologie und Psychiatrie einzuordnen, insbesondere in bezug auf die neueren Strömungen, scheint es angebracht, eine Gegenüberstellung oder einen Vergleich zwischen Psychosynthese und existentialistischer Psychotherapie vorzunehmen.

Ich bin mir der Schwierigkeiten und Grenzen eines solchen Vergleiches wohl bewusst. Wie van Kaam formulierte, ist Existentialismus »ein Sammelname für sehr unterschiedliche existentialistische Strömungen, die nur in wenigen Merkmalen übereinstimmen«. Aber die Schwierigkeit wird zu einem grossen Teil dadurch beseitigt, dass ich nicht auf die philosophischen und theoretischen Aspekte des Existentialismus eingehen werde - darin unterschieden sich ihre Repräsentanten am meisten -, sondern nur auf diejenigen, die in einem Zusammenhang mit Psychotherapie stehen. Diese Ausführungen erheben jedoch nicht den Anspruch, in irgendeiner Weise umfassend zu sein, sondern sind als Hinweise und Einleitung gemeint. Ich möchte hinzufügen, dass dabei zugleich fast nebenbei die Übereinstimmungen und Unterschiede zwischen Psychosynthese und den anderen, nicht-existentialistischen Methoden der Psychotherapie aufgezeigt werden. Betrachten wir zunächst die Gemeinsamkeiten:

A. Gemeinsamkeiten

Es sind im wesentlichen die gleichen wie die von Abraham H. Maslow in seiner Schrift *Bemerkungen über den Existentialismus und die Psychologie* so klar aufgezeigten Übereinstimmungen.

1. Eine grundlegende Ähnlichkeit oder vielmehr Übereinstimmung ist eine methodische, und zwar die Methode, von *innen* her, mit dem *Selbst* eines Menschen zu beginnen, mit seinem Anwesendsein. Das bedeutet, der Vorstellung und Erfahrung

von »Identität« eine zentrale Bedeutung zuzumessen. Dieser Schwerpunkt wird ebenso von Abraham H. Maslow und einer Gruppe anderer amerikanischer Psychologen und Psychiater gesetzt, wie zum Beispiel von Gordon W. Allport, Erich Fromm, Clark E. Moustakas, Erik H. Erikson etc., die für eine Richtung stehen, mit der ich weitgehend übereinstimme. Ähnliches gilt auch für die personalistische Psychologie von Paul Tournier, Charles Baudouin, Igor A. Caruso, das »personale« Konzept von Johanna Herzog-Dürck, August Vetter und das »personal-anthropologische« Konzept von Viktor Freiherr von Gebsattel.

2. Das Konzept oder vielmehr die Tatsache, dass sich jedes Individuum in ständiger Entwicklung befindet, gleichsam *wächst* und fortwährend viele latente Möglichkeiten und Fähigkeiten aktualisiert.

3. Die zentrale Bedeutung von *Sinn*, vor allem des Sinnes, den jeder Mensch seinem Leben *gibt* oder nach dem er in seinem Leben *sucht*.

4. Die Erkenntnis der Wichtigkeit von *Werten*, vor allem ethischen, ästhetischen, philosophischen und religiösen Werten, wie dies so treffend von Viktor E. Frankl dargestellt wurde.

5. Die Tatsache, dass jeder Mensch ständig mit *Wahlmöglichkeiten* und *Entscheidungen* konfrontiert ist, sowie die daraus erwachsende *Verantwortung*.

6. Die Notwendigkeit, ein klares Bewusstsein der *Motivationen* zu erlangen, welche die Wahlmöglichkeiten und Entscheidungen bestimmen.

7. Die Erkenntnis der Tiefe und der Bedeutung des menschlichen Lebens sowie des Raumes, den Angst darin einnimmt, und der Leiden, denen man zu begegnen hat.

8. Die Betonung der *Zukunft* und ihrer dynamischen Rolle für die *Gegenwart*.

9. Die Erkenntnis der Einmaligkeit jedes Individuums, Gordon W. Allports »idiographische Psychologie« und daraus folgend das Bedürfnis nach einer, wie ich sie nenne, »differentiellen Psychosynthese« die eine unterschiedliche Kombination der vielen Therapietechniken zu einer neuen Methode für jeden einzelnen Patienten fordert.

B. Unterschiede

Zunächst möchte ich betonen, dass diese Unterschiede lediglich relativ und nicht grundlegend sind, dass also keine wirklichen Gegensätze bestehen. Die Unterschiede liegen zum grossen Teil in unterschiedlicher Gewichtung und in der Einbeziehung von Faktoren, Aspekten oder Techniken, die von anderen Therapieformen nicht oder nicht genügend berücksichtigt werden.

Bei manchen Vertretern der existentialistischen Therapie treten bestimmte Unterschiede auch stärker hervor als bei anderen. Ich kann hier nicht näher darauf eingehen, aber gut informierte Leser werden dies leicht erkennen können.

1. Der vielleicht wichtigste Punkt ist die Betonung des Willens und der zentrale Platz, der ihm als einer wesentlichen Funktion des Selbst gegeben wird; er ist unabdingbarer Ursprung und notwendige Quelle aller Wahlmöglichkeiten, Entscheidungen und Verpflichtungen. Deshalb gehört zur Psychosynthese eine sorgfältige Analyse der verschiedenen Phasen des Willens, wie zum Beispiel Überlegung, Motivation, Entscheidung, Bestätigung, Beharrlichkeit, Ausführung; verschiedene Techniken, den Willen zu wecken, zu entwickeln, zu stärken und richtig zu lenken, werden vielfach angewendet.

2. Ein weiteres Unterscheidungsmerkmal zu einigen Existentialisten betrifft die Natur des Selbst und die Suche nach Selbstidentität. Meiner Ansicht nach ist die direkte Erfahrung des Selbst, der reinen Selbst-Bewusstheit, eine wirkliche »phänomenologische« Erfahrung, eine innere Realität, die unabhängig ist von irgendeinem »Inhalt« des Bewusstseinsfeldes

hängig ist von irgendeinem »Inhalt« des Bewusstseinsfeldes und von irgendeiner Situation, in der sich das Individuum befinden mag; diese Erfahrung kann empirisch überprüft und willentlich durch entsprechende Techniken hervorgerufen werden. Eine Betrachtung des Wesens und der Stellung des Selbst und seiner beiden Aspekte ist in Kapitel I und II enthalten.

3. Ein weiterer Unterschied zu bestimmten existentialistischen Richtungen ist die Anerkennung sowohl der positiven, kreativen, freudigen als auch der schmerzlichen und tragischen Erfahrungen, die beide menschliche Grunderfahrungen darstellen. Es sind jene Erfahrungen, die von Maslow treffend »Gipfelerlebnisse« (peak-experiences) genannt werden, wie zum Beispiel: Selbstverwirklichung, Erfüllung, Vollendung, Erleuchtung, Friede und Freude. Das sind phänomenologisch erlebte Erfahrungen, und in der Psychosynthese werden sie durch die Anwendung angemessener Methoden aktiv gefördert oder hervorgerufen.

4. Die Erfahrung der Einsamkeit gilt in der Psychosynthese nicht als endgültig oder unbedingt notwendig. Sie stellt ein bestimmtes Stadium dar, einen vorübergehenden, subjektiven Zustand. Er wechselt ab mit echten, lebendigen Erfahrungen in der menschlichen Kommunikation sowie dem Erleben von Beziehung und Austausch, bis hin zum Erleben einer Verschmelzung zwischen Individuen und Gruppen durch Intuition, Einfühlen, Verstehen und Identifizieren. Dies ist das weite Feld transpersonaler Psychosynthese, die von der Beziehung zwischen Mann und Frau zu einer harmonischen Integration des Individuums bis hin zur Integration in immer grössere Gruppen reicht, zur »einen Menschheit«. Man kann das mit anderen Worten als die Wirklichkeit und das Wirken der *Liebe* in ihren mannigfaltigen Aspekten bezeichnen, besonders in ihrer Ausformung als »Agape«: als altruistische Liebe, Nächstenliebe, Brüderlichkeit, Kommunion, »Miteinander-Teilen«; siehe dazu Pitirim A. Sorokin, C. S. Lewis und Erich Fromm.

5. Die gezielte Anwendung einer grossen Zahl »aktiver Techni-

ken« mit folgendem Ziel:
a) Transformation, Sublimation und Ausrichtung psychischer Energien.
b) Stärkung und Reifung schwacher oder unterentwickelter Funktionen.
c) Aktivierung überbewusster Energien und das Erwecken latenter Potentiale.

6. Die bewusste und *geplante* Rekonstruktion oder Neuschaffung der Persönlichkeit durch Kooperation und Zusammenspiel von Patient und Therapeut. Grad und Charakter einer solchen Kooperation variieren im Verlauf des therapeutischen Prozesses; es lassen sich drei Stadien unterscheiden, obwohl diese nicht getrennt sind, sondern sich oft überschneiden und ineinander übergehen. Zuerst spielt der Therapeut eine aktivere Rolle. Dann nimmt sein Einfluss immer mehr die Form eines Katalysators an: er repräsentiert oder verkörpert ein Modell oder Symbol und wird in gewissem Masse vom Patienten verinnerlicht. Im Endstadium zieht sich der Therapeut allmählich zurück und wird ersetzt durch das Selbst, zu dem der Patient eine immer stärkere Beziehung entwickelt, einen »Dialog« und eine zunehmende (wenn auch niemals vollständige) Identifikation.

Lassen Sie mich die Tatsache unterstreichen, dass die Elemente und Funktionen, die aus dem Überbewussten kommen, - wie zum Beispiel ästhetische, ethische oder religiöse Erfahrungen, Intuition, Inspiration, Zustände mystischen Bewusstseins und so weiter - reale Erfahrungen sind, in einem pragmatischen Sinn *»wirklich«*, da sie etwas *»be-wirken«*, nämlich Veränderungen in der inneren wie auch äusseren Welt hervorbringen. Daher sind sie der Beobachtung und dem Experiment zugänglich durch wissenschaftliche Methoden, die ihrer Natur angemessen sind; ebenso sind sie mit psycho-spirituellen Techniken beeinflussbar und nutzbar.

An diesem Punkt mag die Frage nach der Beziehung zwischen diesem Konzept des menschlichen Wesens und Religion und Metaphysik auftauchen. Die Antwort ist, dass Psychosynthese nicht im geringsten versucht, sich das Gebiet von Religion oder

Philosophie anzueignen. Sie stellt ein wissenschaftliches Konzept dar und ist als solches neutral gegenüber den verschiedenen religiösen Richtungen und philosophischen Lehren, ausgenommen jene, die materialistisch sind und deshalb die Existenz geistiger (spiritueller) Realität verneinen. Psychosynthese hat nicht zum Ziel und versucht auch nicht, eine metaphysische oder theologische Erklärung des grossen Mysteriums des Lebens zu geben - sie führt zur Tür, hält aber dort inne.

Die Liste der Techniken, die im Rahmen der Psychosynthese verwendet werden, weist auf die verschiedenen möglichen Phasen einer Behandlung hin. Ausgangspunkt ist die *Feststellung der einzigartigen existentiellen Situation* jedes Patienten, der *Probleme*, die sich darbieten und des Weges zu deren Lösung. Dies schliesst somit eine analytische Phase ein.

Dann folgt die Aktivierung latenter oder schwach entwickelter Aspekte und Funktionen der Persönlichkeit durch den Einsatz aktiver Techniken, entsprechend den jeweiligen Aufgaben des Individuums. Danach oder vielmehr während dieses Vorganges muss die Harmonisierung und Integration aller Eigenschaften und Funktionen der Person zu einem handlungsfähigen Ganzen angestrebt und aktiv gefördert werden - dies ist die zentrale Aufgabe der Psychosynthese.

Solche Harmonisierung und Integration ermöglicht und verlangt zugleich konstruktive Verwendung und Ausdruck aller befreiten und aktivierten Impulse und Energien der Persönlichkeit. Als Folge davon tauchen nun Probleme und Aufgaben zwischenmenschlicher Beziehungen und sozialer Integration auf (Psychosynthese von Mann und Frau - des Individuums mit verschiedenen Gruppen - von Gruppen untereinander - von Nationen - schliesslich der ganzen Menschheit).

Bei einer Behandlung werden diese Phasen nicht jede für sich und genau in dieser Abfolge durchlaufen, sondern parallel bearbeitet. Wenn zum Beispiel zu Beginn die existentielle Situation als zentrales Problem aufgegriffen wird, so stellt man häufig fest, dass sie ethische oder religiöse Konflikte einschliesst, denen man sich dann unmittelbar zuwenden muss. Im Gegensatz dazu kann die analytische Untersuchung nach und nach durchgeführt werden, wann immer eine Blockierung oder ein Widerstand beseitigt werden muss. Ein besonderes Merkmal der psychosynthetischen Behandlung ist die systematische Verwendung aller verfügbaren aktiven psychologischen Techniken. Mit »systematisch« ist dabei gemeint, dass diese Techniken nach einem bestimmten Behandlungsplan eingesetzt werden und auf klar erkannte Ziele gerichtet sind. Es handelt sich also nicht um einen blossen Eklektizismus, wie es bei oberflächlichem Hinsehen scheinen mag.

Ich werde diese Techniken im zweiten Teil ausführlich vorstellen, möchte jedoch hier einige von ihnen erwähnen, die ich für besonders wichtig halte. Die grundlegende Technik, die bei der Anwendung aller anderen hilfreich ist oder sie sogar erst möglich macht, betrifft das Wecken und die Entwicklung des *Willens*.

Der Wille wird seltsamerweise nicht als zentrale und fundamentale Funktion des Ich anerkannt. Er wurde oft geringschätzig als unfähig gegenüber den verschiedenen Impulsen und der Kraft der Imagination angesehen oder mit Argwohn als eine Instanz betrachtet, die der Selbstbehauptung (dem Willen zur Macht) dient. Letzteres ist jedoch nur eine pervertierte Form des Willens, während offensichtliche Nutzlosigkeit des Willens einem falschen und unklugen Einsatz anzulasten ist. Der Wille ist nur dann wirkungslos, wenn er versucht, *gegen* die Vorstellung und andere psychologische Funktionen Widerstand zu leisten. Wird er jedoch angemessen und deshalb erfolgreich eingesetzt, so kann er alle anderen Funktionen auf ein überlegt gewähltes und angestrebtes Ziel hin regulieren und ausrichten.

Wille ist nicht nur einfach Willenskraft im üblichen Sprachgebrauch. Er umfasst sechs Phasen oder Stadien, die alle notwendig sind für eine vollständige und wirkungsvolle Manifestation:

1. Ziel, Bewertung, Motivation
2. Überlegung
3. Entscheidung
4. Bekräftigung (Verstärkung)
5. Planung
6. Ausrichtung der Durchführung

Jeder dieser Aspekte des Willens kann durch entsprechende Techniken entwickelt und eingesetzt werden.

Eine andere psychologische Methode von höchster individueller und sozialer Bedeutung ist die Umwandlung und Sublimation der biopsychischen Energien, besonders der sexuellen und der kämpferischen oder aggressiven Impulse. Die moderne Psychologie, insbesondere die Psychoanalyse, hat die Umwandlung, die solche Energien durchlaufen können und die oft spontan geschehen, entdeckt (oder genauer gesagt: wiederentdeckt). Auf diese Weise entwickelt sich eine wissenschaftliche »Psychodynamik«, deren Ziel es ist, die Gesetze dieser Umwandlungsprozesse aufzudecken und Techniken zu entwickeln, diese in erwünschter Form hervorzubringen. Damit bieten sich Möglichkeiten, die gegenwärtige enorme Verschwendung oder sogar Missbrauch sexueller, emotionaler und kämpferischer Energien zu verringern, und sie auf kreative Aktivitäten und Leistungen zu richten.

Eine andere und in gewissem Sinne gegensätzliche Art von Vorgehensweisen richtet sich auf ein Erwecken, Befreien und Einsetzen der mächtigen überbewussten spirituellen Energien, die eine transformierende und regenerierende Wirkung auf die Persönlichkeit haben. Diese freigesetzte Energie kann man mit der atomaren Energie vergleichen, die latent in der Materie vorhanden ist.

Nur kurz erwähnen möchte ich, dass die Psychosynthese zwar als Therapie entwickelt wurde und vor allem dort eingesetzt wird, dass deren Prinzipien und Methoden jedoch auch auf anderen Gebieten angewendet werden können. Als erstes Anwendungsgebiet liesse sich die Psychohygiene nennen, der es um seelische Gesundheit geht, um vorbeugende Massnahmen gegen Schwierigkeiten neurotischer und psychologischer Art. In der Erziehung finden die vielen verwandten Techniken breite und fruchtbare Anwendung. Darüber hinaus kann Psychosynthese besonders bei der Förderung begabter oder überbegabter Kinder nützlich sein, denn die überbewussten Funktionen sind bei ihnen spontan erwacht oder sind im Begriff zu erwachen, und ihre Aktivität bedarf der weisen Leitung und der Integration mit den anderen Funktionen. Ein anderes weites Anwendungsfeld ist das der interindividuellen (interpersonalen) und Gruppen-Beziehungen, die vordringlich geordnet und harmonisiert werden müssen.

Nicht zuletzt kann Psychosynthese von jedem Menschen angewendet werden zur Förderung und Beschleunigung von innerem Wachstum und Selbstverwirklichung, die manchmal auch als zwingender innerer Antrieb, als vitale existentielle Notwendigkeit verspürt werden können. Eine solche an sich selbst erlebte Psychosynthese sollte von jedem Therapeuten, Sozialarbeiter und Pädagogen (Eltern eingeschlossen) zumindest angestrebt werden. Eigene therapeutische Erfahrung mit Psychosynthese kann auf diese Weise sehr hilfreich sein, weshalb ein solches Training (ähnlich der Lehranalyse) sehr empfohlen werden kann.

Diese Einleitung mag ausreichen, um aufzuzeigen, dass die Psychosynthese viel anzubieten hat. Ich möchte jedoch keinesfalls den Eindruck erwecken, dass es sich dabei um etwas Ausgereiftes und zufriedenstellend Vollendetes handelt, oder dass ich es als solches ansehe. Im Gegenteil - ich betrachte die Psychosynthese als noch im Kindesstadium befindlich oder höchstens als eine Heranwachsende; zwar noch unvollständig, aber mit einem grossen und vielversprechenden Wachstumspotential ausgerüstet. Ich appelliere an alle Therapeuten, Psychologen und Pädagogen, sich aktiv der nötigen Forschungsarbeit, dem Experimentieren und der praktischen Anwendung zu widmen und den Beitrag zu erkennen, denn wir bei der Schaffung einer neuen Kultur leisten können, die gekennzeichnet ist vom Geist der Synthese.

Kapitel I:
Dynamische Psychologie und Psychosynthese

Beginnen wir mit einigen semantischen und historischen Anmerkungen. Das Wort »Psychosynthese« wurde genauso wie der Ausdruck »mentale Synthese« sowie weitere ähnliche Begriffe schon von einer Reihe von Psychologen und Psychiatern angewandt. Betrachten wir einmal nur das Gebiet der Psychotherapie, so stossen wir zuerst auf Pierre Janet, der von einer »synthèse mental« spricht, dann auf D. Bezzola, Wilhelm Neutra, Poul Bjerre, de Jonge, Hans Trüb; auch Sigmund Freud spricht von der synthetisierenden Funktion des Ego. Sie alle verwendeten dieses Wort jedoch nur im Sinne von »Heilung der funktionalen Dissoziation«, das heisst Wiederherstellen des Zustandes, der vor der Spaltung oder Dissoziation bestand, die aus einem traumatischen Erlebnis oder starken Konflikten erwuchsen.

Andere, wie C. G. Jung, der Synthese in Zusammenhang mit der »transzendentalen Funktion« erwähnt, Alphonse Maeder, Igor A. Caruso, Arnold Stocker, Ignace Lepp und Wolfgang Kretschmer jr. verwendeten die Begriffe »Synthese«, »Psychosynthese«, »Synthese der Existenz« und »Synthetische Psychotherapie« in einem tieferen und umfassenderen Sinn als Entwicklung zu einer integrierten, harmonischen Persönlichkeit, sowohl im bewussten als auch im unbewussten Bereich.

Die Praxis der Psychosynthese, die ich im Laufe der Zeit entwickelt habe (die Geschichte dieser Entwicklung wird im Anhang kurz wiedergegeben), schliesst das Vorhergehende ein, ist aber umfassender, genauer und mehr am praktischen Vorgehen orientiert. Wenn wir die offensichtlichsten Charakteristika der gegenwärtigen Kultur betrachten, sind wir betroffen über ihre extreme Aussenorientiertheit (Extraversion) und ihr Verlangen, die Kräfte der Natur zu kennen und zu beherrschen, um die ständig wachsenden Bedürfnisse und Forderungen des Menschen zu befriedigen. Dies ist in der Tat der vorherrschende Trend unseres Zeitalters, doch gibt es natürlich bei näherer Betrachtung auch andere Tendenzen und Entwicklungen.

So wandte seit dem Ende des 19. Jahrhunderts eine zunächst kleine Gruppe von Forschern ihre Aufmerksamkeit der Untersuchung von Phänomenen und Geheimnissen der menschlichen Psyche zu. Die wichtigsten Ergebnisse wurden nicht von akademischen Psychologen erzielt, sondern von unabhängigen Forschern. Fast alle waren sie im klinischen Bereich tätig, angetrieben von den Bedürfnissen ihrer Patienten und unterstützt von der grösseren Greifbarkeit, die bestimmte psychologische Phänomene annehmen, wenn sie durch einen krankhaften Zustand akzentuiert werden.

Erste neuartige Ergebnisse auf diesem Gebiet steuerte Pierre Janet bei. Ausgehend vom Phänomen des »psychischen Automatismus« entdeckte er, dass es viele seelischen Aktivitäten gibt, die unabhängig vom Bewusstsein des Patienten stattfinden und dass sogar wirkliche »Zweitpersönlichkeiten« hinter der Alltagspersönlichkeit leben oder mit ihr abwechseln.

Bald darauf begann ein Wiener Arzt, Sigmund Freud, mit seinen Untersuchungen der unbewussten psychologischen Prozesse. Sein Ausgangspunkt war Breuers kathartische Methode, die darin bestand, im Patienten die vergessenen Traumata oder Eindrücke, die die Symptome hervorgerufen hatten, wieder ins Bewusstsein zurückzurufen und die starken Emotionen freizusetzen, die mit ihnen verknüpft waren. Breuer benutzte dazu die Hypnose, aber Freud fand bald heraus, dass die selben Ergebnisse mit Hilfe der freien Assoziation und der Traumdeutung erreicht werden konnten, die dann später zu den spezifischen Techniken der Psychoanalyse weiterentwickelt wurden.

Freud zeigte, dass verschiedene physische Symptome und psychische Störungen auf Impulse und Phantasien beruhen, die im Unbewussten verborgen sind und dort durch Widerstände und Abwehrmechanismen der verschiedensten Art gehalten werden. Er fand auch heraus, dass viele Erscheinungen unseres Alltagslebens, wie Träume, Vergessen, Fehlleistungen und Verhaltensstörungen und sogar künstlerische und literarische Erzeugnisse auf denselben psychologischen Mechanismen beruhen, die bei Kranken die Krankheitssymptome hervorbringen. So ist zum Beispiel das merkwürdige Vergessen wohlbekannter Dinge oder Worte nach Freud irgendeiner Beziehung anzulasten, die zwischen dem vergessenen Wort oder den Tatsachen und einem schmerzlichen oder unangenehmen Ereignis besteht. Er gibt dafür ein amüsantes Beispiel: Eines Tages konnte er sich nicht an einen bekannten Urlaubsort an der italienischen Riviera erinnern, nämlich Nervi. Er schreibt: »Mit *Nerven* habe ich allerdings genug zu tun.«

Auf diesen Grundlagen entwickelte Freud einen Reichtum an Vorstellungen über Entstehungsursachen und über die Struktur der menschlichen Persönlichkeit. Es ist nicht möglich, diese hier zusammenzufassen, zumal sie im Verlauf der vielen Jahre seiner Tätigkeit und zahlreicher Arbeiten beachtliche Veränderungen erfuhren. Seine psychoanalytischen Lehren sind jedoch gegenwärtig gut bekannt und wurden von verschiedenen Autoren erläutert oder zusammengefasst (*1; Anmerkungen siehe am Schluss des Buches).

Freud hatte viele Schüler und Anhänger, von denen einige bestimmte Entwicklungen und Modifikationen beitrugen, während sie weiterhin der Hauptströmung der psychoanalytischen Bewegung angehörten, so etwa Karl Abraham, Sándor Ferenczi, Wilhelm Stekel, Melanie Klein und so weiter. Andererseits bezogen einige von Freuds ursprünglichen Schülern und Mitarbeitern unabhängige und sogar gegensätzliche Positionen und entwickelten eigene Vorstellungen, Methoden und sogar Schulen.

Die bedeutendsten unter ihnen sind: *Alfred Adler*, der in seiner Individualpsychologie die Bedeutung des Dranges zur persönlichen Selbstbehauptung oder des Geltungsstrebens betonte; *C.G. Jung*, der die tieferen Schichten des Unbewussten erforschte, wo er Bilder und Symbole fand, die kollektiven Charakter tragen; *Otto Rank*, der besondere Bedeutung auf die Probleme von Trennung und Vereinigung und auf die Funktion des Willens legte. Weitere spezifische Beiträge wurden zum Beispiel von *Karen Horney* gemacht, die auf die Bedeutung aktueller Konflikte und das Bedürfnis nach Sicherheit verwies; *Erich Fromm* hob den auf dem Individuum lastenden sozialen Druck hervor. Verschiedene Beiträge wurden von französischen Psychoanalytikern gemacht, wie zum Beispiel von *Rene Allendy, Angelo Hesnard* und *Charles Baudouin*. Auch die Existenzanalyse und Logotherapie sollten Erwähnung finden, die durch *Ludwig Binswanger*, beziehungsweise *Viktor E. Frankl* entwickelt und praktiziert wurden.

Wenn wir einen grösseren Bereich betrachten, der sowohl die speziellen Zweige der Medizin und Psychologie als auch verschiedene sonstige Strömungen einschliesst, finden wir bedeutsame und wertvolle Beiträge zum Wissen über die menschliche Natur und über ihre Entwicklung hin zum Besseren, darunter die folgenden:

1. *Die psychosomatische Medizin*, die sich im Verlauf der letzten Jahre zunehmend entwickelt hat und die den starken Einfluss psychologischer Faktoren auf das Entstehen von Schwierigkeiten aller Art aufzeigt, auch vieler körperlicher Symptome und Beschwerden.

2. *Die Religionspsychologie*, in der die verschiedenen Ausprägungen religiösen Bewusstseins und mystischer Zustände untersucht werden. Von den zahlreichen Forschern auf diesem Gebiet können wir unter den ersten William James erwähnen mit seinem klassischen Werk »Die religiöse Erfahrung in ihrer Mannigfaltigkeit«, Evelyn Underhill und ihre Arbeit über Mystik, Friedrich Heiler, Winslow Hall und so weiter. In der jüngsten Zeit sind eine Reihe von Werken erschienen, die sich mit der Beziehung zwischen Psychologie und Religion befassen.

3. *Die Erforschung des Überbewussten* und seiner Manifestationen zum Beispiel in Form von Intuitionen und Erleuchtungserlebnissen, von kreativer Aktivität, Genie und hochbegabten Kindern. Auf diesem Gebiet finden wir die Studie über das »kosmische Bewusstsein« von Richard Maurice Bucke, die Beiträge von Pjotr D. Ouspensky, Winslow Hall, Hubert J. Urban, Abraham H. Maslow, Lewis M. Terman und so weiter.

4. *Die Parapsychologie*, die als wissenschaftliche Disziplin im ausgehenden 19. Jahrhundert begründet wurde. Wichtige Namen sind: Frederic W.H. Myers, William James, Sir Oliver Lodge, Charles Richet, Gustave Geley, Eugene Osty,

Joseph Banks Rhine. Die Parapsychologie hat die Existenz paranormaler Fähigkeiten nachgewiesen, nämlich der Aussersinnlichen Wahrnehmung (Telepathie, Hellsehen, Präkognition) und der Psychokinese (Bewegung von Gegenständen aus der Entfernung auf direkte, mechanisch unerklärliche Weise). Es wurde auch viel Material zum Problem des Lebens nach dem Tode zusammengetragen.

5. *Östliche Psychologie* (besonders die indische), sowohl die alte als auch die moderne. Ihre wertvollen Beiträge werden jetzt allmählich mit denen der westlichen Psychologie in Verbindung gebracht.

6. *Kreatives Verstehen*, das die kreative Kraft des geistigen Verstehens und der inneren Bedeutung hervorhebt. Ihr Hauptvertreter war Hermann Graf Keyserling, der diesen Ansatz in vielen Büchern vertrat sowie in der »Schule der Weisheit«, die viele Jahre in Darmstadt aktiv war.

7. *Der holistische (ganzheitliche) Ansatz und die Psychologie der Persönlichkeit.* Zuerst von Jan Christiaan Smuts in seinem Buch *Holismus und Evolution* vertreten, wurde er von einer zunehmenden Zahl von Psychologen und Psychiatern übernommen, wie z.B. von Gordon W. Allport, Andras Angyal, Kurt Goldstein, Abraham H. Maslow, Gardner Murphy, Perls/ Hefferline/Goodmann und Ira Progoff. Eine gute Zusammenfassung der Standpunkte dieser Autoren gibt Calvin S. Hall/Gardner Lindzey. Parallel zu dieser Entwicklung in Amerika gab es in der Schweiz eine Bewegung, die »Medicine de la Personne« genannt wurde und in Genf von Paul Tournier ins Leben gerufen wurde, gefolgt von Alphonse Maeder und anderen; unabhängig davon auch von Charles Baudouin. Der personalistische Standpunkt wurde auch von William Stern in Deutschland vertreten.

8. *Interindividuelle und Sozialpsychologie und -psychiatrie und die anthropologischen Studien des Menschen.* Hier handelt es sich um eine grosse Bewegung, die verschiedene voneinander unabhängige Strömungen aufweist. Wir finden hier Harry Stack Sullivan mit seiner »interpersonalen Theorie der Psychiatrie«,

Kurt Lewin, die Forscher auf dem Gebiet der Gruppendynamik, wie jene an der Universität von Michigan, die Erforscher menschlicher Beziehungen an der Harvard Universität, die Beiträge von Pitirim A. Sorokin über altruistische Liebe usw., während in Europa der soziale und moralische Aspekt der Psychiatrie von Henri Baruk und Richard Hauser betont wird. Der anthropologische Ansatz ist neben anderen gut bei Margret Mead dargestellt.

9. *»Aktive Techniken« für die Behandlung und Entwicklung der Persönlichkeit.* Die vergleichsweise älteren sind Hypnose, Suggestion und Autosuggestion, wie sie die »Schule von Nancy« (Liebault, Bernheim, Coué) entwickelt und verwendet haben; wichtig auch die gründliche Arbeit von Charles Baudouin; dann das Autogene Training von Johannes H. Schultz, Robert Desoilles »rêve éveillé«, der rationale Ansatz von Albert Ellis und Robert A. Harper, Carl Happichs Meditationstechnik, Jacob L. Morenos Psychodrama und andere Formen der Gruppenpsychotherapie (z.B. Bach und Berne). Ausserdem gibt es eine Fülle von Techniken, die in diesem kurzen Überblick nicht alle aufgeführt werden können und dem Training bestimmter Funktionen dienen, wie zum Beispiel des Gedächtnisses, des Denkens, der Imagination und des Willens.

Diese Aufzählung ist nur eine Andeutung, und die Reihe der Forscher ist sehr unvollständig; der einzige Zweck dieser Übersicht war es, aufzuzeigen, wie vielfältig und unterschiedlich die Ansätze sind, das *Geheimnis Mensch* zu erforschen. Die grosse Zahl an Studien und Untersuchungen bietet genug Material für einen Versuch der Koordination und Synthese.

Wenn wir gesicherte Fakten, positive und verlässlich authentische Beiträge und gut begründete Interpretationen zusammentragen und die Übertreibungen und den theoretischen Überbau der verschiedenen Schulen beiseite lassen, kommen wir zu einer »pluridimensionalen Konzeption« der menschlichen Persönlichkeit (dieser passende Ausdruck, der eine einschliessende, integrative Sicht bezeichnet, wurde von Ruth Munroe und Gardner Murphy verwendet). Zwar ist auch diese Sichtweise keineswegs vollkommen oder endgültig, meiner Meinung nach jedoch umfassender und mehr der Wirklichkeit entsprechend als frühere Beschreibungen.

Um das menschlichen Wesen besser zu veranschaulichen, kann das folgende Diagramm hilfreich sein. Es ist natürlich ein grobes und einfaches Bild, das nur eine strukturelle, statische, fast »anatomische« Darstellung unserer inneren Struktur gibt, während es den dynamischen Aspekt - den wichtigsten und wesentlichsten - weglässt. Hier jedoch, wie in jeder anderen Wissenschaft, müssen allmähliche Schritte getan und Annäherungen vollzogen werden. Wenn wir mit einer Wirklichkeit umgehen, die so fliessend und schwer fassbar ist wie unser Seelenleben, so ist es wichtig, die Hauptrichtungen und die fundamentalen Unterschiede nicht aus den Augen zu verlieren; andernfalls kann die Vielfalt der Details das Bild als Ganzes trüben und uns davon abhalten, die jeweilige Bedeutung, den Zweck und Wert der verschiedenen Teile zu erkennen.

Mit diesen Vorbehalten und Einschränkungen können wir die Struktur des Menschen im nachfolgenden Diagramm veranschaulichen:

(Siehe Diagramm auf der nächsten Seite).

1. Das tiefere Unbewusste

Es umfasst:
a) Die elementaren psychischen Aktivitäten, die das Leben des Körpers in Gang halten; die intelligente Koordination der körperlichen Funktionen.
b) Die fundamentalen Antriebe und primitiven Impulse.
c) Viele Komplexe, die intensive Gefühle aufgespeichert haben.
d) Träume und Vorstellungsbilder.
e) Einfache, unkontrollierte parapsychologische Prozesse.
f) Verschiedene pathologische Manifestationen, wie zum Beispiel Phobien, Besessenheit, zwanghafte Impulse und paranoide Illusionen.

2. Das mittlere Unbewusste

Es setzt sich aus psychologischen Elementen zusammen, die denjenigen unseres Wachbewusstseins sehr ähnlich und diesem des-

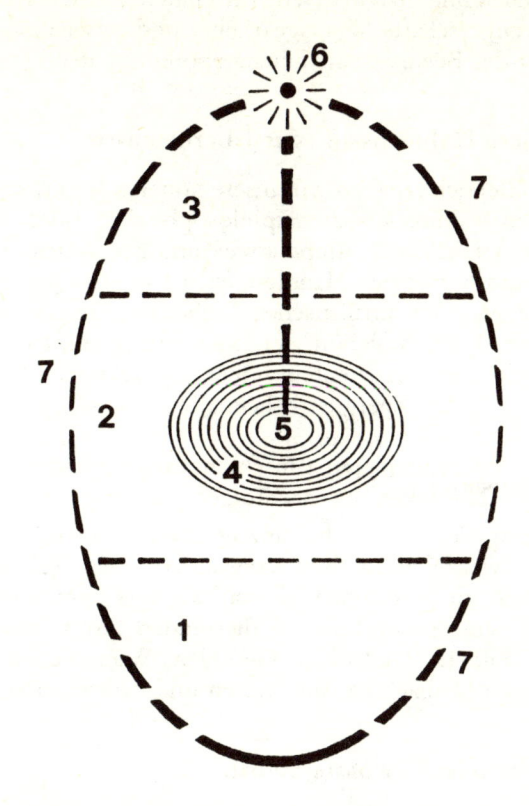

Diagramm I

1. Das tiefere Unbewusste
2. Das mittlere Unbewusste
3. Das höhere Unbewusste oder Über-Bewusste
4. Das Bewusstseinsfeld
5. Das »Ich« oder bewusste Selbst
6. Das höhere (transpersonale) Selbst
7. Das kollektive Unbewusste

halb auch leicht zugänglich sind. In diesem inneren Bereich werden die verschiedenen Erfahrungen aufgenommen, die gewöhnlichen mentalen und imaginativen Aktivitäten in einer Art »seelischen Schwangerschaft« herausgearbeitet und entwickelt, bis sie in das Licht des Bewusstseins hineingeboren werden.

3. Das höhere Unbewusste oder Überbewusste.

Aus diesem Bereich erhalten wir unsere höheren Intuitionen und Inspirationen - künstlerischer, philosophischer oder wissenschaftlicher Art, ethische »Imperative« und den Antrieb zu humanitären und heroischen Handlungen. Es ist die Quelle höherer Gefühle, wie der altruistischen Liebe, des Genies und des Zustandes der Kontemplation, der Erleuchtung und Ekstase. In diesem Bereich sind die latenten, höheren psychischen Funktionen und spirituellen Energien beheimatet.

4. Das Bewusstseinsfeld.

Dieser Begriff, der zwar nicht ganz genau ist, aber geeignet für praktische Zwecke, wird dazu verwendet, jenen Teil unserer Persönlichkeit zu bezeichnen, dessen wir uns unmittelbar bewusst sind: dem ununterbrochen fliessenden Strom von Empfindungen, Bildern, Gedanken, Gefühlen, Wünschen und Impulsen, die wir beobachten, analysieren und beurteilen können.

5. Das »Ich« oder bewusste Selbst.

Das »Selbst«, das heisst der Punkt reiner Selbstbewusstheit, wird oft mit der eben beschriebenen bewussten Persönlichkeit verwechselt, ist jedoch sehr verschieden davon. Das kann durch eingehende Introspektion festgestellt werden. Die wechselnden *Inhalte* unseres Bewusstseins (Empfindungen, Gedanken, Gefühle usw.) sind eines, während das »Ich«, das Selbst, das *Zentrum* unseres Bewusstseins, ein anderes ist. Von einem bestimmten Blickwinkel aus kann dieser Unterschied verglichen werden mit dem zwischen einer weiss beleuchteten Fläche eines Bildschirms und den verschiedenen Bildern, die darauf projiziert werden.

Aber der Durchschnittsmensch nimmt sich nicht die Mühe, sich selbst zu beobachten und diese Unterscheidung zu treffen; er treibt auf der Oberfläche des »Bewusstseinsstroms« und identifiziert sich mit seinen aufeinanderfolgenden Wellen, den wechselnden Inhalten seines Bewusstseins.

6. Das höhere (transpersonale) Selbst.

Das bewusste Selbst ist im allgemeinen nicht nur in den ständigen Strom psychischer und mentaler Inhalte eingetaucht, es scheint sogar völlig zu verschwinden, wenn wir einschlafen, ohnmächtig werden, unter dem Einfluss von Anästhetika oder Narkotika stehen oder im Zustand der Hypnose. Wenn wir erwachen, taucht das Selbst auf geheimnisvolle Weise wieder auf, ohne dass wir wissen, wie und woher - eine Tatsache, die genau betrachtet wahrhaft verwirrend und beunruhigend ist.

Dies führt uns zu der Annahme, dass das Wiederauftauchen des bewussten Selbst oder des »Ich« einem fortdauernden Zentrum zuzuschreiben ist, einem »wahren Selbst«, das jenseits oder »über« dem bewussten Selbst liegt (*2).

Es gibt verschiedene Wege, mit deren Hilfe die Wirklichkeit des Selbst bestätigt werden kann. Es hat viele Menschen gegeben, die mehr oder weniger vorübergehend eine bewusste Schau des Selbst erlangten, das für sie den gleichen Grad an Gewissheit hat, wie sie ein Forscher erfährt, der ein vorher unbekanntes Gebiet betreten hat. Solche Äusserungen kann man in Buckes *Kosmisches Bewusstsein* finden, in Ouspenskys *Tertium Organum*, in Underhills *Mystik* und in anderen Werken. Die Bewusstheit des höheren Selbst kann auch durch den Einsatz bestimmter psychologischer Methoden erlangt werden, wie etwa C.G. Jungs »Individuationsprozess«, Desoilles »gelenktem Tagtraum« (rêve éveillé), Techniken des Raja-Yoga usw. Dann haben wir den Beitrag von Philosophen wie Kant und Herbart, die klar zwischen dem empirischen Ich und dem noumenalen oder wirklichen Selbst unterscheiden. Dieses Selbst steht über dem Bewusstseinsstrom oder den körperlichen Zuständen und wird davon nicht berührt. Das persönliche, bewusste Selbst sollte einfach als seine Widerspiegelung angesehen werden, als deren »Projektion« in den Bereich der Persönlichkeit. Beim gegenwärtigen Stand der psychologischen Forschung ist noch wenig Eindeutiges über das Selbst bekannt, aber die Bedeutung dieses synthetisierenden Zentrums lässt weitere Forschung gerechtfertigt erscheinen.

7. Das kollektive Unbewusste.

Die Menschen sind nicht isoliert, sie sind keine »Monaden ohne Fenster«, wie Leibniz dachte. Sie mögen sich zeitweise subjektiv isoliert fühlen, aber die extreme existentialistische Vorstellung trifft nicht zu, weder auf psychologischer noch auf spiritueller Ebene.

Die äussere Linie des Ovals im Diagramm sollte als »abgrenzend« und nicht als »trennend« verstanden werden. Sie könnte analog zu der Wirkungsweise einer Membrane angesehen werden, die eine Zelle einfasst und die einen ständigen und aktiven Austausch mit dem gesamten Körper, zu welchem die Zelle gehört, erlaubt. Prozesse der »psychologischen Osmose« finden immer statt, sowohl mit anderen menschlichen Wesen als auch mit der allgemeinen psychischen Umgebung. Die psychische Umgebung ist das, was Jung das »kollektive Unbewusste« nennt. Jedoch hat er diesen Begriff nicht klar definiert, in welchem er Elemente verschiedenster Art - sogar gegensätzlicher Natur wie etwa primitive archaische Strukturen und höhere, vorwärtsgerichtete Aktivitäten überbewusster Art - zusammenfasste.

Das Diagramm hilft uns, die folgenden Tatsachen miteinander in Einklang zu bringen, die sich auf den ersten Blick zu widersprechen und auszuschliessen scheinen:

1. *Die scheinbare Dualität*, das heisst, die scheinbare Existenz von zwei Selbsten in uns. Es scheint tatsächlich so, *als ob* zwei Selbste existieren würden, obwohl sich das persönliche Selbst des anderen im allgemeinen nicht bewusst ist, sogar bis zu dem Punkt, dass es seine Existenz leugnet. Das andere, wahre Selbst ist latent und enthüllt sich unserem Bewusstsein nicht direkt.

2. *Die tatsächliche Einheit und Einzigartigkeit des Selbst.* Es gibt nicht wirklich zwei Selbste, zwei voneinander unabhängige und getrennte Wesenheiten. Das Selbst ist eine Einheit, es manifestiert sich jedoch in verschiedenen Graden von Bewusstheit und Selbstverwirklichung. Das persönliche Selbst ist das »Spiegelbild« des höheren Selbst; es ist mit anderen Worten eine Projektion oder Reflektion des transpersonalen Selbst auf der alltäglichen Ebene des »normalen« Menschen. Es scheint eine eigene Existenz zu haben, aber in Tat und Wahrheit hat es keine autonome Substanz. Es ist kein neues und anderes Licht, sondern eine Projektion seiner leuchtenden Quelle.

Diese Vorstellung der Struktur unseres Wesens enthält, koordiniert und integriert all die verschiedenen Beobachtungen und Erfahrungsdaten zu einer vollständigen Vision. Sie bietet uns ein breiteres und umfassenderes Verständnis des menschlichen Schauspiels, der Konflikte und Probleme, denen sich jeder von uns gegenübersieht, weist zugleich auf die Mittel hin, diese zu lösen und zeigt die Richtung zu unserer Befreiung.

Im täglichen Leben sind wir hundertfach begrenzt und eingeengt - Opfer von Illusionen und Trugbildern, Sklaven unerkannter Komplexe, hin und hergerissen von äusseren Einflüssen, geblendet und hypnotisiert von täuschenden Erscheinungen. Kein Wunder deshalb, dass der Mensch in solch einem Zustand oft unzufrieden, in seinen Stimmungen, Gedanken und Handlungen unsicher und wechselhaft ist. Da er sich intuitiv als Einheit empfindet und dennoch feststellt, dass er in sich geteilt ist, ist er verwirrt. So gelingt es ihm nicht, weder sich selbst noch andere zu verstehen.

Kein Wunder, dass er, da er sich selbst weder kennt noch versteht, keine Selbstkontrolle hat und fortwährend in seine eigenen Fehler und Schwächen verstrickt ist; kein Wunder, dass so viele Schicksale verfehlt oder zumindest begrenzt und getrübt werden durch Krankheiten des Körpers und der Seele oder gequält von Zweifel, Angst, Entmutigung und Hoffnungslosigkeit. Kein Wunder, dass der Mensch in seiner blinden, leidenschaftlichen Suche nach Freiheit, Zufriedenheit und Einheit sich manchmal heftig auflehnt oder aber versucht, seine innere Qual zu stillen, indem er sich kopfüber in ein Leben fieberhafter Aktivitäten, ständiger Aufregungen, stürmischer Gefühle und leichtsinniger Abenteuer stürzt.

* * * * *

Wir wollen prüfen, *ob* und *wie* es möglich ist, dieses zentrale Problem des menschlichen Lebens zu lösen, diese grundlegende Schwäche des Menschen zu heilen. Wir wollen herausfinden, wie er sich selbst von dieser Versklavung befreien und eine harmonische innere Integration, wahre Selbstverwirklichung und echte Beziehungen zu anderen erlangen kann. Diese Aufgabe ist weder leicht noch einfach, dass sie jedoch gelöst werden kann, zeigt der Erfolg jener Menschen, die angemessene und geeignete Mittel für die Lösung eingesetzt haben.

Die Stadien für das Erreichen dieses Zieles können folgendermassen bezeichnet werden:

1. Gründliche Kenntnis der eigenen Persönlichkeit.
2. Kontrolle ihrer verschiedenen Elemente.
3. Realisierung unseres wahren Selbst - die Entdeckung oder Schaffung eines vereinigenden Zentrums.
4. Psychosynthese: die Bildung oder Wiederherstellung der Persönlichkeit um das neue Zentrum.

Betrachten wir jedes dieser Stadien genauer:

1. Gründliche Kenntnis der eigenen Persönlichkeit.

Um sich wirklich selbst zu kennen, genügt es nicht, eine Aufstellung der Elemente zu machen, die unser bewusstes Sein darstellen. Es muss auch eine ausgedehnte Erforschung der weitläufigen Regionen unseres Unbewussten vorgenommen werden. Zuerst müssen wir mutig die Höhle unseres tieferen Unbewussten durchschreiten, um die dunklen Kräfte zu entdecken, die uns verstricken und bedrohen, - die »Phantasmen«, die Urbilder oder kindlichen Vorstellungen, die uns verfolgen oder auf stille Art beherrschen, die Ängste, die uns lähmen, die Konflikte, die unsere Energien aufzehren.

Diese Suche kann man selbst unternehmen, ist jedoch mit Hilfe eines anderen Menschen leichter durchzuführen. Auf jeden Fall müssen die Methoden auf wirklich wissenschaftliche Weise angewendet werden, mit grösster Objektivität und Unparteilichkeit und ohne vorgefasste Theorien, ohne zuzulassen, dass wir uns von dem versteckten oder heftigen Widerstand unserer Ängste, Wünsche oder emotionalen Bindungen ablenken oder irreführen lassen.

Die Psychoanalyse hört hier im allgemeinen auf, aber diese Begrenzung ist nicht gerechtfertigt. Die Bereiche des mittleren und höheren Unbewussten sollten auf dieselbe Weise erforscht werden. Dadurch werden wir in uns bisher unbekannte Fähigkeiten entdecken, unsere wahre Bestimmung, unsere höheren Kräfte, die nach Ausdruck verlangen, die wir jedoch häufig aus Mangel an Verständnis wegen Vorurteilen und aus Furcht zurückstossen und unterdrücken. Wir werden auch die enormen Reserven undifferenzierter seelischer Energie entdecken, die in jedem von uns latent sind, das heisst den formbaren Teil unseres Unbewussten, der uns zur Verfügung steht und uns befähigt, in grenzenlosem Umfang zu lernen und zu erschaffen.

2. Die Kontrolle der verschiedenen Elemente der Persönlichkeit.

Nachdem wir all diese Elemente kennengelernt haben, müssen wir von ihnen Besitz nehmen und Kontrolle über sie erlangen. (Das Wort »Kontrolle« ist hier im Sinne des »liebenden Leitens« zu verstehen, etwa so, wie eine Mutter ihr Kind idealerweise freundlich und geduldig anweist und sanft sein Wachstum unterstützt und fördert). Die wirksamste Methode, dies zu erreichen, ist die der Disidentifikation. Sie beruht auf einem grundlegenden psychologischen Prinzip, das so formuliert werden kann:

Wir werden beherrscht von allem, womit sich unser Selbst identifiziert. Wir können alles beherrschen und kontrollieren, von dem wir uns disidentifizieren.

In diesem Prinzip liegt das Geheimnis unserer Versklavung oder unserer Freiheit. Jedesmal, wenn wir uns mit einer Schwäche, einem Fehler, einer Furcht oder irgendeinem persönlichen Gefühl oder Impuls »identifizieren«, begrenzen und lähmen wir uns. Jedesmal, wenn wir eingestehen »Ich bin entmutigt« oder »Ich bin irritiert«, werden wir mehr und mehr von Niedergeschlagenheit oder Ärger beherrscht. Wir haben diese Begrenzungen akzeptiert; wir haben uns selbst unsere Fesseln angelegt. Wenn wir stattdessen in derselben Situation sagen: »Eine Welle von Entmutigung versucht mich zu überfluten«, oder »Eine Aufwallung von Ärger versucht mich zu überwältigen«, so ist die Situation völlig anders. Dann gibt es zwei Kräfte, die einander gegenüberstehen: auf der einen Seite unser wachsames Selbst, auf der anderen Entmutigung oder Ärger. Und das wachsame Selbst unterwirft sich dieser Invasion nicht; es kann objektiv und kritisch jene Impulse von Entmutigung oder Ärger überprüfen; es kann ihren Ursprung ermitteln, ihre ungünstigen Wirkungen voraussehen und sich ihre Unbegründetheit bewusstmachen. Das reicht oft aus, um einem Angriff solcher Kräfte zu widerstehen und den Kampf zu gewinnen. Aber selbst wenn diese Kräfte in uns vorübergehend stärker sind, wenn die bewusste Persönlichkeit zunächst durch ihre Heftigkeit überwältigt wird, so wird das wachsame Selbst nie wirklich besiegt. Es kann sich in eine innere Festung zurückziehen, sich dort vorbereiten und einen günstigen Augenblick zum Gegenangriff abwarten. Es mag einige der Kämpfe verlieren, wenn es jedoch seine Waffen nicht streckt und sich ergibt, so ist der Ausgang nicht gefährdet, und es wird schliesslich den Sieg erringen.

Neben diesem ständigen Abwehren von Angriffen aus dem Unbewussten können wir eine grundlegendere und wirkungsvollere Methode anwenden: wir können die tiefsitzenden Ursachen angehen und die Wurzeln der Schwierigkeiten beseitigen. Dies kann in zwei Phasen aufgeteilt werden:

a) *Die Disintegration ungünstiger Bilder oder Komplexe,*
b) *Die Kontrolle und Nutzbarmachung der so freigesetzten Energien.*

Die Psychoanalyse hat gezeigt, dass die Macht dieser Bilder und Komplexe hauptsächlich in der Tatsache begründet ist, dass sie uns nicht bewusst sind, dass wir sie nicht als solche erkennen. Wenn sie demaskiert, verstanden und in ihre Elemente aufgelöst sind, hören sie oft auf, uns zu verfolgen; jedenfalls sind wir dann weit eher in der Lage, uns gegen sie zur Wehr zu setzen. Um solche Komplexe aufzulösen, sollten wir uns der Methoden der *Objektivierung*, der *kritischen Analyse* und des *Unterscheidungsvermögens* bedienen, das heisst wir müssen klare, unpersönliche Beobachtung einsetzen, als handle es sich bei den Komplexen um blosse Naturvorgänge, die ausserhalb von uns auftreten. Wir sollten zwischen uns und ihnen eine »psychologische Distanz« schaffen und dabei diese Bilder oder Komplexe sozusagen auf Armeslänge von uns fernhalten, um dann ganz ruhig ihren Ursprung, ihr Wesen und ihre gelegentliche Unsinnigkeit zu betrachten. Das bedeutet nicht eine Unterdrückung oder Verdrängung der darin enthaltenen Energien, sondern ihre Kontrolle und Neuausrichtung in konstruktive Kanäle.

Es ist bekannt, dass zu viel Kritik und Analyse unsere Gefühle und Empfindungen lähmen, wenn nicht gar töten können. Diese Unfähigkeit zur Kritik, die oft schädigend gegen unsere höheren Gefühle und kreativen Fähigkeiten geschieht, sollte stattdessen umgewandelt und dazu verwendet werden, uns von unerwünschten Impulsen und Neigungen zu befreien. Aber Analyse und Kritik dieser Art reichen nicht immer aus. Es gibt bestimmte starke Tendenzen, die hartnäckig weiterbestehen, wie sehr wir sie auch geringschätzen und verdammen mögen. Das gilt vor allem für sexuelle und aggressive Impulse. Sie lösen in uns einen Zustand der Erregung und Unruhe aus, wenn sie von den Komplexen abgetrennt oder aus ihren bisherigen Bahnen umgeleitet werden, und können dann neue, aber ebenso unerwünschte Entladungsmöglichkeiten finden. Diese Kräfte dürfen also nicht sich selbst überlassen werden, sondern man sollte sich ihrer auf unschädliche Weise entledigen oder noch besser, sie konstruktiv einsetzen: für kreative Aktivitäten verschiedenster Art, zur Neugestaltung unserer Persönlichkeit, als Beitrag zu unserer Psychosynthese und so weiter. Um dies zu erreichen, müssen wir vom Zentrum ausgehen; *wir müssen das vereinigende und kontrollierende Lebensprinzip finden und funktionsfähig machen.*

3. Verwirklichung unseres wahren Selbst - die Entdeckung oder Schaffung eines vereinigenden Zentrums.

Auf der Grundlage dessen, was über die Natur und Kraft des Selbst gesagt wurde, ist es nicht schwierig, *theoretisch* darzustellen, wie dieses Ziel zu erlangen ist. Was erreicht werden muss, ist eine Erweiterung des persönlichen Bewusstseins in das des höheren Selbst: gemäss Digramm II sich entlang des Fadens oder Strahles nach oben zu bewegen zum »Stern« (dem transpersonalen Selbst); das niedere mit dem höheren Selbst zu vereinen. Was hier jedoch mit Worten so einfach auszudrücken ist, bedeutet in Wirklichkeit ein ungeheuerliches Unterfangen. Es entwickelt sich daraus ein zwar grossartiges, gewiss aber langes und mühevolles Streben, und nicht jeder ist dazu bereit. Aber zwischen dem Ausgangspunkt in den Niederungen unseres gewöhnlichen Bewusstseins und dem strahlenden Gipfel der Selbstverwirklichung gibt es Zwischenphasen, Plateaus in verschiedenen Höhen, auf denen man ausruhen oder sogar bleiben kann, wenn Mangel an Kraft keinen weiteren Aufstieg erlaubt oder man willentlich nicht mehr weitermöchte.

In günstigen Fällen findet der Aufstieg bis zu einem gewissen Grad spontan, durch einen Prozess natürlichen inneren Wachstums statt, begünstigt durch die mannigfaltigen Lebenserfahrungen; oft jedoch ist der Prozess sehr langsam. In jedem Fall kann er durch überlegtes Handeln und Einsetzen geeigneter aktiver Techniken beträchtlich beschleunigt werden.

Die Zwischenstadien bedeuten neue Identifikationen. Menschen, die ihr wahres Selbst nicht in seiner reinsten Ausformung erreichen, können ein Bild und Ideal einer vollkommenen Persönlichkeit entwerfen, das ihrer Befähigung, ihrer Entwicklungsstufe und ihrem psychologischen Typus angemessen ist, und sie können so dieses Ideal im Leben umsetzen.

Für einige mag es das Ideal des Künstlers sein, der sich selbst als Schöpfer schöner Formen verwirklicht und ausdrückt, der künstlerisches Schaffen zum Brennpunkt und belebenden Prinzip seiner Existenz macht, indem er dorthin seine besten Energien lenkt. Für andere mag es das Ideal des Wahrheitsuchers sein, des Philosophen, des Wissenschaftlers. Für wieder andere ist es ein begrenzteres und persönlicheres Ideal, etwa das eines guten Vaters oder einer guten Mutter.

Diese »Idealvorstellungen« bringen also eine lebhafte Beziehung zur äusseren Welt und zu anderen Menschen mit sich und somit einen gewissen Grad von Extraversion. Es gibt jedoch Menschen, die so stark extravertiert sind, dass sie das lebendige Zentrum ihrer Persönlichkeit in die äussere Welt verlagern. Ein typisches Beispiel einer solchen Projektion ist der glühende Patriot, der sich ganz seinem geliebten Land hingibt, das zum Zentrum seines Lebens und seiner Interessen wird, ja fast zu seinem eigentlichen Selbst. All seine Gedanken und Gefühle sind auf diese Quelle gerichtet, für die er sogar bereit ist, sein Leben zu opfern. Ein anderes Beispiel (in der Vergangenheit häufig) ist die Frau, die sich mit dem geliebten Mann identifiziert, für ihn lebt und in ihm aufgeht. Die Hindufrau der alten Zeit machte den Mann nicht nur zu ihrem menschlichen Meister, sondern verehrte ihn auch als ihren geistigen Lehrer, als ihren Guru - fast als ihren Gott.

Dieses Projektion des eigenen Zentrums nach aussen, diese Exzentrizität (im herkömmlichen Sinn des Wortes) sollte nicht zu gering geschätzt werden. Sie stellt zwar nicht den direktesten Weg oder die höchste Verwirklichung dar, kann aber - entgegen dem äusseren Anschein - für diese Zeit eine durchaus befriedigende Form indirekter Selbstverwirklichung darstellen. Im positiven Fall verliert sich der Mensch nicht wirklich in das äussere Objekt, sondern befreit sich auf diese Weise von egoistischen Interessen und persönlichen Begrenzungen; er verwirklicht sich *durch* das äussere Ideal oder Wesen. Dadurch wird dieses Ideal oder Wesen zu einem zwar indirekten, aber wirklichen Bindeglied, zu einem Punkt der Verbindung zwischen der Person und ihrem höheren Selbst, das in diesem Objekt widergespiegelt und symbolisiert wird:

(Siehe Diagramm auf Seite 40)

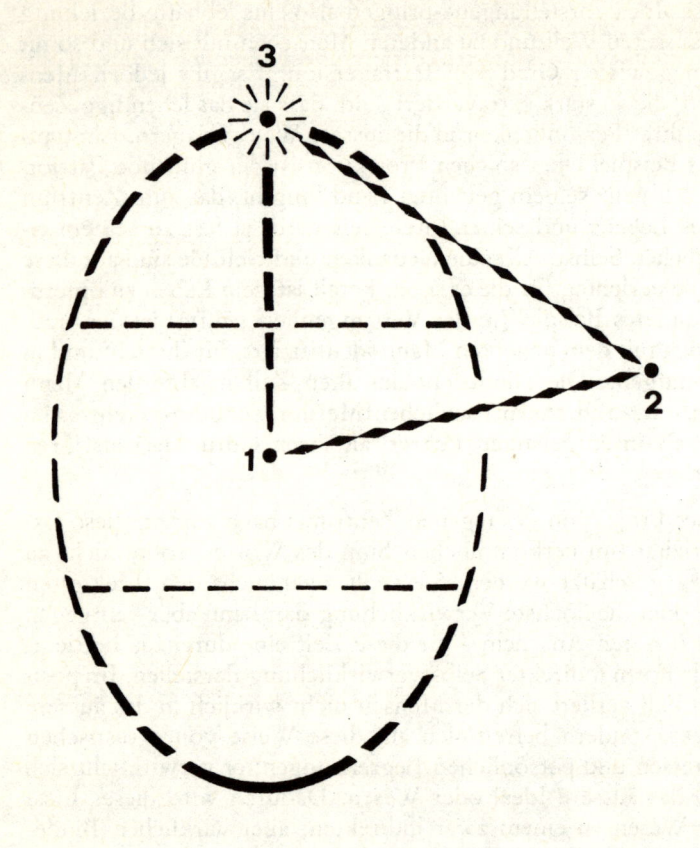

Diagramm II

1. Das bewusste Selbst oder »Ich«
2. Das äussere vereinigende Zentrum
3. Das höhere (transpersonale) Selbst

4. Psychosynthese: Die Bildung oder Wiederherstellung der Persönlichkeit um das neue Zentrum.

Wenn das vereinigende Zentrum gefunden oder geschaffen worden ist, sind wir in der Lage, um dieses eine neue Persönlichkeit aufzubauen - klar strukturiert und einheitlich. Dies ist die eigentliche Psychosynthese, die ebenfalls verschiedene Stadien umfasst.

Wesentlich ist zunächst, sich für eine bestimmte Vorgehensweise zu entscheiden, das heisst ein inneres Programm zu entwerfen. Wir müssen uns den Zweck klarmachen, den es zu erreichen gilt - also die neue Persönlichkeit, die entwickelt werden soll - sowie eine klare Vorstellung von den verschiedenen notwendigen Aufgaben haben.

Manche Menschen haben bereits eine klare Vorstellung ihres Zieles. Sie sind in der Lage, ein Bild ihrer selbst zu entwerfen, wie sie werden können oder vorhaben zu werden. Dieses Bild sollte realistisch sein und »authentisch«, das heisst, in Einklang mit der natürlichen Entwicklung der Person stehen und deshalb - zumindest bis zu einem gewissen Grad - verwirklichbar sein. Es sollte also kein neurotisches, unrealistisch »idealisierendes Bild« sein, wie dies Karen Horney betonte. Ein wirkliches »Idealbild« hat eine dynamische, kreative Kraft; es erleichtert die Aufgabe, indem es Ungewissheiten und Fehler beseitigt; es konzentriert die Energien und nutzt die grosse suggestive und schöpferische Kraft von Bildern.

Andere Menschen, die eine flexiblere psychische Verfassung haben, spontaner leben und eher Hinweisen und Intuitionen als einem bestimmten Plan folgen, haben es schwerer, ein solches Programm zu formulieren und sich beim Gestalten an ein bestimmtes Muster zu halten; vielleicht lehnen sie solch eine Methode sogar ausdrücklich ab. Sie neigen dazu, sich von der inneren geistigen Instanz oder dem Willen Gottes leiten zu lassen und es ihm zu überlassen, was aus ihnen werden soll. Sie fühlen, dass sie ihr Ziel am besten erreichen, indem sie so gut wie möglich die Hindernisse und Widerstände beseitigen, die Teil ihrer Persönlichkeit sind, indem sie den Kommunikationsfluss mit dem höheren Selbst durch Streben und Hingabe erweitern und dann die schöpferische Kraft des Geistes handeln lassen, ihr vertrauen und gehorchen. Andere nehmen eine ähnliche Haltung ein, drücken es jedoch anders aus: sie bezeichnen es als Sich-Einstimmen in die kosmische Ordnung oder universelle Harmonie, das Leben in ihnen und durch sie wirken zu lassen (das *Wu-Wei*, das heisst *Nicht-Tun* der Taoisten).

Beide Methoden sind wirkungsvoll, und jede ist der ihr entsprechenden Persönlichkeit angemessen. Es ist jedoch gut, sie beide zu kennen, zu würdigen und zu einem gewissen Grad anzuwenden, um die Begrenzungen und Übertreibungen jeder einzelnen zu vermeiden, indem die eine durch Elemente der anderen korrigiert und bereichert wird.

Wer der ersten Methode folgt, sollte Vermeiden, dass sein »Idealbild« zu starr wird; er sollte bereit sein, es zu modifizieren oder auszuweiten bis hin zu einer völligen Veränderung in dem Masse, wie neue Erfahrungen, Perspektiven und Klärungen solch einen Wandel anzeigen und verlangen.

Wer dagegen der zweiten Methode folgt, sollte nicht zu passiv und verneinend werden, und gewisse Eingebungen als Intuitionen und höhere Inspirationen akzeptieren, die in Wirklichkeit durch unbewusste Kräfte, Wünsche und Bedürfnisse bestimmt sind. Ausserdem muss er die Fähigkeit entwickeln, während der unvermeidbaren Phasen innerer Dürre und Dunkelheit einen festen Stand zu behalten, wenn die bewusste Verbindung mit dem spirituellen Zentrum unterbrochen ist und die Persönlichkeit sich verlassen fühlt.

Die »Idealvorstellungen« oder Bilder, die man schaffen kann, sind vielgestaltig, können jedoch in zwei grundlegende Gruppen eingeteilt werden. Die erste besteht aus Bildern, die eine harmonische Entwicklung darstellen, eine abgerundete persönliche oder spirituelle Vollkommenheit. Diese Art Ideal wird vor allem von Introvertierten angestrebt. Bei der zweiten Gruppe handelt es sich um Leistungen auf bestimmten Gebieten. Ziel ist hier die vollste Entfaltung einer Fähigkeit oder Qualität, die einer bestimmten Richtung des Selbstausdrucks und der gewählten sozialen Rolle(n) entspricht. Dies ist das Ideal des Künstlers, Lehrers, des Verfechters einer guten Sache und so weiter. Solche Vorbilder werden im allgemeinen von Extravertierten bevorzugt.

Wenn die Wahl der idealen Gestalt einmal getroffen ist, beginnt die praktische Psychosynthese: der eigentliche Aufbau einer neuen Persönlichkeit.

Diese Arbeit kann in drei Hauptteile gegliedert werden:

1. *Nutzbarmachen* der verfügbaren Energien. Darunter fallen (a) die Kräfte, die durch Analyse und Auflösung der unbewussten Komplexe freigesetzt werden und (b) bisher latente und vernachlässigte Neigungen, die auf den verschiedenen psychologischen Ebenen bestehen. Eine solche Nutzbarmachung verlangt eine Umwandlung vieler dieser unbewussten Kräfte. Ihre Formbarkeit und Verwandelbarkeit macht dies möglich. Solche Wandlungsprozesse finden eigentlich ständig in uns statt. Genau wie Wärme in Bewegung und elektrische Energie umgesetzt wird und umgekehrt, ebenso werden unsere Gefühle und Impulse in physische Handlungen umgesetzt oder in Vorstellungen oder intellektuelle Aktivitäten. Umgekehrt bringen Gedanken Gefühle hervor oder werden in Pläne und dann in Handlungen umgesetzt.

Fälle solcher Umwandlungsprozesse wurden von vielen Menschen beobachtet und registriert. Wenn der lateinische Dichter sagt: »Facit indignatio versus« (Entrüstung bringt meine Gedichte hervor), so zeigt er, dass er erkannt hat, wie eine emotionale Welle von Entrüstung in poetische Aktivität umgewandelt werden kann, wenn ihr der natürliche Ausweg in äussere Handlung versperrt bleibt. Auch wenn Heinrich Heine schreibt: *»Aus meinen grossen Schmerzen mach' ich die kleinen Lieder«* weist er darauf hin, dass sein Schmerz in Dichtung sublimiert und so in Schönheit umgewandelt wurde.

Wichtige Lehren und Beispiele zu Theorie und Praxis dieser Umwandlung innerer Energien können im indischen Yoga gefunden werden, in der christlichen Mystik und Askese und in den Arbeiten über spirituelle Alchemie; einiges wurde auch von der Psychoanalyse beigetragen. Wir besitzen also genügend Elemente, um eine Wissenschaft von den psychischen Energien (*Psychodynamik*) zu begründen und um verlässliche und angemessene Techniken zu entwickeln, mit welchen die erwünschten Veränderungen bewirkt werden können.

2. *Entwicklung* der Aspekte der Persönlichkeit, die bisher entweder unzureichend oder unangemessen waren für den Zweck, den wir erreichen wollen. Diese Entwicklung kann auf zweierlei Art durchgeführt werden: entweder mit Hilfe von »Beschwörung«, Autosuggestion und positivem Denken (Affirmationen) oder durch methodisches Training der unterentwickelten Funktionen (wie z.B. des Gedächtnisses, der Vorstellungskraft, des Willens). Dies entspricht zum Beispiel dem sportlichen Training oder der Entwicklung technischer Fertigkeiten wie Singen oder Spielen eines Instrumentes.

3. Die *Koordination* und *Unterordnung* der verschiedenen psychischen Energien und Funktionen, die Schaffung einer fest organisierten Persönlichkeit. Diese Anordnung bietet interessante und bezeichnende Analogien zu der eines modernen Staates, mit den verschiedenen Gruppierungen der Bürger in Gemeinden, sozialen Klassen, Berufs- und Handelszweige sowie den verschiedenen Rangordnungen von Stadt-, Bezirks- und Staatsbeamten.

* * * * *

Dies ist in einem kurzen Überblick der Prozess, durch den Psychosynthese erreicht wird. Es sollte jedoch deutlich werden, dass die verschiedenen erwähnten Stadien und Methoden in engem Zusammenhang stehen und nicht in einer strengen Abfolge bestimmter Perioden oder Phasen angewendet werden müssen. Der lebendige Mensch ist kein Gebäude, bei dem zunächst das Fundament gelegt werden muss, bevor die Mauern errichtet werden und schliesslich das Dach aufgesetzt wird. Die Durchführung des grossen Vorhabens der Psychosynthese kann von verschiedenen Punkten und Enden zugleich angefangen werden, und die verschiedenen Methoden und Aktivitäten können in längeren oder kürzeren Perioden abwechselnd eingesetzt werden, entsprechend den Umständen und inneren Bedingungen.

All dies mag zunächst eher einschüchternd wirken, es gibt jedoch keinen Grund für Zweifel oder Entmutigung. Die Hilfe eines kompetenten Therapeuten oder Lehrers macht diese Aufgabe zweifellos viel einfacher; anderseits kann man durch eigene Bemühung mittels »Versuch und Irrtum« ein zufriedenstellendes Ergebnis erlangen. Wenn wir die vorbereitende Anleitung über die wirkenden psychologischen Prinzipien und Gesetze in uns aufgenommen haben und wenn wir die verschiedenen Psychosynthese-Techniken kennen, denen man folgen kann, so ist der Rest eine Frage von Übung und Erfahrung, der Intelligenz und Intuition, die entsprechend dem Bedürfnis und der Standfestigkeit des Bemühens zunehmen. Auf diese Weise wird eine neue Persönlichkeit hervorgebracht und ein neues, höheres Leben beginnt, das *wahre Leben*, für welches das vorhergehende als reine Vorbereitung erscheint, fast wie eine vorgeburtliche Zeit.

Wenn wir jetzt Psychosynthese mit all ihren Bedeutungen und Entwicklungen als Ganzes betrachten, erkennen wir, dass sie weder als eine bestimmte psychologische Lehrmeinung angesehen werden sollte, noch als ein bestimmtes technisches Vorgehen. Sie ist zuerst und vor allem ein dynamischer, sogar dramatischer Entwurf unseres Seelenlebens, das sie als ständiges Wechselspiel und ständigen Konflikt zwischen den vielen verschiedenen und widersprüchlichen Kräften *und einem vereinigenden Zentrum* darstellt, welches ständig danach strebt, diese Kräfte unter Kontrolle zu bekommen, zu harmonisieren und nutzbar zu machen.

Überdies setzt Psychosynthese viele aktive psychologische Techniken ein, die zuerst auf eine Entwicklung und Vervollständigung der Persönlichkeit zielen, dann auf ihre harmonische Koordination und zunehmende Vereinigung mit dem Selbst. Diese Phasen mag man entsprechend »personale« und »spirituelle (transpersonale)« Psychosynthese nennen. Je nach dem Tätigkeitsfeld, in dem sie eingesetzt wird und den verschiedenen Zwecken, denen sie dienen mag, kann Psychosynthese folgendes sein:

1. Eine *Methode seelischer Entwicklung und Selbstverwirklichung* für diejenigen, die nicht Sklaven ihrer eigenen inneren Trugbilder oder äusserer Einflüsse bleiben, die sich nicht passiv dem Spiel der psychischen Kräfte unterwerfen wollen, das sich in ihnen abspielt, und die entschlossen sind, ihr eigenes Leben zu meistern.

2. *Eine Behandlungsmethode* für psychische und psychosomatische Störungen, wenn die Ursache der Schwierigkeiten ein heftiger und komplizierter Konflikt zwischen bewussten und unbewussten Kräften ist, oder wenn sie auf eine tiefliegende und quälende Krise zurückgeht (meist vom Patienten nicht verstanden oder nicht richtig eingeschätzt), die oft einer Phase der Selbstverwirklichung vorausgeht.

3. Eine *Methode ganzheitlicher Erziehung*, die nicht nur die Entwicklung der verschiedenen Fähigkeiten des Kindes oder Heranwachsenden begünstigt, sondern die ihm auch hilft, seine wahre geistige Natur zu entdecken und zu erkennen und unter deren Führung eine harmonische, ausstrahlende und leistungsfähige Persönlichkeit zu entwickeln.

4. Psychosynthese kann auch als *individueller Ausdruck eines umfassenderen Prinzips* angesehen werden, eines allgemeinen Gesetzes interindividueller und kosmischer Synthese. Das isolierte Individuum gibt es nicht; jeder Mensch hat vertraute Beziehungen zu anderen, so dass alle miteinander in Verbindung stehen. Darüberhinaus ist jeder einzelne Mensch Teil einer geistigen überindividuellen Wirklichkeit, in der er eingeschlossen ist.

Durch die Umkehrung der Analogie, dass jeder Mensch eine Verbindung vieler Elemente ist, die mehr oder weniger koordiniert sind, kann jeder Mensch als Element oder Zelle einer menschlichen Gruppe angesehen werden; diese Gruppe ihrerseits bildet Verbindungen mit grösseren und komplexeren Gruppen angefangen von der Familie bis zu den Gruppen von Städten und Bezirken oder sozialen Klassen, zu den grossen nationalen Gruppen und von diesen zur gesamten menschlichen Familie.

Zwischen diesen Individuen und Gruppen treten Probleme und Konflikte auf, die denen, die wir innerhalb einer Person vorgefunden haben, erstaunlich ähnlich sind. Deren Lösung (interindividuelle Psychosynthese) sollte deshalb nach denselben Grundsätzen und mit ähnlichen Methoden vorgenommen werden, wie sie für die individuelle Psychosynthese eingesetzt werden, wie sie für die individuelle Psychosynthese eingesetzt werden. Ein eingehendes Studium dieser Parallelen könnte sehr erhellend sein und uns helfen, die tiefe Bedeutung und den wirklichen Wert der vielen Bemühungen auf Ordnung und Synthese hin zu erkennen, die zunehmend zwischen den verschiedenen nationalen, sozialen, ökonomischen, wissenschaftlichen und religiösen Gruppen angestrebt werden.

Von einem noch weiteren und umfassenderen Standpunkt aus erscheint uns das universelle Leben selbst als ein Kampf zwischen Vielfalt und Einheit - ein Ringen und Streben nach Vereinigung. Ob wir das universelle Leben nun als göttliches Wesen oder als kosmische Energie betrachten, wir scheinen zu spüren, dass der Geist, der in allen Geschöpfen lebt und durch es wirkt, es in eine Ordnung, Harmonie und Schönheit formt und dabei alle Wesen miteinander durch Bande der Liebe vereint (einige davon bereitwillig, die Mehrheit jedoch noch blind und sich auflehnend), um damit langsam und ruhig, aber machtvoll und unwiderstehlich, die *Höchste Synthese* zu erreichen.

Kapitel II:
Selbstverwirklichung und psychologische Störungen

Das Studium der psychopathologischen Aspekte der menschlichen Natur hat eine grosse Menge von Beobachtungen, Theorien und Techniken zur Diagnose und Behandlung von Störungen beigetragen. Es hat die weitverbreitete psychoanalytische Bewegung hervorgebracht und andere Aspekte dynamischer Psychologie, die unser Wissen über die menschliche Psyche vermehrt und vertieft haben.

Dieser pathologische Zugang hat zwar Vorteile, weist aber auch ernste Mängel auf, und zwar eine übertriebene Betonung der krankhaften Erscheinungen und der niederen Aspekte der menschlichen Natur und die daraus folgende, ungerechtfertigt verallgemeinernde Übertragung der vielen Entdeckungen der Psychopathologie auf die Psychologie des normalen Menschen. Das hat zu einem eher düsteren und pessimistischen Bild der menschlichen Natur geführt und zu der Tendenz, seine höheren Werte und Leistungen als nur von tieferen Impulsen abgeleitet zu sehen, durch einen Prozess der Reaktionsbildung, der Transformation und Sublimation. Darüber hinaus wurden viele wichtige Realitäten und Funktionen vernachlässigt oder ignoriert: Intuition, Kreativität, der Wille und der eigentliche Kern der menschlichen Psyche - das Selbst.

Diese Begrenzungen wurden in jüngster Zeit von einer wachsenden Zahl von Forschern erkannt, die einen heilsamen Umschwung in Gang setzten. Den vernachlässigten Faktoren wurde vermehrt Aufmerksamkeit geschenkt, sowohl bei Durchschnittsmenschen als auch bei weiter entwickelten Persönlichkeiten, die von Kurt Goldstein und Abraham H. Maslow treffend »selbstaktualisierte« Individuen genannt werden. Die Bedeutung und der Wert der ethischen Fakten und der religiösen Neigungen in der Natur des Menschen wurden vielfach betont, so von Gordon W. Allport, Andras Angyal, Henri Baruk, Igor A. Caruso, Viktor E. Frankl, Erich Fromm, Carl Gustav Jung, Abraham H. Maslow, Rollo May, Ira Progoff, Otto Rank, Pitirim A. Sorokin, Hubert J. Urban und anderen. Dieser Richtung wurde anfangs der Name Ortho-Psychologie gegeben, vorgeschlagen von Maslow und Sutich, der Schweizer Adolphe Ferrière schlug die Bezeichnung »Orthogenese« vor. Es ist ein Zweig der Forschung, der in die richtige Richtung zu steuern scheint und obwohl noch in den Anfangsstadien, verspricht er äusserst wertvolle Beiträge zur Kenntnis des *gesamten* menschlichen Wesens und über die Entfaltung seiner höheren kreativen Fähigkeiten zu bieten.

Ich glaube jedoch, dass auch auf diesem Gebiet Vorsicht geboten ist, denn alle Reaktionen haben die Tendenz, ins andere Extrem umzuschlagen, und Anzeichen für eine Überkompensation sind schon erkennbar. Einige Vertreter der neuen Strömung zeigen eine Neigung zu einer Umkehrung der früheren Vorstellungen über den Menschen und betrachten ihn als bereits einheitliche Persönlichkeit, was keineswegs den Tatsachen entspricht. Der Drang nach Integration wurde richtig als grundlegendes und normales Streben der menschlichen Persönlichkeit beschrieben und betont, aber das ist etwas ganz anderes als die Illusion einer bereits organisch und harmonisch funktionierenden Persönlichkeit.

Eine realistische Einschätzung dessen, was sich in unserem eigenen Leben und bei anderen auf psychologischer Ebene abspielt, zeigt klar die Existenz einer Reihe unterschiedlicher und miteinander in Konflikt stehender Tendenzen, die zeitweise den Kern halb-unabhängiger Teilpersönlichkeiten bilden. Sowohl die Psychoanalyse wie auch das Menschenbild der grossen Schriftsteller, die gute intuitive Psychologen waren, stellen diese grundlegenden Konflikte als Teil der menschlichen Natur heraus. Die Erkenntnis, dass verschiedene Impulse und seelische Funktionen untereinander zusammenhängen und sich gegenseitig beeinflussen, bedeutet nicht, dass sie in einem harmonisch funktionierenden Organismus integriert sind, wie die biologischen Funktionen in einem gesunden Körper. Auch der Konflikt stellt eine Beziehung her; zwei einander bekämpfende Armeen stehen beispielsweise in einer sehr kraftvollen Beziehung zueinander.

Ein häufig auftretender Konflikt wird durch Ambivalenz hervorgerufen; woraus sich viele merkwürdige und widersprüchliche Äusserungsformen der menschlichen Natur erklären lassen.

Ein anderer Grundkonflikt ist der zwischen Trägheit, Faulheit, der Neigung zu erhalten, dem Wunsch nach Sicherheit (der sich in Konformität ausdrückt) auf der einen Seite, und andererseits die Tendenz zu Wachstum, Selbstbehauptung und Abenteuer.

Eine weitere Quelle von Konflikten ist das Erwachen neuer Impulse oder Bedürfnisse, die den bisherigen entgegenstehen. Dafür gibt es zwei Hauptanlässe: einmal das stürmische Erwachen neuer Neigungen beim Heranwachsenden und dann das Erwachen religiöser Neigungen und neuer spiritueller Interessen, besonders in der Mitte des Lebens. Der letzteren Art von Konflikt gilt das Hauptaugenmerk dieses Kapitels.

Es zeigt sich also, dass »organische Einheit« ein Ziel ist und noch keine bestehende Wirklichkeit - ein Ziel, das man sich vorstellen und dem man sich nähern kann und das bis zu einem gewissen Grad erreichbar ist. Im besten Fall ist es die Frucht eines spontanen Wachsens und Reifens oder es ist die wohlverdiente Belohnung für Eigentraining, Erziehung oder Therapie, durch den Einsatz verschiedener Techniken, um diesen Prozess zu unterstützten und zu beschleunigen. Im folgenden möchte ich die verschiedenen Stadien der Selbstverwirklichung beschreiben und auf die Schwierigkeiten und die emotionalen und mentalen Schwierigkeiten aufmerksam machen, die oft - wenn auch nicht notwendigerweise - während dieses Prozesses auftreten.

Zunächst einmal ist es gut, eine klare Vorstellung davon zu haben, was Selbstverwirklichung ist. Dieser Begriff wurde auf zwei Arten verwendet, um das Wachsen von Bewusstheit, die Erweiterung des Bewusstseins, zu bezeichnen, die zwar mehr oder weniger miteinander in Beziehung stehen, ihrem Wesen nach aber verschieden sind und recht unterschiedliche Äusserungsformen haben. Die Bedeutung, die der Selbstverwirklichung am häufigsten beigelegt wird, ist die von seelischem Wachsen und Reifen, des Erwachens und sich Manifestierens latenter Fähigkeiten des Menschen, zum Beispiel ethischer, ästhetischer und religiöser Erfahrungen und Aktivitäten. Diese entsprechen den Merkmalen, die Maslow der *Selbstaktualisierung* zuschreibt, und es wäre vielleicht günstig, diesen Begriff zu verwenden, um ihn von der zweiten Art der Selbstverwirklichung unterscheiden zu können. Dabei handelt es sich um die *Verwir-*

klichung des Selbst, die Erfahrung und Bewusstheit des vereinigenden sprirituellen Zentrums. Diese Erfahrung des »Höheren Selbst« unterscheidet sich grundlegend von der Realisierung des personalen, bewussten Selbst oder »Ich«, das nur als eine Widerspiegelung des spirituellen Selbst betrachtet werden sollte, als seine Projektion in den Bereich der Persönlichkeit.

Selbstaktualisierung kann auf verschiedenen Ebenen erreicht werden und schliesst nicht unbedingt das ein, was man »spirituelle Ebene« nennen könnte. Auf der anderen Seite kann ein Mensch wirkliche spirituelle Erfahrungen haben, ohne im geringsten integriert zu sein, das heisst ohne eine entwickelte, gut organisierte, harmonische Persönlichkeit zu haben. Dies wurde deutlich von Carl Gustav Jung herausgestellt, der unsere Aufmerksamkeit auf die Tatsache lenkt, dass die Entwicklung der Persönlichkeit nicht das unbedingte Vorrecht des Genies ist und dass jemand genial sein kann, ohne Persönlichkeit zu haben oder zu sein. Geistiges Erwachen und spirituelle Verwirklichung sind etwas anderes als die bewusste Wahrnehmung des Selbst. Sie schliessen verschiedene Arten des Wahrnehmens überbewusster Inhalte ein, die entweder in den Bereich des Bewusstseins hinabsteigen oder die auf dem Weg hinauf in überbewusste Ebenen begegnen können und dabei das hervorrufen, was Maslow »Gipfelerlebnis« (peak experience) nennt.

Die Unterscheidung zwischen dem persönlichen, bewussten Selbst, dem Überbewussten und dem spirituellen Selbst ist in unserer Darstellung der psychologischen Struktur des Menschen und dem dazugehörenden Diagramm im vorhergehenden Kapitel enthalten. Es ist hier jedoch angebracht, zu erwähnen, dass im Diagramm das Überbewusste den höheren Bereich oder Aspekt der Person ausmacht, dessen sich das Ich oder (personale) Selbst - der Punkt in der Mitte des Kreises - im allgemeinen nicht bewusst ist. Manchmal jedoch hebt sich das bewusste Selbst in höhere Zonen oder wird dorthin gehoben, wo es besondere Erfahrungen macht und Bewusstseinszustände verschiedenster Art erlebt, die im weitesten Sinne »spirituell« genannt werden können. Zu anderen Zeiten geschieht es, dass Inhalte des Überbewussten »herabsteigen« und in das Feld des normalen Ichbewusstseins vordringen und dort etwas hervorbringen, was man »Inspiration« nennt. Dieses Wechselspiel ist von Bedeutung und grossem Wert - es fördert sowohl die Kreativität als auch den Prozess der Psychosynthese.

Ich benutze das Wort »spirituell« oder »geistig« in seiner breiteren Bedeutung, die nicht nur spezifisch religiöse Erfahrungen einschliesst, sondern alle Stadien der Wahrnehmung, deren gemeinsamer Nenner überdurchschnittliche Werte sind, zum Beispiel ethische, ästhetische, heroische, humanitäre und altruistische Ideale. Unter der allgemeinen Überschrift »spirituelle Entwicklung« schliesse ich daher alle Erfahrungen ein, die mit einem Erkennen der Inhalte des Überbewussten in Beziehung stehen, die eine Erfahrung des Selbst einschliessen können, aber nicht müssen. Es sollte auch betont werden, dass das Hinaufreichen in den Bereich des Überbewussten und seine Erforschung beim Prozess des Selbst-Bewusstwerdens manchmal sogar ein Hindernis bei der vollen Selbstverwirklichung darstellen kann, beim Streben nach dem Gipfelpunkt, wo das personale Ich-Bewusstsein mit der Bewusstheit des spirituellen Selbst verschmilzt. Die Wunder im Reich des Überbewussten können uns so faszinieren, so gefangen nehmen mit bestimmten Aspekten oder Manifestationen, dass das Verlangen, den Gipfel der Selbstverwirklichung zu erreichen, dabei verlorengehen oder geschwächt werden kann.(*3)

In der folgenden Analyse der Zwischenfälle und Ereignisse im Verlauf der spirituellen Entwicklung werden wir die verschiedenen Stadien der Selbstaktualisierung wie auch das Erreichen voller Selbstverwirklichung berücksichtigen.

Die spirituelle Entwicklung des Menschen ist eine lange und mühsame Reise, ein Abenteuer durch fremde Landschaften voller Überraschungen, Schwierigkeiten und sogar Gefahren. Sie schliesst eine drastische Umwandlung der »normalen« Elemente der Persönlichkeit ein, das Erwachen bisher schlummernder Fähigkeiten, ein Anheben des Bewusstseins in neue Bereiche und ein Wirken hin zu einer neuen inneren Dimension.

Es sollte uns deshalb nicht überraschen zu entdecken, dass eine so grosse Veränderung, eine so grundlegende Transformation, durch mehrere kritische Stadien gekennzeichnet ist, die nicht selten von nervösen, emotionalen oder mentalen Störungen begleitet werden. Diese mögen für die objektive klinische Beobachtung eines Therapeuten die gleichen Symptome aufweisen wie bei anderen Fällen, sie haben jedoch in Wirklichkeit eine ganz andere Bedeutung und Funktion und verlangen eine völlig andere Behandlung.

Störungen, die spirituellen Ursprungs sind, nehmen mit der wachsenden Zahl von Menschen, die bewusst oder unbewusst ihren Weg zu einem erfüllteren Leben suchen, heute stark zu. Darüber hinaus haben die grössere Komplexität der Persönlichkeit des modernen Menschen und sein kritischeres Denken die spirituelle Entwicklung zu einem schwierigeren und komplizierteren Prozess werden lassen. In der Vergangenheit waren moralische Umkehr, eine einfache, aus ganzem Herzen kommende Verehrung eines Lehrers oder Erlösers oder die liebende Hingabe an Gott oft ausreichend um die Tore, die zu einer höheren Bewusstseinsebene und zu einem Gefühl der inneren Einheit und Erfüllung führten, zu öffnen. Heute jedoch sind die vielfältigeren und miteinander in Konflikt stehenden Aspekte der Persönlichkeit des modernen Menschen miteinbezogen und müssen umgewandelt und harmonisiert werden: seine grundlegenden Impulse, Gefühle und Empfindungen, seine kreative Vorstellungskraft, sein forschender Geist, sein sich behauptender Wille und auch seine zwischenmenschlichen und sozialen Beziehungen.

Deshalb wird ein allgemeiner Überblick über die Störungen, die in den verschiedenen Stadien spiritueller Verwirklichung auftreten können und einige Hinweise für ihre sachgerechte Behandlung von Nutzen sein. Für eine bessere Übersicht unterscheide ich folgende vier kritische Stadien:

1. Krisen, die dem spirituellen Erwachen vorausgehen.
2. Krisen, die durch das spirituelle Erwachen ausgelöst werden.
3. Reaktionen auf das spirituelle Erwachen.
4. Phasen des Prozesses der Wandlung.

Ich habe den symbolischen Ausdruck »Erwachen« verwendet, da er klar auf das Bewusstwerden einer neuen Erfahrungsebene hinweist, auf das Öffnen der bisher geschlossenen Augen für eine innere Realität, die vorher ignoriert wurde.

1. Krisen, die dem spirituellen Erwachen vorausgehen.

Um die seltsamen Erfahrungen richtig zu verstehen, die oft einem Erwachen vorausgehen, müssen wir einige der psychologischen Charakteristiken des »gewöhnlichen« Menschen betrachten.

Man könnte von ihm sagen, dass er sich »leben lässt«, statt selbst zu leben. Er nimmt das Leben, wie es kommt und kümmert sich nicht um dessen Sinn, Wert oder Ziel; er widmet sich der Befriedigung seiner persönlichen Bedürfnisse und sucht nach Unterhaltung seiner Sinne und strebt nach Reichtum und Befriedigung seines Ehrgeizes. Wenn er reifer ist, ordnet er seine persönliche Befriedigung der Erfüllung verschiedener familiärer und sozialer Pflichten unter, ohne sich um ein Verständnis zu bemühen, auf welcher Grundlage diese Pflichten beruhen, aus welcher Quelle sie entspringen. Möglicherweise betrachtet er sich als »religiös« und als jemanden, der an Gott glaubt, aber seine Religion ist äusserlich und konventionell, und wenn er die Gebote seiner Kirche erfüllt und ihre Rituale mitmacht, hat er das Gefühl, alles getan zu haben, was von ihm verlangt wird. Kurz, er glaubt, dass die einzige Wirklichkeit die der physischen Welt ist, die er sehen und berühren kann. Deshalb hängt er sehr an weltlichen Gütern, denen er einen positiven Wert beimisst und betrachtet sein Leben als in sich selbst sinnvoll. Sein Glaube an einen zukünftigen »Himmel«, wenn er sich einen vorstellt, ist gänzlich theoretisch und akademisch, wie die Tatsache zeigt, dass er die grössten Anstrengungen unternimmt, sein Hinübergehen zu dessen Freuden so lange wie möglich hinauszuschieben.

Es kann jedoch geschehen, dass dieser »gewöhnliche Mensch« von einem plötzlichen oder allmählichen Wandel in seinem inneren Leben überrascht und aufgerüttelt wird. Dies mag sich nach einer Reihe von Enttäuschungen einstellen, nicht selten auch nach einem emotionalen Schock, wie dem Verlust eines geliebten Verwandten oder nahen Freundes. Manchmal jedoch geschieht dies ohne ersichtlichen Grund, bei bester Gesundheit und im Wohlstand. Die Veränderung beginnt oft als Gefühl der Unzufriedenheit, des »Defizits«, aber nicht des Mangels an etwas Materiellem und klar Definiertem, sondern von etwas Unbestimmtem, schwer Fassbaren, das er nicht beschreiben kann.

Hinzu kommt allmählich ein Gefühl der Unwirklichkeit und Leere. Alle persönlichen Angelegenheiten, die früher so viel seiner Aufmerksamkeit und seines Interesses in Anspruch genommen hatten, scheinen erlebnismässig in den Hintergrund zu treten; sie verlieren Bedeutung und Wert. Neue Probleme tauchen auf. Der Mensch fängt an, nach Ursprung und Sinn des Lebens zu fragen, nach den Ursachen so vieler Dinge, die er früher für selbstverständlich gegeben ansah. Er fragt etwa nach der Bedeutung seines eigenen Leidens und dem anderer und nach der Rechtfertigung der zahlreichen Ungleichheiten im Schicksal der Menschen.

Wenn ein Mensch diesen Punkt erreicht hat, neigt er dazu, seinen Zustand misszuverstehen und falsch zu interpretieren. Viele verstehen die Bedeutung dieser neuen Bewusstseinsebenen nicht und betrachten sie als abnorme Phantasien und Launen. Alarmiert durch die Möglichkeit, aus dem geistigen Gleichgewicht zu kommen, wird dieser Zustand auf verschiedene Weise bekämpft, indem sie fieberhaft versuchen, sich wieder an die »Wirklichkeit« des Alltags anzupassen, der ihnen zu entgleiten scheint. Oft stürzen sie sich mit verstärktem Eifer in einen Strudel äusserer Aktivitäten, suchen nach immer neuen Beschäftigungen, neuen Reizen und Eindrücken. Durch diese und andere Mittel mag es ihnen für eine gewisse Zeit gelingen, ihren verwirrenden Zustand zu mildern, ohne jedoch in der Lage zu sein, ihn gänzlich aufzulösen. Es gärt weiter in der Tiefe ihres Wesens und untergräbt die Grundfesten ihrer gewöhnlichen Existenz, um von dort - vielleicht nach langer Zeit - mit verstärkter Intensität wieder hervorzubrechen. Der Zustand des Unbehagens und Aufgewühltseins wird immer schmerzhafter und das Gefühl innerer Leere immer unerträglicher. Dieser Mensch fühlt sich innerlich zerrissen; der überwiegende Teil dessen, was sein Leben ausmacht, scheint ihm jetzt wie ein Traum dahingeschwunden, während noch kein neues Licht aufgetaucht ist. Tatsächlich ist er sich der Existenz eines solchen Lichtes noch gar nicht bewusst, oder er kann sich nicht vorstellen, dass es ihn je erleuchten wird.

Häufig folgt auf diesen Zustand innerer Verwirrung eine moralische Krise. Das Gewissen erwacht und es entsteht ein neues Verantwortungsgefühl. Oft wird der Mensch von starken Schuldgefühlen und Gewissensbissen bedrückt, er beurteilt sich hart und wird Opfer einer tiefen Entmutigung. An diesem Punkt hegt er nicht selten Selbstmordgedanken; die Vernichtung seines Körpers scheint ihm die einzig logische Folgerung seines inneren Zusammenbruchs und seiner Auflösung zu sein.

Diese Schilderung gibt nur einen allgemeinen Umriss solcher Erfahrungen. In Wirklichkeit sind die inneren Erlebnisse und Reaktionen sehr unterschiedlich. Viele erreichen dieses akute Stadium niemals, während andere es fast schon beim ersten Ansatz erreichen. Manche werden mehr von intellektuellen Zweifeln und metaphysischen Problemen geplagt, bei anderen ist die emotionale Depression oder die moralische Krise das ausgeprägteste Merkmal.

Diese verschiedenen Äusserungsformen der Krise haben eine enge Beziehung zu einigen Symptomen, die charakteristisch sind für Psychoneurosen oder an Schizophrenie grenzende Stadien (Borderline-Fälle). Manchmal bringt die Anstrengung und Belastung der Krise auch körperliche Symptome hervor, wie nervöse Spannung, Schlaflosigkeit und verschiedene andere Beschwerden (z.B. Verdauung, Kreislauf, Drüsen).

Die Differentialdiagnose ist meist nicht schwierig. Isoliert betrachtet mögen die beobachteten Symptome identisch sein. Aber eine genaue Analyse ihrer Entstehung und Einbeziehen der Gesamtpersönlichkeit des Patienten sowie das Erkennen seines existentiellen Problems offenbaren den Unterschied im Wesen und in der Ebene des krankmachenden Konfliktes. Meist treten die Konflikte zwischen den »normalen« Impulsen auf, zwischen diesen Impulsen und dem bewussten Ich oder zwischen dem Ich und der Aussenwelt (besonders Personen, die in enger Beziehung stehen, wie Eltern, Partner oder Kinder).In unseren Fällen werden die Konflikte durch neu erwachende Tendenzen, Bestrebungen und Interessen hervorgerufen, die - wie erwähnt - moralischen, religiösen oder spirituellen Charakter haben. Es ist nicht schwierig, diese zu erkennen, wenn die Realität und Gültigkeit solcher Erfahrungen erst einmal zugestanden, anstatt wegerklärt wird als blosse Phantasien oder Verinnerlichung sozialer Tabus. Allgemein können sie als das Ergebnis einer Krise in der Entwicklung, im *Wachstum* der Persönlichkeit des Patienten angesehen werden.

Es gibt eine mögliche Komplikation: dass in einem Patienten gleichzeitig Symptome angetroffen werden, die aus beiden Quellen stammen. Gerade in solchen Fällen ist das Entdecken der unterschiedlichen Ursprünge der Symptome besonders wichtig.

2. Krisen, die durch das spirituelle Erwachen ausgelöst werden.

Das Öffnen des Kanals zwischen den bewussten und überbewussten Ebenen, zwischen Ich und Selbst und die daraus folgende Flut von Licht, Freude und Energie, haben oft eine wunderbare Entspannung zur Folge. Die vorhergehenden Konflikte und Leiden und die seelischen und körperlichen Symptome, die sie hervorbrachten, verschwinden manchmal erstaunlich plötzlich und bestätigen damit, dass sie nicht auf einer physischen Ursache beruhten, sondern die Folge eines inneren Ringens waren. In solchen Fällen bedeutet das spirituelle Erwachen eine wirkliche Heilung.

In anderen, nicht seltenen Fällen jedoch ist die Persönlichkeit in einer oder mehrerer Hinsicht noch nicht reif und deshalb nicht in der Lage, das Einströmen von Licht und Kraft angemessen aufzunehmen. Das geschieht zum Beispiel, wenn der Verstand nicht ausgeglichen ist oder die Gefühle und die Vorstellungskraft unkontrolliert sind, wenn das Nervensystem zu empfindsam ist oder wenn das Einfliessen der spirituellen Energie in seiner Plötzlichkeit und Intensität zu überwältigend ist.

Die Unfähigkeit der Psyche, diese Erleuchtung zu ertragen, oder die Neigung zu Egoismus und Eitelkeit können dazu führen, dass diese Erfahrung falsch interpretiert wird, und das Ergebnis ist sozusagen eine »Verwechslung der Ebenen«. Die Unterscheidung zwischen absoluten und relativen Wahrheiten, zwischen höherem Selbst und »Ich« wird verwischt, und die einfliessenden spirituellen Energien können die unglückliche Wirkung haben, die niedere Persönlichkeit oder das »Ich« zu nähren und aufzublähen.

Ich war Zeuge eines eindrucksvollen Falls solch schädlicher Wirkung im Psychiatrischen Krankenhaus in Ancona. Einer der Patienten, ein einfacher Mann - früher Photograph - erklärte schlicht und beharrlich, er sei Gott. Um diese zentrale Vorstellung hatte er eine Reihe phantastischer Wahnideen über ihm unterstehende himmlische Heere aufgebaut. Dabei war er eine friedliche, freundliche und verbindliche Person, stets bereit, den Ärzten oder Patienten zu helfen. Er war so verlässlich und fähig, dass ihm die Vorbereitung von Medikamenten und sogar die Schlüssel zur Apotheke anvertraut wurden. Sein einziges Fehlverhalten bei dieser Tätigkeit war gelegentliches Ausgeben von Zucker, um einigen der Patienten eine Freude zu machen.

Ärzte mit materialistischer Einstellung wären geneigt, diesen Patienten einfach als jemanden anzusehen, der von paranoiden Wahnvorstellungen befallen wurde; aber diese rein diagnostische Etikettierung bietet wenig oder gar keine Hilfe für das Verstehen der wahren Natur und der Ursachen solcher Störungen. Es scheint deshalb lohnend, die Möglichkeit einer tieferen Deutung der falschen Überzeugung dieses Mannes zu erwägen.

Die innere Erfahrung des spirituellen Selbst und dessen enge Verbindung mit dem persönlichen Selbst, ja sogar deren gegenseitige Durchdringung, vermittelt ein Gefühl von Grösse und innerer Erweiterung und kann zur Überzeugung führen, auf gewisse Weise am göttlichen Wesen teilzuhaben. In der religiösen Tradition und den spirituellen Lehren aller Zeiten findet man zahlreiche Zeugnisse dieses Themas - einige davon in kühnen Worten formuliert. In der Bibel steht ausdrücklich: »Ich habe gesagt, ihr seid Götter, und ihr alle seid Kinder des Höchsten« (Psalm 82, 6). Augustinus erklärt: »*Wenn die Seele etwas liebt, wird sie ihm gleich; wenn sie weltliche Dinge liebt, wird sie weltlich, aber wenn sie Gott lieben sollte (so mögen wir fragen), wird sie dann nicht zu Gott?*«

Der extremste Ausdruck der Identität des menschlichen Geistes ist in den zentralen Lehren der Vedânta-Philosophie enthalten. »*Tat tvam asi*« (das bist du) und »*aham evam parama Brahman*« (in Wahrheit bin ich das höchste Brahman).

Wie immer man auch das Verhältnis zwischen dem individuellen Selbst und dem universellen Selbst ansehen mag, ob als identisch oder als ähnlich, unterschiedlich oder einheitlich, es ist höchst wichtig, den Unterschied zu machen zwischen dem Selbst in seinem ureigentlichen Wesen - dem, was »Ursprung«, »Zentrum«, »tieferes Wesen«, »Gipfel« genannt wurde – und der kleinen, gewöhnlichen Persönlichkeit, dem »Ich«. Diesen Unterschied sollten wir normalerweise klar erkennen und in Theorie und Praxis stets vor Augen haben. Das Vernachlässigen dieser wesentlichen Unterscheidung führt zu absurden und gefährlichen Konsequenzen.

Diese Unterscheidung liefert den Schlüssel zum Verständnis des Geisteszustandes des erwähnten Patienten und anderer weniger extremer Formen von Selbstüberschätzung und Selbstglorifizierung. Der fatale Irrtum aller, die Opfer dieser Täuschung werden, ist, dass sie die Fähigkeiten und die Macht des (transpersonalen) Höheren Selbst ihrem persönlichen Ich zuschreiben. Philosophisch ausgedrückt handelt es sich um eine Verwechslung von absoluter und relativer Wahrheit, von metaphysischer und empirischer Realitätsebene, religiös ausgedrückt um eine Verwechslung zwischen Gott und »Seele«.

Unser Beispiel zeigt einen extremen Fall, jedoch sind mehr oder weniger ausgeprägte Fälle solcher Verwirrung oft anzutreffen bei Menschen, die durch den Kontakt mit spirituellen Energien, die zu machtvoll für ihr eigenes geistiges Verstehen sind. Der Leser kennt zweifellos Vorkommnisse ähnlicher Selbsttäuschungen, wie sie bei einer Reihe von fanatischen Anhängern verschiedener Kulte angetroffen werden. Wenn die Täuschung sich einmal festgesetzt hat, ist es Zeitverschwendung, gegen die Geistesverwirrung des Patienten anzukämpfen oder sie lächerlich zu machen; das wird nur Opposition und Ablehnung hervorrufen. Ein besserer Weg ist, sich in ihn hineinzuversetzen, ihm die letzte Wahrheit seines Glaubens zuzugestehen, ihn aber auf das Wesen seines Irrtums aufmerksam zu machen und ihm zu helfen, die notwendigen Unterscheidungen treffen zu lernen.

In anderen Fällen ruft das plötzliche Einfliessen von Energien emotionale Ausbrüche hervor, die sich in unkontrolliertem, unausgeglichenem und gestörtem Verhalten äussern kann. Schreien und Weinen, Singen und Ausbrüche verschiedener Art charakterisieren diese Art von Reaktion. Ist ein Mensch aktiv, mag er sich durch die Erregung des inneren Erwachens dazu getrieben fühlen, die Rolle eines Propheten oder Erlösers zu spielen; er mag eine neue Sekte gründen und eine Kampagne von spektakulärem Bekehrungseifer starten.

Bei manchen sensitiven Menschen treten parapsychologische Wahrnehmungen auf. Sie haben Visionen, die sie höheren Wesen zuschreiben; sie hören vielleicht Stimmen oder fangen an, automatisch zu schreiben, übernehmen die Botschaften kritiklos und gehorchen ihnen ohne Vorbehalte. Die Qualität solcher Botschaften ist sehr unterschiedlich. Manchmal enthalten sie wertvolle Unterweisungen. Sie sollten jedoch immer mit klarer Unterscheidungsfähigkeit und gesunder Urteilskraft geprüft werden, ohne dass man sich durch ihren ungewöhnlichen Ursprung oder irgendeine Forderung des angeblichen Übermittlers beeindrucken zu lassen. Keinen Wert beimessen sollte man Botschaften, die klare Befehle enthalten und blinden Gehorsam fordern oder solchen, die dazu neigen, die Persönlichkeiten des Empfängers zu erhöhen.

3. Reaktionen auf das spirituelle Erwachen.

Die Reaktionen, die diese Phase begleiten, sind vielfältig und treten oft eine gewisse Zeit nach dem Erwachen auf. Wie schon gesagt ist ein harmonisches inneres Erwachen durch ein Gefühl der Freude und geistigen Erleuchtung gekennzeichnet, das Einsicht in Sinn und Zweck des Lebens mit sich bringt. Viele Zweifel werden zerstreut, die Lösung vieler Probleme geboten und ein Gefühl der Sicherheit vermittelt. Gleichzeitig erwacht die Erkenntnis, dass Leben Einheit ist und ein Strom von Liebe zu den Mitmenschen und der ganzen Schöpfung fliesst durch den erwachenden Menschen. Die frühere Persönlichkeit mit ihren scharfen Ecken und unliebsamen Charakterzügen scheint in den Hintergrund getreten zu sein, und ein neues liebevolles und liebenswertes Wesen lächelt uns und die ganze Welt an, voller Eifer, zu erfreuen, zu dienen und den neuerlangten geistigen Reichtum, dessen Überfluss es allein gar nicht zu fassen scheint, mit anderen zu teilen.

Solch ein erhöhter Zustand dauert unterschiedlich lange, hört jedoch unweigerlich einmal auf. Das personale Selbst war nur zeitweise überwältigt, aber nicht für immer umgewandelt. Das Einströmen von Licht und Liebe folgt einem Rhythmus, wie alles im Universum. Nach einer gewissen Zeit wird es weniger oder hört auf, und der Flut folgt eine Ebbe.

Diese Erfahrung ist notwendigerweise schmerzhaft, ruft in manchen Fällen starke Reaktionen hervor und kann ernsthafte Schwierigkeiten verursachen. Das alte persönliche »Ich« erwacht erneut und behauptet sich selbst mit verstärkter Kraft. Felsen und Geröll, die vorher überflutet wurden, tauchen wieder auf. Der Mensch, dessen moralisches Gewissen jetzt feiner und anspruchsvoller, dessen Drang nach Vollkommenheit stärker geworden ist, urteilt mit grösserer Strenge und verurteilt seine Persönlichkeit mit neuer Heftigkeit. Er neigt zum falschen Glauben, er sei noch tiefer gefallen als vorher. Manchmal werden niedere Neigungen und Impulse, die bisher im Unterbewusstsein schlummerten, durch das Einfliessen höherer Energien geweckt. Diese stellen eine Herausforderung und eine Bedrohung für die niederen Energien dar und können zu ihrem unkontrollierten Ausbruch führen.

Manchmal wird die Reaktion so stark, dass der Betreffende veranlasst wird, sogar den Wert und die Wirklichkeit seiner jüngsten Erfahrung zu verleugnen. Es befallen ihn Zweifel und Kritik, und er ist versucht, seine Erfahrungen als Illusion, Phantasie oder emotionalen Rausch anzusehen. Er wird bitter und sarkastisch, macht sich selbst und andere lächerlich und wendet seinen höheren Idealen und Hoffnungen sogar den Rücken. Wie sehr er sich jedoch auch bemühen mag, er kann nicht zu seinem alten Zustand zurückkehren; er hat eine Vision gehabt, und ihre Schönheit und Anziehungskraft leben in ihm fort trotz seiner Bemühungen, sie zu unterdrücken. Er kann das alltägliche Leben nicht mehr akzeptieren oder damit zufrieden sein. Ein »göttliches Heimweh« verfolgt ihn und lässt ihm keine Ruhe. Manchmal zeigt die Reaktion ein eher pathologisches Bild und verursacht einen Zustand von Depressionen und sogar Verzweiflung, begleitet von Selbstmordabsichten.

Dieser Zustand ist dem der psychotischen Depression oder Melancholie sehr ähnlich, die durch ein plötzliches Gefühl der Wertlosigkeit, der eigenen Geringschätzung und der Selbstanklage gekennzeichnet ist; der Eindruck, durch die Hölle zu gehen, der so lebhaft werden kann, dass er die Vorstellung hervorruft, unwiderruflich verdammt zu sein; ein heftiges und schmerzliches Gefühl der intellektuellen Unfähigkeit; ein Verlust von Willenskraft und Selbstkontrolle; Unentschlossenheit sowie Unlust und Unfähigkeit zu handeln. Aber jene, die ein inneres Erwachen erlebt oder ein bestimmtes Ausmass an spiritueller Verwirklichung erreicht haben, sollten diese Schwierigkeiten nicht als bloss pathologischer Zustand ansehen, denn sie haben spezifische psychologische Ursachen. Auf eine davon haben Platon und Johannes vom Kreuz mit dergleichen Analogie hingewiesen.

Platon vergleicht in dem berühmten Höhlengleichnis, das im siebten Buch der »*Politeia*« enthalten ist, nicht erleuchtete Menschen mit Gefangenen in einer dunklen Höhle und sagt:

> »Wenn einer entfesselt wäre und gezwungen würde, sogleich aufzustehen, den Hals herumzudrehen, zu gehen und gegen das Licht zu sehen, und, indem er das täte, immer Schmerzen hätte und wegen des flimmernden Glanzes nicht recht vermöchte jene Dinge zu erkennen, wovon er vorher die Schatten sah: was, meinst du wohl, würde er sagen, wenn ihm einer versicherte, damals habe er lauter Nichtiges gesehen, jetzt aber, dem Seienden näher und zu dem mehr Seienden gewendet, sähe er richtiger? Und wenn er ihm jedes Vorübergehende zeigend, ihn fragte und zu antworten zwänge, was es sei - meinst du nicht, er werde ganz verwirrt sein und glauben, was er damals gesehen, sei doch wirklicher als was ihm jetzt gezeigt werde?«

Johannes vom Kreuz verwendet Worte, die merkwürdig ähnlich sind, wenn er von einem Zustand spricht, den er »*die dunkle Nacht der Seele*« nennt:

> »Das Selbst ist in der Finsternis, weil es von einem Licht geblendet wird, das grösser ist, als es ertragen kann. Je klarer das Licht, desto mehr blendet es die Augen der Eule und je stärker die Sonnenstrahlen, desto mehr blenden sie die Sehorgane, überwältigen diese wegen ihrer Schwäche und nehmen ihnen die Sehkraft... So wie Augen, die geschwächt und getrübt sind, Schmerz leiden, wenn klares Licht auf sie trifft, so leidet die Seele sehr wegen ihrer Unreinheit, wenn das göttliche Licht wirklich auf sie scheint. Und wenn die Strahlen dieses reinen Lichts auf die Seele scheinen, um die Unreinheiten zu verbannen, dann nimmt die Seele sich selbst als so unrein und armselig wahr, dass es so scheint, als habe Gott selbst sich gegen sie gewandt und sie sich gegen Gott.« (siehe:

Underhill, E.: »Mystik. Eine Studie über die Natur und Entwicklung des religiösen Bewusstseins im Menschen«, München, Reinhardt 1928, S. 453).

Ich möchte noch darauf hinweisen, dass Krisen, die zwar weniger fundamental und drastisch, aber in vieler Hinsicht jenen ähnlich sind, die vor und nach dem »Erwachen« auftreten, bei zwei Haupttypen von kreativen Menschen auftreten - bei *Künstlern* und *Wissenschaftlern*.

Künstler beklagen sich oft über Phasen der Unfruchtbarkeit, der Frustration und Unfähigkeit zu arbeiten. Zu solchen Zeiten fühlen sie sich niedergeschlagen und ruhelos und können von vielen der erwähnten Symptome befallen werden. Sie versuchen vergeblich, diesem schmerzlichen Zustand mit Hilfe von Alkohol oder Drogen zu entfliehen. Wenn sie aber die Tiefen von Mutlosigkeit und Verzweiflung erreicht haben, mag ein plötzlicher Strom von Inspiration eine Periode neuer und intensiver produktiver Aktivität einleiten. Oft erscheint ein Kunstwerk als fast fertiges Produkt, das sich ohne die bewusste Aufmerksamkeit des Künstlers auf einer unbewussten Ebene oder einem unbewussten Bereich seines Inneren entwickelt hat. Wie Murray in seinem glänzenden Aufsatz »Veränderungen der Kreativität« ausführt, wenn er von den Erfordernissen des künstlerischen Schaffens spricht, muss es eine ausreichende Durchlässigkeit der Grenzen geben, der Grenzen zwischen Kategorien wie auch zwischen verschiedenen Interessensphären und - für bestimmte Arten des Schaffens am wichtigsten - genügend Durchlässigkeit zwischen bewussten und unbewussten Prozessen. Zu viel Durchlässigkeit bedeutet Wahnsinn, zu wenig bedeutet starres, konservatives Nutzdenken.

Die Frustration, die den Wissenschaftler in gewissen Stadien seines Forschens quälen und die Rolle, die sie spielen »beim Lenken der Energie nach innen zu reicheren Quellen der Inspiration« wurden von Progoff gut beschrieben.

Die angemessene Behandlung solcher Krisen besteht darin, dem Leidenden das Verständnis ihrer wahren Bedeutung zu vermitteln und ihm den einzig wirksamen Weg zu ihrer Überwindung zu erklären. Es sollte ihm klargemacht werden, dass der erhabene Zustand, den er erfahren hat, seiner Natur nach nicht andauern kann und dass eine Reaktion unvermeidbar war. Es ist so, als habe er einen herrlichen Flug zu einem sonnenerleuchteten Berggipfel gemacht, den Glanz und die Schönheit des vor ihm ausgebreiteten Panoramas in sich aufgenommen, sei jedoch widerstrebend zu seinem Ausgangspunkt zurückgebracht worden mit der traurigen Erkenntnis, dass der steile Weg, der zu diesen Höhen führt, Schritt für Schritt gegangen werden muss. Die Erkenntnis, dass sein Abstieg oder »Fall« ein natürliches Ereignis ist, gewährt emotionale und verstandesmässige Erleichterung und ermutigt den Menschen, diese schwierige Aufgabe in Angriff zu nehmen, die ihm auf dem Weg zur Selbstverwirklichung entgegentritt.

4. Phasen des Prozesses der Verwandlung.

Wir wollen uns jetzt der Stufe zuwenden, auf der erkannt wurde, dass die zu erfüllenden Bedingungen und der Preis für das hohe Ziel der Selbstverwirklichung eine drastische Umwandlung (Transmutation) und Erneuerung der Persönlichkeit sind. Es ist ein langer und vielfältiger Prozess, der Phasen einschliesst, in denen Hindernisse für das Einfliessen und Wirken überbewusster Energien beseitigt werden; Phasen der Entwicklung der höheren Funktionen, die brachgelegen haben oder unentwickelt waren; Phasen, in denen das Ich das höhere Selbst handeln lassen und dabei den Druck und den unvermeidlichen Schmerz des Prozesses ertragen muss.

Es ist eine äusserst ereignisreiche Periode voller Veränderungen, von Wechsel zwischen Licht und Dunkelheit, zwischen Freude und Leid. Die Energien und die Aufmerksamkeit des Betreffenden werden häufig so von dieser Aufgabe in Anspruch genommen, dass seine Kraft, mit den Problemen und Aktivitäten des Alltagslebens fertigzuwerden, verringert sein kann. Von aussen betrachtet und gemessen an der sonstigen Leistungsfähigkeit scheint er nachgelassen zu haben und weniger fähig zu sein als vorher. Ungerechtes Urteil bleibt ihm nicht erspart von seiten wohlmeinender aber nicht wissender Freunde oder Ärzte, und oft ist er Zielscheibe für bissige und sarkastische Bemerkungen über seine »feinen« spirituellen Ideale und Bestrebungen, die ihn im praktischen Leben schwach und unfähig machen. Diese Art von Kritik wird als sehr schmerzhaft empfunden und führt oft zu Zweifel und Entmutigung.

Diese Prüfung ist einer der Tests auf dem Weg der Selbstverwirklichung; sie lehrt Überwindung persönlicher Empfindsamkeit und bietet Gelegenheit, innere Unabhängigkeit und Selbstvertrauen ohne Groll zu entwickeln. Sie sollte freudig oder zumindest gelassen angenommen und als eine Gelegenheit benutzt werden, innere Stärke zu entwickeln. Wenn die Menschen in seiner Umgebung nun selbst erleuchtet oder wenigstens verständnisvoll sind, so können sie ihm sehr helfen und unnötige Schwierigkeiten und Leid ersparen.

In Wirklichkeit ist dies eine Übergangsperiode, ein Verlassen von alten Zuständen, ohne die neuen bereits sicher erreicht zu haben; ein Zwischenstadium, in dem man - wie zutreffend formuliert wurde - wie eine Raupe den Prozess der Verwandlung in einen Schmetterling durchmacht. Sie muss durch das Stadium der Verpuppung hindurch, einen Zustand der Auflösung und Hilflosigkeit. Der Mensch hat jedoch im allgemeinen nicht den Schutz eines Kokon, in dem er diesen Prozess der Transformation in Abgeschiedenheit und Ruhe vollziehen kann. Er muss - und dies trifft vor allem für heutige Verhältnisse zu - sein Leben dort, wo er steht, weiterführen und die familiären, beruflichen und sozialen Pflichten so gut er kann fortführen, als ob nichts geschehen sei oder noch geschehen würde. Sein Problem ähnelt dem eines Ingenieurs, der einen Bahnhof neu bauen will, ohne den Verkehr auch nur für eine Stunde zu unterbrechen. Es überrascht daher nicht, dass diese schwierige und komplizierte Aufgabe, dieses »Doppelleben«, zu einer Vielzahl psychologischer Störungen führen kann, wie Erschöpfung, Schlaflosigkeit, emotionale Depression, Ausgelaugtsein, seelische Erregung und Ruhelosigkeit. Diese ihrerseits können eine Reihe körperlicher Symptome oder Störungen hervorbringen.

Manchmal werden diese Schwierigkeiten hervorgerufen oder zumindest verschlimmert durch eine übermässige persönliche Anstrengung, die höhere Verwirklichung durch erzwungene Hemmung und Unterdrückung sexueller und aggressiver Impulse zu beschleunigen - ein Versuch, der den Konflikt intensiviert und Spannungen und neurotische Symptome wachsen lässt. Eine solche Haltung entspringt oft moralischen und religiösen Vorstellungen, die zu rigide und dualistisch sind; dies führt zu einer Verdammung der natürlichen Impulse, die als »schlecht« oder »sündig« angesehen werden. Dann gibt es Menschen, die diese Haltung zwar *bewusst* aufgegeben haben, jedoch *unbewusst* immer noch zu einem gewissen Grad davon bestimmt sind und entweder eine ambivalente Einstellung zeigen oder zwischen den Extremen der *Unterdrückung* und des unkontrollierten Ausdrucks aller Impulse hin- und herschwanken.

Letzteres hat zwar eine kathartische Wirkung, ist jedoch keine akzeptable Lösung, weder vom ethischen noch vom medizinischen Standpunkt aus, denn es schafft unweigerlich neue Konflikte - zwischen den verschiedenen Grundimpulsen oder zwischen diesen Impulsen und den Einschränkungen, die nicht nur durch Konventionen der sozialen Ordnung auferlegt sind, sondern auch durch die Forderungen zwischenmenschlicher Beziehungen und der angemessenen sozialen Integration und Anpassung.

Die Lösung liegt eher in Richtung einer harmonischen Integration aller Impulse in die Gesamtpersönlichkeit, zuerst durch entsprechende Unter- und Einordnung und dann durch die Transformation und Sublimation übermässiger oder ungenutzter Energiemengen.

Diese Integration kann stark erleichtert werden durch die Aktivierung der überbewussten Funktionen, durch die Verwirklichung des Selbst, denn diese grösseren und höheren Interessen wirken wie ein Magnet, der die »Libido« oder die psychische Energie, die in die »tieferen« Impulse investiert wird, hinaufzieht. Sofern eine der spezifischen Funktionen des Selbst, der Wille, erkannt und genutzt wird, kann dieser mit Hilfe seiner regulierenden und kontrollierenden Kraft wirksam zu der harmonischen Integration der Bio- Psychosynthese des *gesamten* Menschen beitragen.

Eine andere und in gewisser Weise entgegengesetzte Schwierigkeit tritt während der Perioden auf, in welchen der Strom der überbewussten Energien leicht und reichlich fliesst. Wenn er nicht klug kontrolliert wird, kann er in fieberhafter Erregung und Aktivität vergeudet werden. Bleibt der Strom der Energien dagegen zu sehr in der Schwebe und unausgedrückt, so sammelt er sich, und der hohe Druck kann zu Schädigungen führen, so wie zu starker elektrischer Strom eine Sicherung zum Durchbrennen bringt. Ein angemessenes Mittel ist es dann, die einfliessende Energie konstruktiv und harmonisch für die innere Regenerierung einzusetzen durch kreativen Ausdruck und nützlichen Dienst, so wie es die Möglichkeiten des Betreffenden gestatten.

* * * *

Das Thema dieses Kapitels hat es notwendig gemacht, die dunkleren und schmerzhafteren Seiten der spirituellen Entwicklung herauszustellen; es soll daraus jedoch nicht geschlossen werden, dass der Weg zur Selbstverwirklichung bei allen Menschen zu mehr seelischen Störungen führt als bei gewöhnlichen Menschen. Das Stadium stärksten Leidens stellt sich häufig nicht ein. Deshalb sollten die folgenden Punkte klar hervorgehoben werden:

1. Bei vielen Personen wird eine solche Entwicklung viel langsamer und harmonischer erreicht als hier beschrieben, so dass die inneren Schwierigkeiten überwunden und die verschiedenen Stadien ohne heftige Reaktionen oder deutliche Symptome durchlebt werden.

2. Die neurotischen Symptome und die emotionale Gestörtheit des Durchschnittsmenschen sind oft ernster und schwerer zu ertragen und für den Therapeuten schwieriger zu heilen als jene, die mit der Selbstverwirklichung in Zusammenhang stehen. Sie beruhen meist auf heftigen Konflikten zwischen den verschiedenen Aspekten der Persönlichkeit oder der unvernünftigen Auflehnung gegen Umstände und Menschen. Oft ist es schwierig, sie wirklich zu heilen, da die höheren Ebenen und Funktionen dieser Patienten noch nicht aktiviert sind. So gibt es wenig, woran man appellieren kann, um sie zu den Opfern zu bewegen oder sich der erforderlichen Disziplin zu unterwerfen, die die notwendigen Veränderungen bewirken würden.

3. Die nervösen, emotionalen und mentalen Probleme, die auf dem Weg der Selbstverwirklichung auftreten, sind - wie ernst sie auch scheinen mögen lediglich vorübergehende Reaktionen, man könnte auch sagen, Nebenprodukte eines organischen Prozesses inneren Wachstums und innerer Regeneration. Deshalb verschwinden sie entweder spontan, wenn die Krise vorüber ist, die sie hervorgebracht hat, oder sie sind bei einer geeigneten Behandlung relativ einfach zugänglich.

4. Die Leiden, die durch Phasen der Depression durch das Abebben des inneren Lebens - verursacht werden, werden wieder reichlich aufgewogen durch die Phasen eines erneuten Einfliessens überbewusster Energien und durch die Vorwegnahme der Erlösung und Erhöhung der ganzen Persönlichkeit, welche durch die Selbstverwirklichung letztlich erzielt wird. Diese Vision ist eine machtvolle Inspiration, ein nie versagender Trost und eine ständige Quelle der Stärke und des Mutes. Man sollte diese Vision deshalb so lebendig und so häufig wie möglich vergegenwärtigen, und den grössten Dienst, den wir jenen erweisen können, die sich auf diesem Weg bemühen, ist, ihnen zu helfen, diese Vision des Zieles stets gegenwärtig vor Augen zu haben.

So kann man den Bewusstseinszustand einer selbstverwirklichten Persönlichkeit vorausnehmen und eine immer klarere Vorstellung davon erhalten. Es ist ein Bewusstseinszustand, der durch Freude, Heiterkeit, innere Sicherheit, ein Gefühl ruhiger Kraft, klaren Verstehens und strahlender Liebe gekennzeichnet ist. In ihren höchsten Ausformungen ist es die Realisierung des eigentlichen Seins, der Vereinigung und Identifizierung mit dem universellen Leben (*4).

5. Folgerungen für die Diagnose und Behandlung.

Betrachten wir diese Frage mehr vom medizinischen und psychologischen Standpunkt aus, so zeigt sich, dass die auf den verschiedenen Phasen der Selbstverwirklichung auftretenden Schwierigkeiten denen »gewöhnlicher« Patienten äusserlich sehr ähnlich sein können, manchmal sogar identisch scheinen, in der Ursache und Bedeutung jedoch sehr verschieden sind und die Behandlung deshalb entsprechend unterschiedlich zu sein hat.

Mit anderen Worten, die existentielle Situation in den beiden Gruppen ist nicht nur nicht die gleiche, sondern ist in gewissem Sinne sogar entgegengesetzt.

Die psychischen Symptome gewöhnlicher Patienten haben im allgemeinen *regressiven* Charakter; sie waren nicht in der Lage, einige der notwendigen inneren oder äusseren Anpassungen zu vollziehen, die eine normale Entwicklung der Persönlichkeit ausmachen. In vielen Fällen ist es nicht gelungen, die emotionale Bindung an die Eltern zu lösen; dies setzt sich ins spätere Leben hinein fort in Form kindlicher Abhängigkeit von ihnen oder von Menschen, die an ihre Stelle traten. Die Ablehnung der Erfordernisse eines Lebens in Familie und Gesellschaft oder die Unfähigkeit, mit den dabei auftauchenden Schwierigkeiten fertigzuwerden, lässt sie unbewusst in Krankheit oder Invalidität flüchten. In anderen Fällen ist die Ursache ein emotionaler Schock oder Verlust, den sie nicht akzeptieren können oder wollen und der zu einer reaktiven Depression oder anderen neurotischen Symptomen führen kann. Allen diesen Fällen ist ein bestimmter Konflikt oder Konflikte zwischen verschiedenen bewussten oder unbewussten Aspekten der Persönlichkeit oder zwischen der Persönlichkeit und ihrer Umgebung gemeinsam.

Die durch die Belastung und den Kampf während den verschiedenen Stadien des Weges zur Selbst-Verwirklichung entstandenen Schwierigkeiten haben im Gegensatz dazu einen spezifisch *progressiven* Charakter. Sie werden durch das Wecken überbewusster Fähigkeiten ausgelöst, durch den starken »Ruf von oben«, durch die Anziehungskraft des höheren Selbst, und sie werden besonders bestimmt durch sich daraus ergebende Fehlanpassungen und Konflikte der »mittleren« und »tieferen« Aspekte der Persönlichkeit. Diese Krise wurde treffend von C. G. Jung beschrieben:

> "«Normal» zu sein ist ein glänzendes Ideal für den nicht Erfolgreichen, für all jene, die noch zu keiner Eingliederung gefunden haben. Aber für Menschen, die weitaus begabter sind als der Durchschnitt, für die es noch nicht schwer war, einen Erfolg zu erringen und ihren Teil der Arbeit in der Welt zu vollbringen - für sie bedeutet Beschränkung auf das Normale das Procrustes-Bett unerträglicher Langeweile, höl-

lischer Sterilität und Hoffnungslosigkeit. Daraus folgt, dass viele Menschen neurotisch werden, weil sie nur normal sind, wie es auch Menschen gibt, die neurotisch sind, weil sie nicht normal sein können." (C. G. Jung, »Modern Man in Search of a Soul«, New York, Harcourt Brace 1933; S. 55)

Es ist klar, dass eine psychotherapeutische Behandlung für die beiden verschiedenen Arten von Patienten völlig unterschiedlich sein muss.

Das therapeutische Problem bei der *ersten Gruppe* besteht darin, wie dem Patienten geholfen werden kann, den Zustand eines Durchschnittsmenschen zu erreichen durch Beseitigung von Verdrängung und Hemmung, Ängsten und kindlicher Abhängigkeit; ihn herauszuführen aus seiner Ichbezogenheit, seiner emotional gestörten Lebenssicht hin zu einer objektiven und gesunden Betrachtung des Alltagslebens, zum Erkennen seiner Pflichten und Verbindlichkeiten und einer richtigen Würdigung anderer Menschen. Die gegensätzlichen, teilweise unentwickelten, unkoordinierten bewussten und unbewussten Tendenzen und Funktionen müssen in einer *personalen Psychosynthese* harmonisiert und integriert werden.

Die spezifische therapeutische Aufgabe bei der *zweiten Gruppe* ist, mit Hilfe einer angemessenen Assimilierung der einfliessenden überbewussten Energien und ihrer Integration in die bisherigen Aspekte der Persönlichkeit zu einem harmonischen Ausgleich zu gelangen, das heisst das Verwirklichen nicht nur einer personalen sondern auch einer *spirituellen (transpersonalen) Psychosynthese*.

Es ist einleuchtend, dass eine für die erste Gruppe von Patienten angemesse Behandlung für die der zweiten Gruppe nicht nur unbefriedigend, sondern sogar eindeutig schädlich sein kann. Das Schicksal der letzteren ist doppelt hart, wenn sie von einem Therapeuten behandelt werden, der die überbewussten Funktionen weder verstehen noch richtig würdigen kann, der die Realität des Selbst und die Möglichkeit der Selbst-Verwirklichung ignoriert oder verneint. Er wird daher das höhere Streben des Patienten, das oft noch unsicher ist, entweder als blosse Phantasien lächerlich machen oder es in materialistischer Weise interpretieren, und der Patient mag davon überzeugt werden, dass er das Richtige tut, wenn er versucht, die Schale seiner Persönlichkeit zu verhärten und sie gegen das hartnäckige Anklopfen des überbewussten Selbst zu verschliessen. Das kann natürlich seinen Zustand verschlechtern, die Kämpfe verstärken und eine wirkliche Lösung verzögern.

Auf der anderen Seite kann ein Therapeut, der sich selbst zum spirituellen Bereich hingezogen fühlt oder zumindest Verständnis und eine positive Haltung gegenüber den höheren Funktionen und Realitäten hat, von grosser Hilfe sein, wenn jemand noch im ersten Stadium ist, dem der Unzufriedenheit, der Ruhelosigkeit und des unbewussten Tastens. Wenn er das Interesse am Leben verloren hat, wenn die alltägliche Existenz keinen Reiz mehr für ihn hat und er noch keinen Lichtschimmer einer höheren Realität erblickt hat, wenn er in falscher Richtung nach Erleichterung sucht und sich in einer Sackgasse bewegt - dann kann ein Enthüllen der wahren Ursache seiner Schwierigkeiten und das Aufzeigen der wirklichen, unerhofften Lösung, eines glücklichen Ausgangs der Krise wesentlich dazu beitragen, das innere Erwachen hervorzubringen, das allein schon den Hauptteil der Heilung ausmacht.

Das zweite Stadium, das der emotionalen Erregung oder Ekstase, in welchem man von der Begeisterung mitgerissen und die Illusion gehegt wird, eine bleibende Verwirklichung erreicht zu haben, bedarf einer leisen Warnung, dass dieser beglückende Zustand zwar notwendig, nichtsdestoweniger aber vorübergehend ist. Man sollte dem Betreffenden eine Beschreibung der Geschehnisse geben, die noch vor ihm liegen. Das wird ihn auf die unvermeidliche Reaktion im dritten Stadium vorbereiten und ihm viel Leid, Zweifel und Entmutigung ersparen.

Wenn ein Patient in Behandlung während dieser Reaktion nicht den Nutzen einer so gearteten Warnung hatte, kann ihm der Therapeut viel helfen, indem er ihm versichert, dass sein gegenwärtiger Zustand vorübergehend ist und weder andauernd noch hoffnungslos ist, wie er zu glauben meint. Der Therapeut sollte immer wieder erklären, dass der belohnende Ausgang dieser Krise allen Schmerz rechtfertigt, wie heftig er auch sein mag. Erleichterung und Ermutigung kann auch erreicht werden durch das Anführen von Beispielen anderer Menschen, die ähnliche Qualen erlebt und überstanden haben.

Während des vierten Stadium der »Vorkommnisse beim Aufstieg« im Prozess der Umwandlung - des längsten und kompliziertesten Abschnittes - ist die Arbeit des Therapeuten entsprechend komplexer. Einige wichtige Aspekte der Behandlung sind:

1. Dem Patienten zu erklären, was sich wirklich in ihm abspielt und ihm zu helfen, die richtige Einstellung zu finden.

2. Ihn zu lehren, wie er durch den richtigen Gebrauch des Willens die aus dem Unterbewussten aufsteigenden Impulse kontrollieren und sicher beherrschen kann, ohne sie durch Furcht oder Verdammung zu unterdrücken.

3. Ihn die Techniken der Umwandlung und Sublimation sexueller und aggressiver Energien zu lehren; diese Techniken bilden die geeignetste und konstruktivste Lösung vieler seelischer Konflikte.

4. Ihm beim Erkennen und Assimilieren der Energien, die vom Selbst und von überbewussten Ebenen einströmen, zu helfen.

5. Ihm zu helfen, diese Energien in Form von altruistischer Liebe und Dienst auszudrücken und zu gebrauchen. Damit kann man der Neigung zu exzessiver Introversion und Ichbezogenheit begegnen, die oft während diesem Stadium der Selbstentwicklung auftauchen.

6. Ihm beim Erreichen seiner spirituellen (transpersonalen) Psychosynthese zu helfen, das heisst ihn durch die verschiedenen Phasen der Neubildung seiner Persönlichkeit um ein höheres inneres Zentrum zu begleiten.

An diesem Punkt möchte ich klarstellen, dass die beschriebene psychotherapeutische Behandlung eine gleichzeitige angemessene körperliche Therapie keineswegs ausschliesst. Es sprengt jedoch den Rahmen dieses Kapitels, die Hilfsmittel zu beschreiben, die eingesetzt werden können und die sich je nach den Erfordernissen des einzelnen Patienten stark unterscheiden.

In manchen Fällen wird die Behandlung dadurch kompliziert, dass eine Vermischung »regressiver« und »progressiver« Symptome vorgefunden wird. Solche Menschen mögen mit einem Teil ihrer Persönlichkeit zwar eine höhere Ebene erreicht haben, werden andererseits aber durch bestimmte infantile Fixierungen behindert oder durch unbewusste Konflikte beherrscht. Man könnte sagen, dass bei den meisten, die sich im Prozess der Selbstaktualisierung befinden, solche Überbleibsel durch sorgfältige Analyse aufgefunden werden können. Das überrascht nicht, denn das gleiche kann man auch von sogenannten normalen Menschen sagen, die, wie Maslow richtig feststellte, in einem Zustand leichter, chronischer Psychophatie, Angst und Unfreiheit leben.

Aus dem Gesagten wird deutlich, dass für ein zufriedenstellendes Umgehen mit den psychologischen Problemen der Selbstaktualisierung dem Psychotherapeuten eine zweifache Fähigkeit abgefordert wird - nämlich die eines gut ausgebildeten Psychotherapeuten einerseits und die eines ernsthaft Lernenden oder erfahrenen Reisenden auf dem Weg zur Selbstverwirklichung andererseits. Diese doppelte Befähigung ist gegenwärtig nur selten aufzufinden, aber angesichts der wachsenden Zahl von Menschen, die einer solchen Behandlung bedürfen, wird es immer dringlicher, dass möglichst viele von denen, die der Menschheit dienen wollen, dazu bewegt werden sollten, sich für diese Aufgabe zu qualifizieren.

Es wäre auch von grossem Nutzen, wenn die Öffentlichkeit besser über die allgemeinen Tatsachen dieses Themenkreises informiert wäre, geschieht es doch häufig, dass Unwissenheit, Vorurteile und aktive Opposition - vor allem seitens der Verwandten des Patienten - die Arbeit von Patient und Therapeut behindert werden.

Durch Aufklärung der Öffentlichkeit wie auch der Psychotherapeuten könnte viel unnötiges Leiden verhindert werden. Dadurch würden viele der ernsthaft Suchenden leichter und schneller das Ziel ihres Strebens - das Erlangen einer stets zunehmenden Selbstverwirklichung - erreichen.

2. TEIL:
METHODEN UND TECHNIKEN DER PSYCHOSYNTHESE

Übersicht über die in der Psychosynthese eingesetzten Methoden.

I. Eingangstechniken
Einschätzung und Analyse:
1. Biographie - Autobiographie - Tagebuch
2. Fragebogen
3. Assoziation: a) freie   b) stimulierte   c) Assoziationsreihen
4. Traumanalyse
5. Testverfahren
6. Projektive Methoden: a) Rorschach   b) Thematischer Apperzeptionstest (TAT)   c) Freies Zeichnen - Modellieren - Musikimprovisation - Freie Bewegung usw.

II. Bewertung
Erhellen und Verstehen der existentiellen Situation, ihrer Probleme und Aufgaben

III. Spezielle Techniken
(Wegen der grossen Schwierigkeiten einer systematischen Klassifikation der Techniken werden sie hier alphabetisch angeordnet.)
Bibliotherapie
Bio-Psychosynthese (Körpertraining, Spiele, rhythmische Bewegung)
Dis-Identifikation
Entspannung
Farbtherapie
Graphotherapie (Schreiben)
Handeln »als ob«
Humor (lächelnde Weisheit)
Hypnose
Imagination (Visualisierung) a) reproduktiv b) kreativ
Inspiration
Introspektion
Intuition
Katharsis

Konzentration a) nach innen b) in Handlungen
Kreativer Ausdruck
Logotherapie
Meditation und Kontemplation
   a) Modell (Ideal) der eigenen Person b) äussere Modelle aufgrund historischerGestalten etc.
Musik a) Zuhören b) Spielen
Objektive Betrachtung
Schweigen (inneres)
Spielerische Haltung
Substitution (Methode des Ersetzens)
Suggestion und Autosuggestion (direkt oder indirekt)
Symbole und ihre Nutzung
Synthese von Gegensätzen
Transmutation und Sublimation niederer psychischer Energien (sexueller, kämpferischer Art u.s.w.)
Überbewusstsein und dessen Bewusstheit:
   a) Wege und Methoden: ästhetisch - ethisch - verehrend - mystisch - heroisch (durch Handlung) - durch Erleuchtung - rituell
   b) Nutzung überbewusster Energien
Wiederholung
Wille und seine Stadien:
   a) Ziel - Bewertung - Motivation, b) Überlegung, c) Entscheidung, d) Bekräftigung (Affirmationen), e) Planung, f) Ausrichtung der Ausführung

IV. Kombinierte Übungen
1. Gelenkter Tagtraum (rêve éveillé) - symbolische Visualisierung
2. Imaginationstraining
3. Hervorrufen und Fördern höherer Gefühle (Friede - Freude - Liebe - Mitgefühl)
4. Serien (Gralssage - Dantes »Göttliche Komödie« und andere)

V. Persönlicher Einfluss
a) Durch Gegenwart und Beispiel
b) Beratung

VI. Gruppentechniken
1. Gruppentherapie
2. Psychodrama
3. Gemeinsame Gruppenaktivitäten

VII. Techniken der interindividuellen Psychosynthese.
(Einige der oben aufgeführten Techniken können auch für die interindividuelle Psychosynthese gebraucht werden, z.B. Visualisierung, Imaginationstraining, Humor sowie die Gruppentechniken. Hier werden nureinige spezifische Methoden für interpersonelle und soziale Psychosynthese erwähnt)
1. Kameradschaft
2. Kooperation - Teamarbeit - Austausch
3. Empathie
4. Wohlwollen
5. Altruistische Liebe
6. Gefühl der Verantwortlichkeit
7. Gesunde Beziehungen
   a) zwischen dem Individuum und der Gruppe
   b) zwischen Gruppen
8. Dienst
9. Verständnis - Beseitigung von Vorurteilen

Einleitung

Grundlegende Kommentare und allgemeine Bemerkungen zu den Techniken der Psychosynthese.

Gleich zu Beginn dieser Darstellung der Psychosynthese-Methoden sei darauf hingewiesen, wie notwendig es ist, eine Beziehung zwischen den verschiedenen Techniken und dem umfassenden Ziel der Psychosynthese herzustellen. Wir sollten dieses Ziel klar vor Augen haben, wenn wir die Techniken anwenden, die nur Hilfsmittel sind und als solche modifiziert werden können.

Wichtig sind vor allem die Prinzipien und das Ziel des gesamten Vorgehens. Das eigentliche Ziel der Psychosynthese ist es, die Energien des Selbst freizusetzen oder dabei behilflich zu sein. Vorgängig sollten die individuellen Teile des persönlichen Selbst oder »Ich« integriert werden, um auf einer späteren Stufe die Synthese zwischen dem persönlichen »Ich« und dem (transpersonalen) Selbst herzustellen. Deshalb sollten alle Techniken diesem primären Ziel untergeordnet sein. Sie sind keine statische Sammlung von Hilfsmitteln, sondern können von Therapeuten und Erziehern nach Wunsch gebraucht und modifiziert werden, vorausgesetzt, das Grundziel der Therapie wird im Auge behalten. Es ist unvermeidbar, dass sich die Techniken überschneiden. So arbeitet zum Beispiel die Bibliotherapie teilweise, aber nicht ausschliesslich, mit Suggestion, denn es können damit auch höhere Empfindungen geweckt, die Konzentration gesteigert und ein Verstandestraining vermittelt werden. Ein anderes Beispiel ist die Musiktherapie: Ihre Wirkung kann teilweise der Suggestion zugeschrieben werden, teilweise der Entwicklung höherer Gefühle und teilweise der Entspannung, je nach dem Zweck, für den sie eingesetzt wird.

Obwohl jede Technik ein spezifisches Instrument oder Hilfsmittel ist, stellt die Tatsache des Überlappens keine wirkliche Schwierigkeit dar. Ziel ist nicht eine starre Trennung oder Systematisierung von Techniken. Ich werde sie aus didaktischen Gründen einzeln aufzählen und beschreiben und dann in *Übungen* auf verschiedene Kombinationen einiger dieser Techniken hinweisen, wobei jede für einen bestimmten Zweck steht.

Die beste Vorgehensweise ist, die einzelnen Techniken ungefähr in der Reihenfolge vorzustellen, die den Schritten der üblichen Entwicklung einer Psychosynthese entsprechen (siehe die Einführung in Kapitel 1, wo nicht nur ein Gesamtüberblick gegeben wird, sondern auch die verschiedenen Stadien einer Psychosynthese genannt sind).

Anstatt die etwa vierzig Techniken einzeln vorzustellen, werde ich die verschiedenen Schritte des psychotherapeutisch-psychosynthetischen Prozesses darstellen und dabei die Techniken aufzeigen, die der jeweiligen Stufe entsprechen. Wie wir sehen werden, kann dieselbe Technik oder dieselbe Übung in mehr als einer Stufe angewendet werden; jede Technik wird jedoch ausführlich dort vorgestellt, wo sie *zum ersten Mal* eingesetzt werden kann, und sollte sie bei einer späteren Stufe noch einmal auftauchen, werden entsprechende Rückverweise gemacht werden.

Wir wollen gleich zu Beginn den Unterschied zwischen »Techniken«, »Übungen« und »Methoden« genauer betrachten:

Definitionen

Eine *Technik* kann als eine spezifisch psychologische Vorgehensweise angesehen werden, die eingesetzt wird, um eine ganz bestimmte Wirkung auf einen bestimmten Aspekt oder eine bestimmte Funktion der Psyche auszuüben.

Eine *Übung besteht* aus der Kombination oder Folge verschiedener Techniken, um einen allgemeinen Effekt zu erzielen. So schliesst zum Beispiel die ziemlich einfache Übung zur Erlangung von heiterer Gelassenheit den Gebrauch einer Reihe von Techniken ein, wie zum Beispiel Entspannung, rhythmisches Atmen, geistige Konzentration, Visualisierung, kreative Imagination, wobei all diese Techniken vom Willen eingesetzt und gesteuert werden.

Eine *Methode* ist die Kombination von Techniken und Übungen, die in einer bestimmten Abfolge oder in bestimmtem Wechsel angewendet werden, gemäss einem bestimmten

Programm, um das Therapie- oder Erziehungsziel zu erreichen, das als notwendig oder wertvoll angesehen wird.

In der Psychosynthese liegt der Schwerpunkt auf einer ganzheitlichen Konzeption der Behandlung; das sollte man sich stets vor Augen halten und jede Methode, Übung und Technik sollte dem untergeordnet sein. Die Bedürfnisse nicht nur jedes einzelnen Patienten sondern auch der verschiedenen Phasen einer Behandlung sind jeweils sehr verschieden und manchmal sogar entgegengesetzt. Deshalb kann die Anwendung einer spezifischen Technik oder Übung, die sich in einem Fall oder einer Phase als nützlich erwiesen hat, für andere Personen oder unter anderen Bedingungen unpassend oder sogar gefährlich sein.

Das Folgende ist ein schönes Beispiel dafür. Die Übung zur Erlangung von Gelassenheit ist zweifellos sehr nützlich, um übermässiger Spannung, emotionalem Stress und Angst, die heutzutage so verbreitet sind, entgegenzuwirken. Sie sollte eigentlich eine tägliche Übung zur Psychohygiene in unserem modernen Leben sein. Es wäre jedoch falsch, diese oder ähnliche Übungen zum Mittelpunkt einer Behandlung zu machen und dabei auf andere Anwendungen zu verzichten. Wenn diese Übung richtig eingesetzt wird, können Widerstände, die einer Tiefenanalyse entgegenstehen, wie zum Beispiel *übermässige* Angst, abgebaut werden und dem Patienten helfen, die während der Therapie auftretenden unvermeidlichen Krisen und Umwälzungen zu ertragen. *Wird die Übung jedoch als psychologischer »Tranquilizer« eingesetzt, kann ein falsches Gefühl von Wohlbefinden und Sicherheit hervorgerufen und so die Illusion einer Heilung geweckt werden, die nur oberflächlich und unzuverlässig wäre, da die eigentlichen Probleme nach wie vor ungelöst sind.*

Die gleiche Warnung sollte im Hinblick auf alle anderen Techniken und Methoden gegeben werden. So besteht in der Psychosynthese zum Beispiel die Grundannahme, dass keine rein analytische Behandlung ausreichend ist, um eine echte Integration und Reifung zu bewirken; dazu ist der Einsatz aktiver Techniken und anderer Hilfsmittel erforderlich, die in diesem Buch aufgeführt sind. Daraus folgt, dass wir als Therapeuten wohl alle existierenden Techniken voll ausschöpfen und gebrauchen sollen, uns gleichzeitig jedoch ständig bewusst sein müssen, dass Techniken nicht ausreichen und dass, wie L. W. Dobb gewarnt hat, »Techniker dazu neigen, sich in psychologische Waffen zu verlieben, um dann von ihnen korrumpiert zu werden«. In der Psychosynthese jedoch kann diese Gefahr vermieden werden; einmal durch die Vielfalt und die grosse Anzahl von Techniken, wodurch verhindert wird, dass einer einzelnen Technik übermässige Aufmerksamkeit geschenkt wird; sodann durch die stetige Verfeinerung und die Anwendung des synthetischen Geistes, durch das ständige Bemühen, die Teile stets mit dem Ganzen in Beziehung zu setzen; und zum letzten durch das Betonen der lebendigen zwischenmenschlichen Beziehung zwischen Therapeut und Patient.

(Die meisten der in diesem Buch beschriebenen Techniken und Übungen können übrigens auch für die Selbstverwirklichung durch Psychosynthese und für den Erziehungsprozess sowohl von Lehrern als auch von Eltern angewendet werden.)

Kapitel III:
Allgemeine Einschätzung und Erforschung des Unbewussten

A) Diagnose und Exploration

Der Einstieg in die Psychosynthese ist eine gründliche Kenntnis der bewussten und unbewussten Aspekte der Persönlichkeit. Darauf wurde im ersten Kapitel »Dynamische Psychologie und Psychosynthese« hingewiesen. Die Psychoanalyse, bei der das Unbewusste im Mittelpunkt steht, beginnt im allgemeinen mit dessen Erforschung durch ihre spezifischen Techniken - freie Assoziation, Traumdeutung usw. - mit dem Ziel, die ins Unbewusste verdrängten Kräfte freizusetzen. Meiner Meinung nach ist es ratsam, mit einer Bestandsaufnahme und Einschätzung der bewussten Aspekte und Komponenten einer Persönlichkeit zu beginnen, nicht nur, um der allgemeinen Regel »vom Bekannten zum Unbekannten« zu folgen, sondern weil jeder, der bewusst leben will, sich über diese Elemente oder Teile in seiner Persönlichkeit im klaren sein sollte, jedoch nicht in einer verschwommenen, passiven Art, sondern durch eine klare, bewusste Einschätzung, Wertung, Verstehen und Kontrolle dieser Elemente. Die Unterscheidung zwischen bewussten und unbewussten Komponenten ist übrigens viel weniger streng als die Psychoanalyse behauptet, sondern ist vielmehr eine *relative* Unterscheidung: Es findet eine ständige Osmose zwischen dem Bereich oder Feld des Bewussten und des Unbewussten statt. Darüber hinaus bereitet die Stärkung der bewussten Persönlichkeit diese für eine leichtere Assimilation der unbewussten Aspekte vor. Ein verfrühter Einbruch unbewusster Kräfte bedeutet wirkliche Gefahr für eine unvorbereitete und nicht sehr festgefügte Persönlichkeit.

Die Einschätzung erfordert von seiten des Patienten, dass er in einem gewissen Mass die Haltung eines Beobachters einnimmt. Im ersten Stadium nimmt der Patient diese Haltung unbewusst ein, durch die Arbeit an sich selbst dazu genötigt oder - während der Sitzungen - mit Hilfe des Therapeuten. Im Verlauf der Therapie sollte und kann diese Haltung immer bewusster und vollständiger eingenommen werden. »Beobachter-Haltung« verstehe ich analog der eines Wissenschaftlers, der ein Experiment mittels seiner Instrumente beobachtet, oder wie die Haltung eines Detektivs, der die Szene eines Verbrechens in Augenschein nimmt und die Gegenstände des Raumes, in dem das Verbrechen stattgefunden hat, wahrnimmt. Dies bedeutet, dass der Patient langsam erkennt, dass seine seelischen Erlebnisse und Funktionen objektiv betrachtet werden können. Es bedeutet auch eine gewisse Disidentifikation des Selbst von den Inhalten der bewussten Persönlichkeit. Das trägt zur Entfaltung einer zunehmenden Selbst- Bewusstheit bei, die Hauptmerkmal des persönlichen »Ich« oder »Selbst« ist.

Diese Disidentifikation wird also nicht nur im Rahmen der Einschätzungsarbeit eingesetzt und entwickelt, sie dient auch als Technik für das Erlangen reiner Selbst-Bewusstheit, einer klaren Empfindung von Selbst-Identität. Dies bedeutet in gewissem Sinn, dass das »Ich« oder der erreichte Punkt von Selbstbewusstsein die eigenen Schwächen, Fähigkeiten, Schwierigkeiten und Konflikte möglichst mit Abstand und frei von Emotionen betrachtet. Allerdings ist es natürlich, dass wir auch emotional betroffen sind, da es ja um uns selbst geht; nach und nach mag es uns jedoch gelingen, eine mehr wissenschaftliche Haltung einzunehmen, und Emotionen werden dann weniger stören und ablenken. Denken wir daran, dass die Einschätzung in diesem Stadium sich vor allem auf die Vergangenheit bezieht, auf die Biographie des Patienten. Dadurch wird er in die Lage versetzt, seine eigene Lebensgeschichte objektiv zu sehen, ihre Entwicklung zu überdenken und die Kette der Ursachen zu erkennen, die wirkten und vielleicht noch immer wirken.

Biographie

Um ein vorläufiges Bild vom Patienten zu erhalten und ihn zugleich in Richtung Introspektion oder Selbstbeobachtung zu lenken ist es gut, mit der Biographie anzufangen. Manchmal genügt eine mündliche Biographie am Anfang der Sitzungen, es ist aber ratsam, zusätzlich eine schriftlich niedergelegte Biographie vom Patienten zu erhalten. Das hat praktische wie therapeutische Vorteile: *praktische*, weil es Zeit und Sitzungen spart; *therapeutische*, weil es dem Patienten hilft, einen Überblick über sein Leben zu gewinnen. Beim ersten Kontakt mit dem Therapeuten macht der Patient verschiedene spontane unzusammenhängende biographische Angaben. Dies bietet die Gelegenheit, ihm vorzuschlagen, eine schriftliche Biographie in chronologischer Reihenfolge anzufertigen, was ihm helfen könne, sich selbst besser kennenzulernen und um dem Therapeuten nützliche Informationen zu geben.

Es gibt einen weiteren wichtigen Vorteil qualitativer Art. Beim Schreiben sind bewusste und unbewusste Faktoren beteiligt. Deshalb kommt es häufig vor, dass der Patient wohl zunächst das niederschreibt, dessen er sich bewusst ist, dass im weiteren Verlauf aber auch Dinge auftauchen, an die er zuvor nicht gedacht hatte und die ihn manchmal überraschen. Sie tauchen aus unbewussten Schichten auf; metaphorisch gesprochen nimmt ihn das Unbewusste bei der Hand. Die Arten des Auftauchens unbewusster Inhalte sind vielfältig; dazu gehören auch die seltsamen Fälle von automatischem Schreiben. Es besteht häufig ein erstaunlicher qualitativer Unterschied zwischen mündlicher und schriftlicher Ausdrucksweise; es werden verschiedene Aspekte der Persönlichkeit zum Ausdruck gebracht, je nachdem ob man schreibt oder sich mündlich ausdrückt.

Tagebuch

Wenn möglich, sollte man vom Patienten verlangen, während der Therapie ein Tagebuch zu führen. Das ist in zweierlei Hinsicht nützlich: erstens spart es Zeit in den Sitzungen, denn der Therapeut kann das Tagebuch kurz überfliegen, zweitens tauchen im Prozess des Schreibens andere Elementen auf als im Gespräch. Viele Patienten sind offener, wenn sie ohne die Gegenwart des Therapeuten schreiben. Das geschriebene Tagebuch gibt die dynamische Entwicklung im Befindens des Patienten wieder, den Fluss seines inneren Geschehens in seinem psychologischen Verlauf.

Die Technik des Schreibens ist in verschiedener Hinsicht therapeutisch wertvoll. Sie dient:

1.) der Einschätzung,
2.) als Mittel der Selbstdarstellung,
3.) als eine Technik des aktiven Trainings in Konzentration, Aufmerksamkeit und Willen.

Eine vollständige *Einschätzung* umfasst die folgenden Punkte oder Teile:

A. *Den Ursprung verschiedener Persönlichkeitszüge.*
B. *Das Erkennen existierender Komplexe.* Es gibt Komplexe, deren sich der Patient oft schmerzlich bewusst ist.
C. *Das Erkennen von Polaritäten, Ambivalenzen und Konflikten.*
D. *Das Erkennen der verschiedenen »Selbste«*, gemeint in dem von William James gegebenen Sinne. Wir können sie *Sub-Persönlichkeiten* nennen.
E. *Das Weiterbestehen von Charakterzügen, die früheren psychologischen Altersstufen entsprechen*: a) frühe Kindheit, b) Adoleszenz und c) Jugendliche.

Zu diesen fünf Punkten wird eine systematische Befragung vorgenommen. Der Patient wird zum Beispiel gefragt, welche Züge er seiner Meinung nach von seinem Vater und dessen Familie, seiner Mutter und deren Familie herleitet. Fragen zu jedem der fünf Punkte können vom Therapeuten im Erstgespräch oder in den ersten Sitzungen gestellt werden. Wenn der Patient es vorzieht zu schreiben, weil er sich so leichter ausdrücken kann, oder aus zeitlichen Gründen, kann ihm eine Liste von Fragen vorgelegt werden, die er zu Hause beantwortet.

Ursprung von Charakterzügen

Es ist für den Patienten wertvoll, den Ursprung der psychologischen Kräfte und Qualitäten, mit denen er umgeht, zu kennen. Der Therapeut sollte ihm deshalb erklären, dass Ähnlichkeiten zwischen ihm, seinen Eltern und seinen Vorfahren bestehen können, und dass diese Ähnlichkeiten oder Unähnlichkeiten eine Auswirkung auf die Familiensituation haben und zudem Teile seiner eigenen psychologischen Struktur ausmachen. Sehr häufig kommen Patienten mit Familienproblemen - der Beziehung zur Familie, der Mutter oder zu den Geschwistern. Zu wissen, wie ähnlich oder wie verschieden die Familienmitglieder sind, gibt wichtige Hinweise.

»Ursprung von Charakterzügen« meint im wesentlichen das Auffinden der Charakterzüge der Eltern und ihre Ähnlichkeit mit denen des Patienten. Gerade die Ähnlichkeiten der Charaktere können Konflikte zwischen dem Patienten und einem Elternteil hervorbringen oder dazu führen, dass sie allzusehr aneinander hängen. Der Patient sollte aber auch diejenigen Charakterzüge erkennen, die nicht familiären Ursprungs sind. Er sollte gefragt werden, wo er offensichtliche Unähnlichkeiten mit seiner Familie sieht, oder indirekt, inwieweit er sich von ihnen entfernt oder unverstanden vorkommt, zum Beispiel in künstlerischen Neigungen bei einer Familie von Geschäftsleuten. Der Ursprung vieler solcher nichtfamiliärer Charakterzüge oder Unvereinbarkeiten kann entweder im allgemeinen Umfeld des Patienten oder in bestimmten Gruppen, denen er angehört, gefunden werden. Einige Züge jedoch haben einen ausschliesslich individuellen Ursprung; man findet eindeutige Neigungen oder Charakterzüge, die weder in der Familie, noch im weiteren Lebensbereich des Patienten ihren Ursprung haben. Sie führen zu einer tieferen, individuelleren Schicht der Person.

Das systematische Ausfragen über diesen ersten Punkt - den Ursprung verschiedener Charakterzüge - sollte uns ein klareres Bild über die folgenden Punkte geben:

1.) Familiäre Einflüsse
   a) vom Vater und seiner Familie
   b) von der Mutter und ihrer Familie
   c) von den Vorfahren ganz allgemein sowie den kollektiven Quellen in der Vergangenheit
   d) von den Geschwistern

2.) Einflüsse von Gruppen und kollektiven Quellen der Gegenwart
   a) die kollektive Psyche der Menschheit in der Gegenwart
   b) Rassen-Merkmale
   c) nationale Merkmale
   d) Klassenmerkmale oder soziale Einflüsse
   e) psychologische Einflüsse anderer Gruppen, denen der Patient angehört

3.) Individuelle Verhaltensweisen und Charakterzüge, die nicht von den obenerwähnten Familien und Gruppeneinflüssen hergeleitet werden können.

Nach Möglichkeit sollte man Informationen über die vorliegenden Punkte auch von Familienmitgliedern oder Freunden des Patienten in Erfahrung bringen.

Bewusste Komplexe

Die weite Frage, das Erkennen von bestehenden und bewussten Komplexen, erfordert zunächst eine Definition des Begriffes »Komplex«. Er wird hier in dem üblichen Sinn gebraucht als eine Ansammlung von psychologischen »Elementen« (ein umstrittenes Wort) mit starker emotionaler Ladung, die unter bestimmten Umständen zutagetritt; typisches Beispiel hierfür ist der Minderwertigkeitskomplex.

Die Erkenntnis solcher Komplexe ist heute einfacher geworden, weil die meisten Patienten mit Begriffen wie »Minderwertigkeitskomplex«, »Vater- oder Mutterkomplex« und so weiter vertraut sind. So ist es ziemlich einfach geworden, einem Patienten zu sagen, dass er einen solchen Komplex hat, um dann mit der Frage fortzufahren: "Sagen Sie mir, was Sie von den Anfängen dieses Komplexes wissen?" - "Welche Umstände führten dazu oder von welchen Zuständen war er bedingt?" - "War dies mehr innerhalb der Familie, in der Schule oder in einer anderen Situation aktuell?"

Alles, was in der Erinnerung des Patienten bewusst ist oder bewusst gemacht werden kann, kann auf diese Art und Weise erkundet werden, bevor es notwendig wird, sich den unbewussten Inhalten zuzuwenden.

Allgemein ausgedrückt kann man jede Phobie als Komplex bezeichnen, aber dieser muss nicht notwendigerweise zu einem Problem im Leben dieser Person werden. Ein einfaches Beispiel: es gibt Menschen, die sich so sehr mit ihrem Minderwertigkeitskomplex identifiziert haben, dass sie sich nicht mehr dagegen zur Wehr setzen; sie erleben ihn nicht als Konflikt, denn sie sind überzeugt, dass sie *tatsächlich* weniger wert sind als andere.

Die Art, wie sie bewusst akzeptiert haben, dass sie minderwertig sind, kann psychologisch gesehen masochistisch sein. Solche Personen kommen vielleicht zum Therapeuten wegen irgendwelcher psychosomatischer Beschwerden oder einer Phobie, aber wenn sie damit konfrontiert werden, fühlen sie sich vielleicht schuldig, verzweifelt, haben Selbstmitleid und so weiter, jedoch ohne Konflikt.

Dafür wurde der Begriff »Charakterstörung« verwendet. Dieser Begriff hat eine statische Bedeutung und gibt einen falschen Eindruck, denn in dem Augenblick, wo der Patient darauf aufmerksam gemacht wird, dass er das Opfer eines Konfliktes ist und dass es eine Lösung gibt, nimmt er diese Chance wahr. Dabei ist es von therapeutischem Wert, dass dem Patienten das Gefühl vermittelt wird, es gebe eine Lösung für sein Problem. Dies ist ein anschauliches Beispiel für falsche Identifikation: der Patient hat sich mit seinem Komplex identifiziert, aber sobald er erkennt, dass es sich um einen Komplex handelt, liegt in dieser Erkenntnis schon der Beginn einer Disidentifikation. Jetzt kann ihm gesagt werden, dass er mit Hilfe der Techniken der Psychosynthese von seinem Komplex frei werden kann, was ihm Hoffnung gibt.

So gibt es zum Beispiel verschiedene Arten von sexuellen Komplexen wie etwa die Impotenz. Frauen haben oft den Komplex, hässlich zu sein (der Minderwertigkeitskomplex in seinem ästhetischen Aspekt). Der Vaterkomplex kann sich sowohl positiv als auch negativ manifestieren - als Drang, dem Vater nachzueifern oder als Hass gegen den Vater.

Häufig tritt auch der Eifersuchtskomplex gegenüber nachfolgenden Geschwistern oder gegenüber dem ersten und bevorzugten Kind auf. Stets ist das charakteristische Merkmal eine starke emotionale Besetzung, positiv oder negativ; die »Ladung« ist charakteristisch für einen Komplex, bei dem es ja zentral um psychodynamische Prozesse geht. Wo also hohe emotionale Spannung vorhanden ist, eingebettet in eine Reihe von Vorstellungen oder auf ein Objekt gerichtet, liegt ein Komplex vor.

Polaritäten, Ambivalenzen und Konflikte

Polaritäten und Ambivalenzen müssen von Konflikten unterschieden werden, sie sind nicht das gleiche. »Konflikt« bezeichnet einen Zustand, in welchem der Patient seine Komplexe als solche erkannt hat und sie loswerden möchte, wozu er jedoch ohne Hilfe oft nicht in der Lage ist. Ambivalenz dagegen ist Schwanken zwischen zwei Extremen - nicht aufgrund des Bemühens, eines der beiden Extreme loszuwerden, sondern einfach als Oszillieren zwischen beiden, zum Beispiel: Liebe und Hass, Minderwertigkeit und Überheblichkeit, Aggressivität und Masochismus, Aktivität und Passivität. Das sind Polaritäten und Ambivalenzen, wie sie spontan auftreten. Ein Konflikt besteht nur dann, wenn ein tatsächlicher Kampf zwischen verschiedenen Teilen der Persönlichkeit stattfindet. Trägheit, Unlust oder Mühe zu handeln können oft auf eine solche Situation zurückgeführt werden.

Teilpersönlichkeiten

Auf den ersten Blick mag es dem Therapeuten schwierig erscheinen, dem Patienten das Konzept der Teilpersönlichkeiten vorzustellen. Aber die Praxis hat gezeigt, dass dieses Konzept ohne Schwierigkeiten aufgenommen wird, wenn es in etwa folgender Weise vorgestellt wird: "Ist Ihnen schon aufgefallen, dass Sie sich in verschiedenen Situationen ganz unterschiedlich verhalten, z.B. im Büro oder zu Hause, bei einem geselligen Treffen, wenn sie allein sind, in der Kirche oder als Mitglied einer politischen Partei?". So werden die Unterschiede, ja sogar Widersprüche im Verhalten leicht erkannt. Es gibt hier zwei klassische Typen: der starke Mann im Büro als Schwächling in seiner Familie und umgekehrt. Auf diese Weise kann die bewusste Erkenntnis herbeigeführt werden, dass man sich als Sohn anders verhält denn als Ehemann oder Vater. Natürlich sollte man ihm erklären, dass diese Unterschiede normal sind, denn jeder von uns hat verschiedene Teilpersönlichkeiten, je nach den Beziehungen, die wir zu anderen Menschen, zur Umgebung, zu Gruppen usw. haben. Wir tun gut daran, uns nicht mit einem dieser »Teilselbste« zu identifizieren, sondern zu erkennen, dass es sich hier um Rollen handelt, die wir spielen. Dabei gilt die paradox anmutende Wahrheit: *Je weniger wir uns mit einer bestimmten Rolle identifizieren, desto besser spielen wir sie.*

Es ist gut, auf dieses Rollenspiel besonderen Nachdruck zu legen. Tatsächlich ist die Rolle nämlich ein Endpunkt und nicht der Ausgangspunkt. Der Ausgangspunkt besteht im völligen Eintauchen in jede Teilpersönlichkeit mit einem gewissen Grad an Bewusstheit über die Widersinnigkeit der Situation. Das Ziel ist das befreite Selbst, das Ich-Bewusstsein, das *bewusst* verschiedene Rollen spielen kann.

William James hat dieses Konzept von Teilpersönlichkeiten behandelt, die er die »verschiedenen Selbste« nannte. Die Funktionen eines Menschen, in dem verschiedene psychologische Züge nicht integriert sind, bilden das, was wir unter Teilpersönlichkeit verstehen. Wir wollen lieber den Begriff »Rollen« anstelle von »Funktionen« verwenden, um semantische Verwirrung zu vermeiden. Der Patient sollte angehalten werden, sich in seinen verschiedenen Rollen zu beschreiben: als Sohn oder Tochter, Ehemann oder Ehefrau, als Vater oder Mutter, in einer beruflichen Rolle, und er sollte in diesen Rollen sein jeweiliges Verhalten erforschen: gegenüber Untergebenen, Vorgesetzten und Gleichgestellten. Weitere Teilpersönlichkeiten oder Rollen sind die, welche in den verschiedenen sozialen Gruppen gespielt werden, einschliesslich der Kirche oder religiöser Gruppen, der politischen Gruppe oder Partei und andere Rollen, die er im Leben spielt oder spielen möchte.

Der Aufbau der Teilpersönlichkeiten ist sehr aufschlussreich und manchmal überraschend, verwirrend oder sogar erschreckend. Man entdeckt, welch verschiedene, oft sogar fast gegensätzliche Eigenschaften sich in den einzelnen Rollen zeigen. Diese Verschiedenartigkeit der Eigenschaften, die um eine Rolle gruppiert sind, rechtfertigt meiner Meinung nach den Gebrauch des Wortes »Teilpersönlichkeit«. Menschen wechseln im allgemeinen von einem Persönlichkeitsteil zum anderen, ohne sich dessen klar bewusst zu sein, und nur ein dünner Erinnerungsfaden verbindet die einzelnen Teile. Für alle praktischen Zwecke aber sind sie wie verschiedene Wesen - sie handeln verschieden und zeigen sehr verschiedene Züge. Deshalb sollte man sich dieser Teilpersönlichkeiten klar bewusst werden, denn dies eröffnen ein gewisses Verständnis dafür, worum es bei der Psychosynthese geht und wie es möglich ist, diese Teilpersönlichkeiten zu einem grösseren organischen Ganzen zu vereinigen, ohne wertvolle Züge zu unterdrücken.

Ein weiterer Vorteil ist, dass die Aufhellung der verschiedenen Rollen, Züge usw. die Wirklichkeit des beobachtenden Selbst stärkt. Während und nach dieser Betrachtung der Subpersönlichkeiten stellt man fest, dass das beobachtende Selbst keine von ihnen, sondern etwas anderes ist. Dies ist eine sehr wichtige Erkenntnis und ein weiterer Schlüssel zur erwünschten späteren Psychosynthese. Dies entspricht der Unterscheidung, die C. G. Jung zwischen »Ich« und »Persona« machte (nur spreche ich von »Person*ae*«, dem Plural, was realistischer ist und eher mit den Tatsachen übereinstimmt). Es entspricht auch dem, was Paul Tournier »le personnage« nannte, was eben eine Reihe von Rollen meint, und »la personne«, die dem mehr mit dem innersten Selbst übereinstimmt. Dieselbe Unterscheidung trifft Charles Baudouin.

Eine endgültige Bestätigung der Existenz von Teilpersönlichkeiten kann in der psychiatrischen Literatur gefunden werden. Es wird von Fällen alternierender Persönlichkeiten berichtet, sowie auch von *mehr* als zwei verschiedenen Persönlichkeiten. In manchen Fällen fehlt sogar der erwähnte dünne Erinnerungsfaden, der die Teilpersönlichkeiten miteinander verbindet, und eine Teilpersönlichkeit kann die anderen ignorieren. Einige Fälle sind eingehend untersucht worden, unter anderem von Pierre Janet. Auch William James behandelt dieses Thema in seinen »*Principles of Psychology*«. Das am genauesten untersuchte Beispiel ist jedoch der von Morton Prince beschriebene »Fall Miss Beauchamp«. Morton Prince hatte einen äusserst objektiven Verstand und sein Bericht ist photographisch genau, mit einem Minimum an Interpretation, so dass sich ein unverfälschtes Bild ergibt. Sein Buch »*Die Spaltung der Persönlichkeit*« ist spannender und handlungsreicher zu lesen als die meisten Romane. Es beschreibt die Spaltung einer Persönlichkeit erst in zwei, dann drei, dann vier Teile sowie die Kämpfe zwischen der Persönlichkeit und einer Teilpersönlichkeit (eine war sich des Verhaltens der anderen Teilpersönlichkeiten bewusst und beschrieb und interpretierte die Symbolik).

Eine andere Fallgeschichte von multipler Persönlichkeit ist das Buch »*Die drei Gesichter Evas*« von Thigpen und Cleckley, das auch zur Grundlage eines erfolgreichen Spielfilms wurde.

Solche Fälle sind zwar nicht allzu häufig, aber Seltenheit beweist überhaupt nichts, wie die Analogie zu den Kometen zeigt. Diese haben trotz ihres seltenen Auftretens die Astronomen viel gelehrt, nicht nur über Kometen, sondern über das Universum ganz allgemein. Diese Fälle von Mehrfachpersönlichkeiten stimmen überein mit der Konzeption des (persönlichen) Selbst als Projektion eines höheren Selbst, denn im Falle einer multiplen Persönlichkeit liegt ein Zerfallen des einen höheren Selbstes in mehrere verschiedene niedere Selbste vor.

Der Fall der Miss Beauchamp zeigt, dass die Vielfalt nur vorübergehend ist und dass sich die »Selbste« wieder vereinen können. Dies veranschaulicht die empirische Realität des personalen Selbst, während die Möglichkeit der Wiedervereinigung die Existenz eines dahinter befindlichen einzigen, höheren (transpersonalen) Selbstes bestätigt.

Einige dieser Fälle zeigen auch parapsychologische Aspekte, wenngleich manchmal (wie im Fall Velida, der von Janet beschrieben wurde) keine Spur parapsychologischer Elemente zu finden ist und alles durch Dissoziation und spätere Re-Integration erklärt werden kann. Aber im Fall der Miss Beauchamp unterschied sich eine Teilpersönlichkeit, »Sally«, von allen anderen. Sally hatte eine Kraft, welche die anderen nicht besassen, und sie war schliesslich auch von der endgültigen Reintegration oder Synthese ausgeschlossen. Sie kam mit Morton Prince überein, sich zurückzuziehen, ohne dass man weiss, wohin.

Ein anderer Fall, der von W. F. Prince untersucht und eingehend beschrieben wurde, bietet auch Hinweise von parapsychologischem Interesse, nämlich Morton Prince/W. F. Prince: *Die Spaltung der Persönlichkeit*, Stuttgart, Kohlhammer, 1932.

Charakterzüge, die früheren psychologischen Altersstufen angehören

Für diesen weiteren Schritt in der Einschätzung sollte der Patient vom Therapeuten darauf vorbereitet werden (durch Erklärungen darüber, was damit erreicht werden soll), bei sich nach früheren Charakterzügen zu suchen, die vorhergehenden psychologischen Altersstufen angehören: Kindheit, Heranwachsende und Jugendliche. Diese Selbsterforschung kann während der Sitzung geschehen, wobei es sinnvoll ist, den Patienten so weit wie möglich selbst herausfinden zu lassen, was von seinem gegenwärtigen Fühlen, Denken und Verhalten jenen früheren Stadien der seelischen Entwicklung entspricht. Natürlich treten im Verlauf der Sitzungen einige dieser Züge spontan hervor, und da sie wichtig sind, sollte der Therapeut ständig darauf achten, und wann immer sie augenfällig sind oder vermutet werden können, sollte die Aufmerksamkeit des Patienten darauf gelenkt werden.

Der Therapeut sollte sich allerdings im klaren sein, dass das Fortbestehen solcher Züge kein Merkmal von Patienten ist, sondern in verschiedenem Ausmass bei jedem Erwachsenen gegeben ist. Zum Beispiel tragen einige Hobbies unverkennbar diesen Charakter. Das Hobby vieler Männer ist beispielsweise die elektrische Eisenbahn. Zuerst kaufen sie eine unter dem Vorwand, sie ihren Kindern zu schenken, aber dann spielen sie selber mehr damit. Dies ist ein offensichtliches und amüsantes Weiterbestehen von kindlichen Zügen. Natürlich gibt es viele andere solcher Spiele, denen sich einige Erwachsene hingeben. Dies ist nicht unbedingt negativ zu sehen, da es sich hier nicht um ein Krankheits-Symptom handelt. Ganz im Gegenteil, es mag seinen angemessenen Platz haben - dazu später mehr, wenn wir von der Psychosynthese der Altersstufen sprechen.

B) Fragebogen

Ich stelle jetzt vier Fragebogen vor, die sich in der Praxis für ein erstes grobes psychologisches Profil als sehr nützlich und angemessen erwiesen haben. Diese vier Fragebogen sind lediglich Abwandlungen eines einzigen Fragebogens, modifiziert durch Fragen einer wachsenden Komplexizität, die vier verschiedenen Altersgruppen entspricht:

Fragebogen 1 für *Kinder* (6-12 Jahre),
Fragebogen 2 für *Heranwachsende* (13-17 Jahre),
Fragebogen 3 für *Jugendliche* (18-26 Jahre) und
Fragebogen 4 für *Erwachsene* (über 26 Jahre).

Es ist sinnvoll, dieselben Fragen zum Beispiel nach einem Monat, nach einem halben Jahr oder selbst nach einem Jahr noch einmal zu stellen. Die Prüfung der Unterschiede in den einzelnen Antworten stellt eine Kontrolle über den Fortschritt der Psychosynthese dar.

FRAGEBOGEN 1:
Fragen für Kinder (6-12 Jahre)

1. Welche Männer, Frauen und Kinder (aus Vergangenheit und Gegenwart) bewunderst Du am meisten? Warum?

2. Welche Bücher liebst Du am meisten? Welche Bücher machten Dir die grösste Freude? Welche Bücher haben Dir nicht gefallen? Gibt es Bücher, die Dir geschadet haben? Warum?

3. a) Welche Gedichte und Romane gefallen Dir am besten? Warum?
   b) Gefallen Dir Bilder oder Skulpturen mehr? Welche davon bewunderst Du am meisten? Warum?
   c) Welche öffentlichen Gebäude, Kirchen und Denkmäler haben Deine Aufmerksamkeit am meisten angezogen?
   d) Hörst Du gerne Musik und singst Du gerne patriotische und religiöse Lieder? Welches Lied und welches Musikstück gefällt Dir am besten?
   e) Was ziehst Du vor: Theater oder Kino (oder Fernsehen)?

Welcher Film hat Dich am meisten beeindruckt? Welcher hat Dir am meisten Spass gemacht? Haben irgendwelche Filme schlechten Einfluss auf Dich gehabt? Welche?

4. Welche Spiele und welcher Sport interessiert Dich? Bist Du auch gerne Zuschauer oder ziehst Du dies sogar vor?

5. Möchtest Du viel Geld haben? Wenn Du es hättest, was würdest Du damit tun?

6. Spielst Du lieber mit Mädchen oder mit Jungen? Warum?

7. Hast Du viele Freunde? Hast Du sie gerne?

8. Bist Du lieber alleine oder mit Leuten zusammen? Bist Du gerne mit Erwachsenen zusammen?

9. Liebst Du Dein Land?

10. Hast Du Mitleid mit den Armen und all jenen auf der Welt, die leiden?

11. Denkst Du, dass Du gut oder nichtsnutzig bist? Warum? Wie unterscheidest Du gut und schlecht?

12. Bist Du mehrheitlich glücklich oder traurig? Was macht Dich am meisten unglücklich? Kannst Du Dich selbst von der Traurigkeit befreien? Wie tust Du dies?

13. Welche Dinge gefallen Dir am besten? Was gefällt Dir sonst noch?

14. Was willst Du tun, wenn Du einmal erwachsen bist?

15. Was tust Du am liebsten? Worin bist Du am erfolgreichsten?

16. Bist Du am liebsten auf dem Land, am Meer oder in der Stadt? Warum?

17. Was interessiert Dich am meisten: Tiere, Pflanzen, Spielzeuge oder Maschinen?

18. Gehst Du gerne zur Schule oder würdest Du lieber zu Hause lernen?

19. Bist Du zufrieden mit Dir selbst? Meinst Du, dass Du Dich verbessern könntest? Möchtest Du dazu gerne Ratschläge erhalten?

20. Hast Du das Gefühl, dass Dich Deine Eltern und Deine Lehrer verstehen? Hast Du eine gute Beziehung zu Ihnen? Und zu Deinen Brüdern und Schwestern?

FRAGEBOGEN 2:
Fragen für Heranwachsende (13-17 Jahre)

1. Wer ist für Dich ein idealer Mann? Eine ideale Frau? Welche Männer oder Frauen (aus der Vergangenheit oder Gegenwart) bewunderst Du am meisten?

2. Welches sind Deine Lieblingsbücher und welche Bücher haben Dir am meisten Freude gemacht? Welche Bücher hattest Du nicht gern? Haben Sie Dir geschadet? Auf welche Weise?

3. a) Welche Gedichte und Romane gefallen Dir am besten? Warum?
   b) Gefallen Dir Bilder oder Skulpturen mehr? Welche davon bewunderst Du am meisten? Warum?
   c) Welche öffentlichen Gebäude, Kirchen und Denkmäler haben Deine Aufmerksamkeit am meisten angezogen?
   d) Hörst Du gerne Musik und singst Du gerne patriotische und religiöse Lieder? Welches Lied und welches Musikstück gefällt Dir am besten?
   e) Was ziehst Du vor: Theater oder Kino (oder Fernsehen)? Welcher Film hat Dich am meisten beeindruckt? Welcher hat Dir am meisten Spass gemacht? Haben irgendwelche Filme schlechten Einfluss auf Dich gehabt? Welche?

4. Welche Spiele, welcher Sport interessiert Dich? Bist Du auch gerne Zuschauer oder ziehst Du dies sogar vor?

5. Möchtest Du viel Geld haben? Wenn Du es hättest, was würdest Du damit tun?

6. Hast Du lieber Freunde Deines eigenen Alters oder solche, die älter sind als Du? Hast Du lieber Freunde Deines eigenen Geschlechts oder solche des anderen Geschlechtes? Warum?

7. Was bedeutet Dir Freundschaft?

8. Wie stark fühlst Du Dich mit Deiner Familie, Deinem Land, Deiner Gesellschaft und der ganzen Menschheit verbunden?

9. Wie unterscheidest Du Gut und Böse?

10. War Deine Kindheit traurig oder glücklich? Welche Dinge bewirken bei Dir das grösste Leid? Hast Du irgendwelche Zweifel, die Dich stören und welche Du gerne gelöst haben möchtest? Welche?

11. Welche Dinge machen Dich am glücklichsten? Wann bist Du zufrieden?

12. Welchen Wert hat das Leben für Dich?

13. Bist Du religiös? Glaubst Du an Gott oder an eine spirituelle Realität? Was verstehst Du darunter? Welche Bedeutung hat dieser Bereich in Deinem Leben?

14. Welche Studien und Aktivitäten ziehst Du vor? In welchen bist Du am erfolgreichsten?

15. Welchen Beruf oder welche Aktivität wirst Du ergreifen? Hast Du Dich schon entschieden? Was würdest Du *am liebsten* tun, wenn Du erwachsen bist? Möchtest Du einmal gerne das tun, was Dein Vater/Deine Mutter tut? Wenn nicht, warum?

tun, was Dein Vater/Deine Mutter tut? Wenn nicht, warum?

16. Bist Du am liebsten auf dem Land, am Meer oder in der Stadt? Warum?
17. Was denkst Du über die Schule?
18. Bist Du zufrieden mit Dir selbst? Möchtest Du gerne besser sein? Möchtest Du in dieser Hinsicht gerne Ratschläge und Hilfe bekommen?
19. Hast Du das Gefühl, dass Dich die Älteren verstehen? Was sollten Sie tun oder nicht tun?

FRAGEBOGEN 3:
Fragen für Jugendliche (18-26 Jahre)

1. Wen betrachten Sie als »Idealmodell«? Welche Männer und Frauen (aus Vergangenheit und Gegenwart) schätzen und bewundern Sie am meisten? Warum?
2. Welches sind Ihre Lieblingsbücher und welche Bücher haben Ihnen am meisten Freude gemacht und welche Ihnen am meisten gegeben? Welche Bücher haben Ihnen geschadet? Auf welche Weise?
3. a) Welche Gedichte und Romane gefallen Ihnen am besten? Warum?
   b) Gefallen Ihnen Bilder oder Skulpturen mehr? Welche davon bewundern Sie am meisten? Warum?
   c) Welche öffentlichen Gebäude, Kirchen und Denkmäler haben Ihre Aufmerksamkeit am meisten angezogen?
   d) Hören Sie gerne Musik und singen Sie gerne? Welches Lied und welches Musikstück gefällt Ihnen am besten?
   e) Was ziehen Sie vor: Theater oder Kino? Welcher Film hat Sie am meisten beeindruckt? Welcher hat Ihnen am meisten Spass gemacht? Haben irgendwelche Filme schlechten Einfluss auf Sie gehabt? Welche? Wie haben sie Ihnen geschadet?

4. Welche Bedeutung hat Sport für Sie? Welche Spiele und Sportarten interessieren Sie am meisten? Sind Sie auch gern Zuschauer oder ziehen das vor?

5. Wie ist Ihre Haltung dem Geld gegenüber? Welche Bedeutung hat Reichtum oder Armut für Sie? Welches sind Ihrer Meinung nach die Vorteile oder Nachteile des einen und des anderen?

6. Wie ist Ihre Haltung der Liebe gegenüber? Was verstehen Sie darunter? Wie denken Sie über das andere Geschlecht? Wie ist Ihre Haltung zu Ehe und Kindern?

7. Welche Bedeutung und welchen Wert hat Freundschaft für Sie?

8. Sind Sie ein Individualist oder empfinden Sie familiäre, gesellschaftliche, nationale oder allgemeinmenschliche Verbundenheit? Was davon empfinden Sie am stärksten?

9. Wie ist Ihre Haltung gegenüber moralischen Prinzipien und Forderungen? Welche Vorstellungen und Empfindungen verbinden Sie mit Pflicht?

10. Welche Ereignisse und welche inneren Zustände bereiten (oder bereiteten) Ihnen am meisten Leid? War Ihre Kindheit traurig oder glücklich? Welche Probleme machen Ihnen am meisten zu schaffen?

11. Welche Ereignisse und welche inneren Zustände bereiten (oder bereiteten) Ihnen am meisten Freude? Welche Vorstellungen und Umstände geben Ihnen die grösste Befriedigung? Wie ist Ihre Haltung gegenüber Freude und günstigen Umständen? Glauben Sie, dass Sie Freude und Glück erzielen können? Durch welche Mittel?

12. Wie ist Ihre Haltung dem Leben gegenüber? Welche Bedeutung, welchen Wert und welchen Sinn hat das Leben für Sie? Sind Sie geneigt, optimistisch oder pessimistisch zu sein?

13. Wie ist Ihre Haltung der Religion gegenüber? Glauben Sie an Gott oder an eine spirituelle Wirklichkeit? Was verstehen Sie darunter? Welche Bedeutung hat Religion in Ihrem Leben?

14. Was brachte Sie dazu, die Bereiche auszuwählen, die Sie studieren oder die Arbeit, die Sie ausüben?

15. Ziehen Sie es vor, auf dem Land zu sein, am Meer oder in der Stadt? Warum?

16. Welche Aspekte des inneren Erlebens sind vorherrschend in Ihnen und welche sind Ihnen am liebsten (Gedanken, Vorstellungen, Gefühle, Gebete oder Meditation)?

17. Was hat Ihnen die Schule gegeben oder nicht gegeben? Glauben Sie es sei ratsam, die Methoden und Inhalte zu ändern, die in der Erziehung benutzt werden? Welche und wie?

18. Sind Sie zufrieden mit sich? Glauben Sie, dass Sie sich verbessern können? Wodurch? Würden Sie sich in dieser Hinsicht gerne beraten lassen?

19. Wie ist Ihre Haltung der älteren Generation gegenüber, allgemein und in Bezug auf Ihre Familie? Gibt es Missverständnisse und Konflikte? Welcher Art? Wie, denken Sie, könnten oder sollten sie überwunden werden?

20. Haben Sie irgendwelche Ideen oder Vorschläge und Beobachtungen bezüglich der Probleme der jungen Menschen und ihrer Beziehung zu den Erwachsenen?

21. Wie denken Sie über die gegenwärtigen politischen und wirtschaftlichen Verhältnisse der Welt?

22. Wie, denken Sie, ist es möglich, wirklichen und dauerhaften Frieden zwischen den Menschen der Welt zu erzielen?

22. Welches sind Ihrer Meinung nach heute die typischen Menschen in der Welt?

24. Glauben Sie, dass wir tatsächlich am Ende einer Epoche und am Beginn einer neuen sind? Welches sind Ihrer Meinung nach die Zeichen dieser Erneuerung? Welche Charakteristika (geistig, kulturell, sozial, praktisch) wird die neue Epoche möglicherweise haben?

ANMERKUNG: Bitte schreiben Sie auch das Folgende auf: Ort und Datum Ihrer Geburt; die Adresse, wo Sie leben; die Beschäftigung Ihrer Eltern und deren Ort und Datum der Geburt.

Bitte markieren Sie mit einem Stern (*) all jene Fragen, von denen Sie das Gefühl haben, dass sie charakteristisch sind für die jungen Leute aller Zeiten, und mit einem Kreuz (+) jene, von denen sie glauben, dass sie typisch sind für die Jugend von heute.

FRAGEBOGEN 4:
Fragen für Erwachsene (über 26 Jahre)

Die Fragen sind dieselben wie im Fragebogen 3. Dies dient einem zweifachen Ziel: für eine Einschätzung der eigenen Jugend wie auch für ein besseres Verständnis für die Jugend im allgemeinen. Dies bringt auf die bestmögliche Art die Ähnlichkeiten und Unterschiede zwischen jungen Menschen und Erwachsenen zum Vorschein.

Um ein Verständnis für die Beziehung zwischen den Generationen zu erhalten, was für eine harmonische Lösung der verschiedenen Konflikte notwendig ist, schlage ich zusätzlich vor, dass die Fragen von den Erwachsenen folgendermassen markiert werden sollen:

A) mit einem Kreuz (+) jene Fragen, die Sie als typisch für die eigene Generation ansehen,

B) mit einem kleinen Kreis (o) jene Fragen, von denen sie meinen, dass es ihrer eigenen Haltung entspricht,

C) mit einem Fragezeichen (?) jene Fragen, bei denen sie darüber im Zweifel sind.

C) Die Struktur des Menschen

Zu Beginn einer Therapie - parallel zur mündlich oder schriftlich gegebenen Autobiographie und der Fragebogenbeantwortung - sollte der Patient Hinweise zur psychologischen Struktur des Menschen erhalten. Dies kann geschehen, indem man ihm die ersten Seiten des ersten Kapitels (*»Dynamische Psychologie und Psychosynthese«*) vorlegt, einschliesslich des Schaubildes, und die dort verwendete Terminologie erläutert. Es tauchen viele Begriffe auf, die von anderen Autoren in ganz verschiedener Bedeutung verwendet werden, z.b. Seele, irrational, unbewusst, Individualität, Persönlichkeit. Allport zählt 50 verschiedene Bedeutungen auf, die dem Begriff »Persönlichkeit« beigelegt werden. Auch der Begriff »Selbst« ist höchst verwirrend. Semantik ist ein neues Wort für eine sehr alte Erkenntnis - die alten chinesischen Weisen, besonders Konfuzius, legten grossen Wert auf das, was sie »richtige Bezeichnung« nannten.

Wenn wir einem Patienten die Struktur des Menschen erklären, müssen wir uns auch vor der Gefahr der Indoktrination schützen. Wir müssen daran denken, dass wir die Struktur des Menschen *entsprechend den gegenwärtigen Vorstellungen* der Psychosynthese vorstellen. Dem Patienten muss deutlich gemacht werden, dass es sich bei dem, was er aufnehmen soll, nur um eine *Arbeitshypothese* handelt. Jeder hat eine Art Philosophie und Psychologie, die im allgemeinen ziemlich undurchdacht, unklar und teilweise irrtümlich ist.Es ist ein grosser Vorteil, ein Bild von der Struktur des Menschen vorzustellen, vorausgesetzt, es handelt sich sich um eine Arbeitshypothese für die Therapie, ohne dass sich der Patient verpflichtet fühlt, daran als feststehende Wahrheit zu glauben. Später mag er vielleicht seinen eigenen, individuellen Weg entdecken, das Konzept von seinem inneren Selbst zu finden. Aber für die praktischen Belange der Behandlung müssen wir ein gemeinsames Verständnis des semantischen Bezugsrahmens haben. Manchen Patienten, vor allem gebildeten Menschen, kann das erste Kapitel zum Eigenstudium mitgegeben werden. Anderen erklären wir das Konzept in einfacheren Worten. In allen Fällen wird vom anschaulichen Diagramm auf Seite 29 Gebrauch gemacht, denn es hat sich in der Praxis als sehr hilfreich erwiesen.

Das Selbst

Vielen, die das erste Mal mit der Psychosynthese konfrontiert werden, scheint das Konzept der zwei Selbste (ein personales Selbst und ein höheres, transpersonales Selbst) ein Hindernis darzustellen, aber das höhere Selbst kann zum Beispiel zu Beginn der Therapie einfach als eine Hypothese vorgestellt werden, die später verifiziert oder verworfen wird. Bei manchen geben wir den Rat, sich nicht weiter darüber Gedanken zu machen, besonders, wenn es nur um eine personale (und nicht um eine spirituelle) Psychosynthese geht und deshalb das Selbst mehr oder weniger im Hintergrund bleibt.

In Fällen, wo der Patient zu der sich anschliessenden spirituellen Psychosynthese fortschreitet, weisen wir darauf hin, dass es ein Empfinden von Selbst-Identität gibt: »Ich bin ich selbst«, dass aber dieses Selbstbewusstsein im allgemeinen wegen seiner vielen Identifikationen verschwommen ist. Deshalb ist ein Prozess der Disidentifikation hilfreich, um sich der Selbst-Identität bewusst zu werden. Die Besprechung dieses Themas mit dem Patienten kann sehr wohl an diesem Punkt abgebrochen werden und die Fragen des höheren Unbewussten oder Überbewussten und des spirituellen Selbst auf eine spätere Phase der Behandlung verschoben werden. Nur wenn Patienten schon zu Anfang spirituelle oder religiöse Probleme haben, wenden wir uns diesen Fragen bereits in diesem frühen Stadium der Therapie gründlicher zu. Wir nehmen eine pragmatische Haltung ein und versuchen im wesentlichen, den unmittelbaren Bedürfnissen des Patienten gerecht zu werden, ihm auf der Ebene zu begegnen, die ihn im Augenblick am meisten beschäftigt. So können wir sicher sein, seine Aufmerksamkeit zu fesseln und die notwendige Beziehung herzustellen. In der Praxis gibt es also kein starres System, sondern ein Eingehen auf die eigentlichen Bedürfnisse der einmaligen Situation eines jeden Patienten auf jeder Lebensstufe.

Bei der Einführung des Konzepts eines höheren Selbst ist natürlich eine Erklärung nicht für alle Patienten passend, aber mit nur wenig Kenntnis von Hintergrund und Einstellung des Patienten können wir unsere Darstellung leicht entsprechend variieren. Ist jemand religiös, so können wir sagen, dass es sich um einen neutralen psychologischen Begriff handelt, der für »Seele« steht.

neutralen psychologischen Begriff handelt, der für »Seele« steht. Agnostikern gegenüber gebrauchen wir ihre Sprache: wir führen die Hypothese ein, dass es ein höheres Zentrum des Menschen gebe und erklären, dass es eine Vielzahl von Hinweisen einer direkten Erfahrung überbewusster Inhalte und des Selbst bei vielen Menschen in West und Ost gibt. Wir können zum Beispiel aus Buckes Buch über »*Die Erfahrung des kosmischen Bewusstseins*« zitieren, aus Ouspenskys »*Tertium Organum*« und allgemein aus der östlichen und westlichen (platonischen) Philosophie. So kann man dem Patienten etwa sagen: Es gibt Zeugnisse einer klaren Bewusstheit von der Existenz dieser Realitätsebenen, entweder durch spontane Erleuchtung oder durch Konzentrationsübungen. Später, wenn Sie daran interessiert sind und wenn es die Situation verlangt, werden wir dies eingehender erforschen. So passen wir unsere Darstellung der Mentalität und Terminologie des Patienten an. Wir übersetzen unsere neutralen Begriffe (wie zum Beispiel »Selbst« oder »Überbewusstsein«) in seine Worte.

Sehr häufig bitten Patienten um eine genaue Klärung der *Qualität* des Selbst und der sogenannten höheren Erfahrungen. In solchen Fällen erklären wir einige der Hauptmerkmale. Die wichtigste Qualität ist die Erfahrung von Synthese oder die Verwirklichung von Individualität und Universalität. Der entscheidende Unterschied zwischen dem kleinen Selbst und dem höheren Selbst liegt darin, dass sich das erstere seiner selbst als eines genau unterschiedenen Einzelindividuums klar bewusst ist, und ein Gefühl von Einsamkeit oder Getrenntsein ist manchmal Teil der existentiellen Erfahrung. Im Gegensatz dazu bedeutet das Erleben des spirituellen Selbst Freiheit, Ausweitung und Kommunikation mit anderen »Selbsten« und mit der Wirklichkeit an sich. Es erlebt sich gleichzeitig als individuell und universal.

Das Selbst wird häufig etwas irreführend als der wesentliche Begriff der Psychosynthese angesehen und als das Konzept, das Psychosynthese letztlich von anderen psychotherapeutischen Ansätzen unterscheidet. Wenn dies die zentrale Vorstellung wäre, würde die Psychosynthese nur versuchen, die Fähigkeit des Patienten zu entwickeln, sein Leben um das spirituelle Selbst zu integrieren. Das ist jedoch nur zum Teil richtig, denn auf der persönlichen Ebene hat der psychosynthetische Ansatz für Psychotherapie, Pädagogik und Selbstverwirklichung etwas anderes anzubieten.

Bei vielen Patienten ist die persönliche Psychosynthese alles, was man erwarten kann. In diesem Fall dreht sich die Psychosynthese um das persönliche Selbst, das *Ich*, als einen Punkt der Bewusstheit und der Selbsterfahrung, die durch die Benutzung des gerichteten Willens ihre Verwirklichung findet.

Wille

Ich spreche vom Willen als einer Funktion, die in ganz engem Zusammenhang mit dem Selbst steht. In dieser Hinsicht kann man mir vorwerfen, ich würde den Willen im Sinne der Psychologie des 19. Jahrhunderts wieder aufleben lassen, aber dieser beruhte im wesentlichen auf den bewussten Aspekten der Persönlichkeit und vernachlässigte die unbewussten Kräfte, die Freud, Jung und andere betonten.

In der Psychosynthese ist es wichtig, zwischen dem Wollen zu unterscheiden, das auf unbewussten Motivationen beruht und dem Willen des persönlichen Selbst. Ich glaube, dass es so etwas wie einen »unbewussten Willen« des höheren Selbst gibt, einen transpersonalen Willen, der immer bestrebt ist, die Persönlichkeit mit dem allumfassenden Ziel des spirituellen Selbst in Einklang zu bringen. Einer der Zwecke oder Ziele der spirituellen Psychosynthese ist, diesen »unbewussten Willen« des spirituellen Selbst zu einer bewussten Erfahrung werden zu lassen. Die Unterscheidung zwischen unbewussten Motiven und der völlig selbstbewussten Motivation wird später noch deutlicher gemacht. Ich ziehe es vor, von einem überbewussten (transpersonalen) Willen zu Sprechen, davon ausgehend, dass er von einer Ebene aus handelt, der sich das bewusste, personale Selbst nicht bewusst ist. Natürlich kann alles, dessen sich das bewusste Selbst nicht bewusst ist, »un-bewusst« genannt werden, womit dann sowohl der untere, mittlere und höhere Teil des Unbewussten eingeschlossen sind. Es ist jedoch sicher besser, die Ebene anzuzeigen, von der wir sprechen und deshalb für das höhere Unbewusste den Begriff »Überbewusstsein« zu verwenden, auch wenn wir ihn dabei auf neutrale, beschreibende Art verwenden.

Bewertung

Indem wir das Wort »über« benutzen, geben wir ihm einen Wert; wir setzen voraus, dass es dem bewussten persönlichen Selbst überlegen ist. Hier haben wir ein Problem, das am treffendsten »die Unvermeidbarkeit der Bewertung« genannt werden könnte. Viele Psychologen, die sich dagegen wehren, Wertungen zu akzeptieren, geben dauernd Werturteile ab, ohne sich dessen bewusst zu sein. Sicher ist es besser, das bewusst und mit Bedacht zu tun. So ist zum Beispiel der Unterschied zwischen uns und einem Tonbandgerät der, dass wir im Gespräch nicht Notiz nehmen vom Ticken der Uhr und anderen Geräuschen um uns herum, weil wir sie nicht als wichtig oder relevant einschätzen. Im Gegensatz dazu unterscheidet ein Tonbandgerät nicht; für das Mikrophon sind intelligente und sinnlose Geräusche von gleichem Wert - nur die rein physikalische Intensität wird registriert. Glücklicherweise haben wir ständig diese selektive Art der Aufmerksamkeit, und das schliesst ein Werturteil ein.

Es ist interessant festzustellen, dass in den letzten Jahren eine zunehmende Zahl von Klinikern angefangen hat, über das Problem der Wertung in der Psychotherapie zu sprechen, vom Verhältnis zwischen den Wertvorstellungen des Therapeuten und denen des Patienten, ob und wann es ratsam für den Therapeuten ist, seine eigenen Werte zu enthüllen, wie er dem Patienten zu reiferen Wertvorstellungen verhelfen kann und so weiter. Die Frage der Wertung ist unvermeidbar, und wir müssen uns diesem Problem stellen.

Der fortdauernde Widerstand gegen Werte und deren Leugnung durch viele Psychologen kann, wie ich meine, historisch erklärt werden. Im 18. Jahrhundert gab es feste Systeme sogenannter objektiver Werte, ethische und religiöse, die von Autoritäten aufgezwungen wurden, die starr und manchmal sogar unmenschlich waren. Unvermeidbar resultierte daraus eine Revolte gegen solche autoritäre Werte und dogmatische Theorien, und so schwang das Pendel ins andere Extrem. Jetzt ist es an der Zeit, einen Mittelweg zu suchen, empirisch danach zu streben, *relative* Werte einzuführen, die auf lebendigen Kriterien beruhen. Ich bestehe auf dem Adjektiv »relativ«, denn während es hohe ethische und geistige Prinzipien geben mag, so kann ihr Wert in sche und geistige Prinzipien geben mag, so kann ihr Wert in psychologischer Hinsicht nur in Beziehung zum Individuum bestehen, zu seinem Alter, seiner allgemeinen Verfassung und seiner Entwicklungsstufe in der Therapie.

Einschätzung der höheren Aspekte

An diesem Punkt stellt sich die Frage der Einschätzung des höheren Unbewussten, des Überbewussten, kurz der höheren Aspekte der Persönlichkeit. Sie können gut als »Weltanschauung« oder »Lebensphilosophie« bezeichnet werden. Jeder - auch der einfache Mensch - hat eine Art Lebensansicht oder Vorstellung vom Leben, die als Lebensphilosophie bezeichnet werden kann. Manchmal ist dies bewusst, manchmal unausgesprochen, aber leicht zu Bewusstsein zu bringen. Wir könnten es mit der Freudschen Terminologie »vorbewusst« nennen. Manchmal jedoch ist es relativ unbewusst und kommt nur mit Hilfe von Techniken zur Erforschung des Unbewussten zutage.

Eine Lebensphilosophie beinhaltet unweigerlich verschiedene Werte. Die Berücksichtigung von Werten ist unausweichlich. Deshalb kann dieses Thema im Verlauf der Einschätzung des Patienten leicht eingeführt werden - entweder anhand wichtiger Antworten auf den Fragebogen oder durch direkte Befragung, wobei die Sprache seiner Bildungsebene angemessen sein sollte und zugleich erklärt wird, dass diese Fragen gestellt werden, um seine Haltung zu diesen allgemein menschlichen Problemen und Belangen kennenzulernen. Wir können zum Beispiel fragen: »Was ist Ihrer Meinung nach Sinn und Zweck des Lebens? Ist er individuell, kollektiv, universal? Welches sind Ihre ethischen Massstäbe? Vertreten Sie religiöse Glaubensüberzeugungen und welche?«

Während der Patient antwortet, muss der Therapeut schweigen und völlig objektiv sein; er darf keine Kommentare abgeben, um den Patienten nicht zu beeinflussen oder einzuengen. Kommentare zu seinen Antworten werden in viel späteren Sitzungen gegeben. Wir werden dieses Thema streifen, wenn wir die anderen Stufen der Psychosynthese besprechen. Diese Fragen am Beginn der Therapie dienen lediglich der Information des Therapeuten, was wir dem Patienten auch sagen sollten. Wir versichern ihm, dass wir versuchen werden, ihn nicht zu beeinflussen, dass wir lediglich seine Überzeugungen und Werte kennenlernen möchten, da sie wesentlicher Teil seines Wesens sind und einen Einfluss auf seine Schwierigkeiten haben können. Dadurch vermeiden wir Hemmungen und Ängste beim Patienten.

Es gibt einen bestimmten Test zu diesem Thema, der sich als höchst aufschlussreich erwiesen hat. Ich nenne ihn den »Kosmischen Test«; das heisst, man bringt den Patienten dazu, sich der Grossartigkeit und der Unendlichkeit des Raumes und der Zeit des Universums bewusst zu werden. Die Reaktionen variieren stark, wobei sich jedoch grundsätzlich zwei entgegengesetzte Reaktionen ergeben: Eine ist ein Gefühl von überwältigender Angst, fast Verzweiflung - eine dramatische Erkenntnis der Kleinheit und Hilflosigkeit des winzigen Individuums in dieser gewaltigen kosmischen Wirklichkeit und Entwicklung. Die andere Reaktion ist ein Gefühl der Erhebung, der Bewusstseinserweiterung und der Verehrung, manchmal sogar der Anbetung und der freudigen Teilhabe an dieser grösseren Wirklichkeit, ein Gefühl der Befreiung von der engen Begrenzung des persönlichen Selbst, ein Teilen, eine Verbindung mit dem universellen Leben.

Die letztere Reaktion ist nicht nur aufschlussreich, sondern auch therapeutisch, denn vor diesem Hintergrund gewinnen die Schwierigkeiten der neurotischen Persönlichkeit ihre angemessene Dimension. Diesen therapeutischen Wert werden wir noch eingehender besprechen, denn der »kosmische Test« ist Teil einer weiteren Technik, die in einem späteren Stadium der Psychosynthese angewandt wird. Auf dieser Anfangsstufe jedoch ist es nur ein Test in der Einschätzung; später wird es eine Technik, um ein Gefühl für die richtigen Grössenordnungen in der Erlebniswelt des Patienten zu vermitteln.

Für diesen »Kosmischen Test« ist eine beliebige Auswahl aus den vielen zur Verfügung stehenden astronomischen Photographien geeignet, besonders einige Bilder der Galaxien, wobei man darauf hinweisen kann, dass sie aus Millionen von Sonnen bestehen und dass diese Galaxien zahllos sind. Ein spezifischeres und effektiveres Mittel gibt es in Form eines Buches von Kees Boeke, »*Kosmische Ansicht - das Universum in vierzig Sprüngen*«, zuerst in Kurzform im UNESCO-Courier vom Mai 1957 veröffentlicht. Obwohl das Buch eigentlich für Kinder geschrieben wurde, können seine Illustrationen auch für Erwachsene benutzt werden.

Wird dieses Material für den Test verwendet, schlagen wir vor, mit Abbildung 9 anzufangen, unserem Planeten, und damit den grösseren Zusammenhang herauszuarbeiten, den Platz unseres kleinen Planeten im Sonnensystem, in der Milchstrasse und im Universum. Während das Bild gezeigt wird, kann gleichzeitig ein kurzer Auszug aus der Beschreibung des Autors vorgelesen werden. Wenn man bei dem letzten Bild der Serie anlangt, kann der Patient gefragt werden: "Was ist Ihre persönliche Reaktion auf dieses Erleben der Unermesslichkeit des Universums?" Die Reaktionen des Patienten sind manchmal sehr heftig, wobei wir natürlich nicht nur auf die verbalen Äusserungen achten, sondern sein gesamtes Verhalten beobachten, auch die subtilen emotionalen Reaktionen.

Später, wenn Boekes Buch bei dieser Technik angewendet wird, die das Gefühl für die richtigen Proportionen vermittelt, stellen wir alle Abbildungen von Anfang an vor und lassen danach die Reihe von Bildern folgen, die den Menschen im Verhältnis zu immer kleiner werdenden Objekten zeigt. Mit anderen Worten: Zuerst das Verhältnis des Menschen zum Makrokosmos und dann zum Mikrokosmos. Dieses Vorgehen ist sehr aufschlussreich, einfach und schnell.

D) Die Erforschung des Unbewussten

Assoziationstest

Bei der Erforschung des Unbewussten kommen wir zu psychoanalytischen Techniken im engeren Sinn. Die erste Technik, die eingesetzt wird, ist die Assoziationsmethode, die Reaktion des Patienten auf eine Reihe von Reizwörtern. Mit Modifikationen, auf die ich eingehen werde, habe ich Jungs »Hundert Wörter« verwendet, die er zu Beginn seiner psychoanalytischen Praxis entwickelte und über die er in seinen Diagnostischen Assoziationsstudien berichtet hat. Mit einigen Ergänzungen haben sie sich als sehr fruchtbar erwiesen, wobei »Überblick« etwa im Sinn systematischer Probebohrungen bei der Ölsuche gebraucht wird. Durch das Sondieren mit Reizwörtern treten häufig die Hauptkomplexe deutlich zutage, und es werden Punkte angezeigt, wo es sich lohnt, tiefer zu gehen.

Beim Studium der Reaktionen des Patienten achten wir vor allem auf die Komplex-Merkmale, Hinweise auf Komplexe. Das erste und aufschlussreichste Symptom ist die Verlängerung der Reaktionszeit, das heisst verzögerte oder gar ausbleibende Antwort. Jung registrierte bei seinen Untersuchen sorgfältig die Reaktionszeit. Jedoch ist ein kurzes Zögern bei der Beantwortung noch kein Merkmal, da es verschiedene Ursachen haben kann; so ist zum Beispiel die Reaktionszeit auf abstrakte Begriffe gewöhnlich etwas länger als auf konkrete und vertraute Worte, die Reaktion auf lange Worte oft ein wenig länger als auf kurze und so weiter. Um für den Zweck der Analyse relevant zu sein, muss die Verzögerung deshalb deutlich und damit klar erkennbar sein, ohne dass irgendwelche Messungen nötig wären.

Andere Anzeichen eines Komplexes sind emotionale Reaktionen mit ihren psychosomatischen Symptomen, wie kurzes nervöses Auflachen oder Zeichen der Verlegenheit und - sogar noch aufschlussreicher - das Ausbleiben jeder Reaktion.

Das Assoziationsexperiment wird im allgemeinen in zwei Sitzungen mit je 50 Wörtern durchgeführt. Bei manchen Patienten mögen jedoch vier Sitzungen mit je 25 Worten angebracht sein. Während einer bestimmten Zeitspanne habe ich damit experimentiert, zu jeder der 50-Worte-Sitzungen noch weitere 10 Wörter hinzuzufügen, von denen drei oder vier eine Beziehung zu möglichen Komplexen oder Schwierigkeiten des Patienten hatten, die von der Autobiographie abgeleitet waren. Die Modifikation, die mir im Augenblick am hilfreichsten scheint, ist die Anwendung einer Reihe von Wörtern (meist 20), die ausgewählt wurden, um Reaktionen auszulösen, die den spezifischen vermuteten Komplexen entsprechen oder die weitere Reaktionen hervorbringen und damit andere Komplexe oder unbewusste Inhalte anzeigen, ein spirituelles oder seelisches Problem. Diese Technik hat sich als sehr aufschlussreich erwiesen.

Eine in diesem Zusammenhang wichtige Anmerkung bezieht sich auf die meisten Techniken, die in diesem Handbuch erwähnt werden, ist aber in diesem Stadium von besonderer Bedeutung. Es geht darum, ob der Therapeut die Ergebnisse des Assoziationsexperiments mit dem Patienten diskutiert oder nicht. Auf diese Frage gibt es kein endgültiges »Ja« oder »Nein«, denn es handelt sich hier um einen Teil der Techniken, der flexibel gehalten und jedem Fall individuell angepasst werden sollte.

Manchmal können die Reaktionen analysiert werden, ohne dass wir dem Patienten offen mitteilen, was wir gefunden haben. Manchmal gehen wir in der selben Sitzung nicht darauf ein; in anderen Fällen erörtern wir die gefundenen Resultate mit dem Patienten. Damit bewegen wir uns allerdings im Bereich der Tiefenpsychologie. Der Weg, der eingeschlagen wird, hängt ganz von den individuellen Eigenschaften des Patienten ab. Es gibt Patienten, die keine Vorstellung von Psychologie haben und andere, die schon verschiedene psychotherapeutische Behandlungen durchgemacht haben. Deshalb muss dieser Teil der Technik entsprechend variiert werden. Der Entscheid hängt sowohl vom psychologischen Typ des Patienten wie auch von seinem Bildungsniveau und seiner Einstellung zu diesen Dingen ab.

Als allgemeine Regel gilt, dass dem Patienten nur das gesagt werden soll, was für das therapeutische Ziel wirklich nützlich und wünschenswert ist. Wir sollten nicht der Versuchung einer theoretischen Befragung oder Untersuchung erliegen, die dem Patienten nichts nützt oder ihm vielleicht sogar schadet.

Träume

Eine der bekanntesten und verbreitetsten Techniken zur Erforschung des Unbewussten ist die Traumdeutung, wie sie von Freud und seinen Schülern entwickelt wurde. Ich will hier keine Diskussion von Freuds System der Traumdeutung beginnen, möchte aber darauf hinweisen, dass Träume zwar Zugang zum Unbewussten gewähren, aber - wie ich oft festgestellt habe - nur zu einem Teil desselben. Bei vielen Personen ist nur ein Teil des Unbewussten in der Lage, sich in Form von Träumen auszudrücken. Es gibt viele Arten von Träumen, unterschiedlich in

Typus, Qualität und Bedeutung. In meiner Praxis bitte ich die Patienten, ihre Träume eingehend mitzuteilen und ich gebe ihnen die für die Analyse nötigen Anweisungen, aber ich weise entschieden daraufhin, dass Traumdeutung nur eine der Techniken ist.

Projektive Techniken

Wir wollen uns jetzt kurz den *Ausdruckstechniken* zuwenden, wie etwa freies Zeichnen, freie Bewegung, Tonmodellieren usw. und einigen *projektiven Techniken*, wie zum Beispiel dem Thematischen Apperzeptionstest (TAT), dem Rorschachtest, dem Szondi-Test oder dem Zeichnen eines Baumes.

Diese projektiven Techniken werden »Tests« genannt, wurden also eher für diagnostische Zwecke entwickelt, für die differentielle Psychologie (die psychologische »Typen« unterscheidet) als für direkt therapeutische Zwecke. Zwar überschneiden sich beide Möglichkeiten, aber es sind im wesentlichen diagnostische Tests; sie werden deshalb häufiger von Psychologen eingesetzt, die eine »Labor-Mentalität« haben als von solchen mit einer »Therapie-Mentalität«. Freies Zeichnen, Modellieren mit Ton und Bewegung als aktive Techniken sind mehr Ausdruckstechniken, die ebenfalls diagnostischen Wert haben. Sie können Einblick in die unbewussten Prozesse geben. Wir werden uns ihnen später ausführlicher zuwenden, in dem ihnen angemessenen Kontext.

TAT (Thematischer Apperzeptionstest)

Eine Bemerkung zum TAT scheint angebracht, da er weit verbreitet ist. Ich habe ihn benutzt und herausgefunden, dass er die überbewussten Ebenen nicht anspricht. Die TAT-Bilder sind mit der Absicht ausgewählt, die üblichen, bekannten Komplexe zum Vorschein zu bringen, nicht jedoch höheres Streben, transpersonale Probleme oder verdrängtes überbewusstes Material. Deshalb benutze ich in der Praxis andere Bilder, um entsprechendes transpersonales Seelengut zum Vorschein zu bringen. Da kein statistischer Anspruch angestrebt wird, möchte ich die Therapeuten ermuntern, auch eigene Bilder in den Test einzufügen und in der Präsentation flexibel zu sein.

Zum eigentlichen Vorgehen während der Therapie: Am besten hält man die Anweisungen bewusst vage, indem man zum Beispiel fragt: »Was löst dieses Bild in Ihnen aus? Was fällt Ihnen dazu ein? Lassen Sie Ihrer Vorstellungskraft freien Lauf.« Auf diese Weise verlangen wir nicht direkt eine persönliche Reaktion, denn nach einer bestimmten Geschichte zu fragen, wie beim TAT, mag einen Patienten mit geringer Vorstellungskraft hemmen. Wir versuchen einen glücklichen Mittelweg zwischen der Darstellung einer Geschichte und einer persönlichen Reaktion zu finden; tatsächlich reagieren einige Patienten persönlich, fast heftig, während andere sich anhand des Materials in eine Art Tagtraum versetzen. Beide Reaktionen sind aufschlussreich.

Katathymes Bilderleben (KBE)

Das Katathyme Bilderleben, von Hanscarl Leuner entwickelt und angewendet, ist sowohl eine psychodiagnostische als auch psychotherapeutische Technik. Der Patient lässt sich dabei in einem bequemen Stuhl oder auf einer Couch nieder; man bittet ihn, seine Augen zu schliessen und mit einer Entspannungsmethode zu beginnen. Dann soll sich der Patient eine Reihe von zwölf symbolischen Situationen vorstellen, die der Therapeut ihm vorgibt. Die bisher erzielten Ergebnisse in diagnostischer und therapeutischer Hinsicht weisen darauf hin, dass es sich um eine wertvolle Technik handelt. Im Anhangfinden Sie einen Artikel von Dr. William M. Swartley, in welchem diese Methode ausführlicher vorgestellt wird.

Freies Zeichnen

Eine weitere fruchtbare Technik für die Erforschung des Unbewussten ist die des freien Zeichnens. Das ist nicht überraschend, denn Schreiben war ja ursprünglich Zeichnen. Die ältesten Schriften waren Bilderschriften. Das Unbewusste, das in gewisser Hinsicht primitive und archaische Züge hat, verwendet deshalb lieber die Bildsprache und benutzt Symbole. Abstrakte Begriffe sind ja meist ein Symbol für etwas Konkretes. Es ist daher nicht überraschend, dass freies Zeichnen das Unbewusste sozusagen anreizt, sich frei auszudrücken. Diese Technik zieht somit unbewusste Inhalte auf die Ebene des Bewusstseins und dient gleichzeitig als aktive Methode der Psychosynthese. Hier allerdings werden wir uns nur auf die erste Funktion beziehen, nämlich unbewusste Inhalte an die Oberfläche zu bringen.

Um freies Zeichnen anzuregen, beauftragen wir den Patienen, Papier oder einen Block von recht grossem Format und eine Schachtel Farbstifte bereitzulegen. Wir fordern ihn auf, sich vor das Papier hinzusetzen mit allen Farbstiften zur Hand; dann soll er einfach anfangen zu spielen, automatisch verschiedene farbige Linien zu zeichnen, »es geschehen lassen« in einer gelösten, entspannten, verspielten Stimmung und neugierig verfolgen, was geschehen wird. Wir betonen dabei, dass wir keine künstlerische Gestaltung und ästhetische Werte erwarten, denn meistens kommt sofort der Einwand: "Aber ich kann doch nicht zeichnen", und wir antworten: "Um so besser. Jede akademische Unterweisung oder Übung in künstlerischem Zeichnen wäre ein Nachteil und müsste geradezu verlernt werden. Dass Sie ganz unbeeinflusst sind, ist in diesem Zusammenhang vorteilhaft; ein Vorteil, kein Hindernis!"

So leiten wir den Patienten an, sich nicht vorher zurechtzulegen, was er zeichnen wird, denn das würde einen freien Fluss unbewussten Materials verhindern. Wenn er anderseits jedoch feststellt, dass er wie automatisch zu malen beginnt und nur sehr wenig Kontrolle über seine Hand hat, soll man ihm raten aufzuhören, vor allem, wenn wir es mit jemandem zu tun haben, der zur Dissoziation neigt. Bevor wir ihn jedoch unterbrechen, sollten wir ihn auffordern, hellwach zu sein und nicht in eine Hypnose oder Halbtrance zu verfallen und eingehend das zu betrachten, was seine Hand getan hat. Ich glaube nämlich, dass eine unabhängige Aktivität des Unbewussten bis zu einem gewissen Grad ein normaler Zustand ist.

Hypnose

Eine andere Technik der Erforschung des Unbewussten, die chronologisch gesehen in der Geschichte der Psychoanalyse die erste Technik überhaupt war, ist die Hypnose. Bekanntlich fanden Breuer und dann Freud die Ursache bestimmter neurotischer Symptome durch Hypnose heraus - dies war der Beginn der Forschungsarbeit und Praxis der Psychoanalyse. In der Hypnose wird das Wachbewusstsein ausgeschaltet; deshalb kann das Unbewusste sich frei entfalten. Aber diese Technik hat grosse Nachteile, denn sie tendiert dazu, den Patienten vom »Therapeuten-Hypnotiseur« abhängig zu machen. Darüber hinaus ist Hypnose meiner Meinung nach (abgesehen von den weiter unten erwähnten Ausnahmen) nicht nötig. In einem gewissen Sinne verwandt mit der Hypnose ist die Narkoanalyse, die bis heute als eine Art Kurzanalyse eingesetzt wird. Auch sie hat ähnliche Nachteile wie die Hypnose. Deshalb wenden wir solche Methoden nicht an, aber wir machen uns leichte hypnoide Zustände zu Nutze, die bei tiefer Entspannung auftreten, wodurch unbewusstes Material spontan zutage treten kann.

Übrigens bin ich nicht der Meinung, dass Hypnose ganz ausgeschaltet werden sollte. Die Erfahrung hat klar gezeigt, dass sie zum Beispiel als Anästhetikum in der Zahnarztpraxis und bei kleineren operativen Eingriffen verwendet werden kann, besonders wenn das Herz oder der sonstige körperliche Zustand des Patienten gegen den Gebrauch herkömmlicher anästhetischer Mittel sprechen oder wenn diese Mittel nur in minimaler Dosis verwendet werden können.

In solchen und ähnlichen Fällen halte ich die Anwendung von Hypnose nicht nur für gerechtfertigt, sondern für eine echte Hilfe. Das gleiche gilt für das Ausschalten von störenden Symptomen, wie zum Beispiel ständiges Erbrechen während der ersten Zeit der Schwangerschaft oder krampfartigem Schluckauf.

Gefahren und Schwierigkeiten

Die erste und bedeutendste ist das Freisetzen von Impulsen und Gefühlen, die im Unbewussten eingeschlossen waren und die das bewusste Ich überschwemmen können, bevor es bereit und vorbereitet ist, sie aufzunehmen, zu kontrollieren und nutzbar zu machen. Es ist die Situation des »Zauberlehrlings«. Erinnern wir uns daran, dass Adler zurecht darauf hingewiesen hat, dass eine Neurose oft ein Abwehrmechanismus oder eine Abwehrstruktur ist, die destruktive, bedrohliche oder auf andere Weise übermächtige Triebe in sicheren Grenzen hält. Deshalb müssen wir beim Versuch, diese Abwehrmechanismen aufzuheben, bereit sein, dem Patienten zu helfen, mit den befreiten Energien fertigzuwerden - ein sehr wichtiger Punkt. Ich bin der Meinung, dass Fälle von Selbstmord oder das Entstehen psychotischer Zustände auf ein verfrühtes und unkontrolliertes Freisetzen explosiver Impulse aus dem Unbewussten zurückgeführt werden können.

Eine weitere Gefahr - weniger ernst, aber auch wichtig - ist das Zunehmen von Dissoziation, das Betonen der Vielfalt und die Neigung zur Regression in primitive Stadien, ein Sich-Verlieren des Selbst im grossen Meer des Unbewussten.

Eine dritte Gefahr kann die exzessive Beschäftigung mit der eigenen Person sein, ein übermässiges Interesse am Unbewussten, das in übersteigerte Introversion mündet, in morbide Selbstanalyse.

Eine vierte Gefahr ist die der Exaltation, der leidenschaftlichen Erregung. Das Einströmen gewaltiger psychischer Kräfte kann ein Gefühl von Erhabenheit vermitteln, der Macht des persönlichen Selbst, das aufgebaut wird. C. G. Jung nannte das pointiert »psychische Inflation«, die er ausführlich in «*Die Beziehung zwischen dem Ich und dem Unbewussten*» beschreibt. Die häufigen Fälle spontaner Einbrüche und das Überfliessen unbewusster Inhalte in die bewusste Persönlichkeit bestätigen die erwähnten Gefahren. Sie treten auf in der sogenannten »Manie«, gekennzeichnet durch übersprudelnde, unzusammenhängende Ideen, die in den Bewusstseinsstrom fliessen, und ihrem Gegenpol, der Depression, in welcher negative Inhalte des Unbewussten das Bewusstseinsfeld besetzen. In anderer Art geschieht dies auch bei schizophrenen Zuständen.

Abgesehen von diesen psychotischen Zuständen ist die Gefährdung bei all jenen grösser, die parapsychologische Fähigkeiten haben (das heisst, die sensitiv oder medial begabt sind), weil bei ihnen das Verschmelzen von Bewusstem und Unbewusstem viel ausgeprägter ist. Das gilt auch für Künstler, die in gewissem Sinn auf die Inspiration des Unbewussten für ihre Kreativität angewiesen sind, und es gilt auch für Mystiker, die eher passiv und weltabgewandt sind.

Fraktions-Analyse

Vorsichtsmassreglen müssen getroffen werden, und die Psychosynthese hat eine ganz bestimmte Weise, einige dieser pathologischen Reaktionen auf die Erforschung des Unbewussten zu vermeiden, insbesondere durch das, was ich »Fraktions-Analyse« nenne. Dies bedeutet, nicht mit der Analyse des Unbewussten zu beginnen, sondern mit der Erforschung und Stärkung der bewussten Persönlichkeit und darüber hinaus mit dem Herstellen einer positiven Beziehung zwischen Therapeut und Patient. Deshalb beginnen wir, wie beschrieben, mit der Erforschung des Bewussten. Danach wird die Erforschung des Unbewussten sozusagen »in Raten« vorgenommen, das heisst ein Teil der Sitzung wird einer bestimmten exploratorischen Technik gewidmet, dann wird diese unterbrochen, und andere Techniken, die sich mit dem Bewussten beschäftigen, werden angewandt. Es wird darauf geachtet, dass die jeweils vom Unbewussten ins Bewusstsein abgegebene Energiemenge sofort behutsam bearbeitet wird; sie wird umgewandelt oder in verschiedenen Ausdrucksformen nutzbar gemacht.

Ein weiterer Punkt ist, dass wir keine gründliche, vollständige, erschöpfende Erforschung des Unbewussten anstreben. Ich halte es für die Therapie und die Psychosynthese nicht für nötig, fast pedantisch in jede kleine Ecke des Unbewussten zu schauen, es völlig zu »reinigen«. Ich meine, dass wir - wie es Menschen im allgemeinen tun - ein bestimmtes Mass an nichtanalysiertem unbewussten Material bewahren können, solange es sich nicht bemerkbar macht und nicht mit dem täglichen Leben und Aktivitäten in Konflikt gerät. Nach einer bestimmten Zahl von Analysestunden, ausreichend für die unmittelbare Situation des Patienten, schliessen wir vorläufig ab. Wenn etwas wirklich Störendes im Unbewussten verblieben ist, wird es sich durch Widerstände und andere Symptome im Verlauf der nachfolgenden Behandlung bemerkbar machen. Wenn das Unbewusste wieder aktiv wird, das heisst Widerstand oder Symptome produziert, dann beginnen wir eine neue Phase der Analyse, um diese Schwierigkeiten oder die Blockierung zu beseitigen. Dieser Ablauf wird wiederholt, so wie es die Umstände erfordern, selbst gegen Ende der Therapie. *Wenn das Unbewusste stört, muss ihm Aufmerksamkeit geschenkt werden; verhält es sich ruhig, starten wir keine systematische Offensive.*

Kapitel IV:
Personale Psychosynthese

1. Katharsis

Wir wenden uns jetzt einer Reihe von Techniken zu, mit deren Hilfe wir übermässige Energien, die durch die Erforschung des Unbewussten freigesetzt wurden, in den Griff bekommen, und die dazu helfen, mit einem Übermass an Emotionen umzugehen, über das viele Menschen verfügen oder das von einem äusseren Stimulus (einer Situation oder Person) hervorgerufen wird. Der Katharsis wurde auch in der psychoanalytischen Behandlung viel Bedeutung beigemessen und sie wurde viel eingesetzt. Ein bestimmtes Beispiel ist der Fall der Anna O., der von Breuer und Freud in den klassischen »*Studien über Hysterie*« beschrieben wurde. Dieser Fall zeigt eine wichtige Tatsache: nicht die blosse Bewusstmachung von unbewussten Inhalten führte die Heilung herbei, das heisst ein Verschwinden der Symptome, sondern die gleichzeitige emotionale Entladung.

Wiedererleben

Diese grundlegende Technik ist sehr einfach. Der Patient wird aufgefordert, die Szene oder Situation, die die emotionale Störung hervorbrachte, so realistisch wie möglich nochmals zu erleben, wobei die Gefühle eine freie psychosomatische Entladung finden. Dieser Prozess kann mehrmals wiederholt werden, bis die Intensität des emotionalen Ausbruchs allmählich nachlässt und sich schliesslich erschöpft.

Anwendbarkeit und Grenzen dieser Technik sind leicht zu verstehen. Äusserst nützlich ist sie in Fällen eines traumatischen Erlebnisses oder wenn die Situation des Patienten durch nicht ausgelebte emotionale Spannung gekennzeichnet ist. Sie schafft wohl Erleichterung, die gewisse Symptome beseitigen kann, darf jedoch nicht schon als Heilung betrachtet werden. Sie beseitigt nicht die Ursachen, welche die Symptome hervorbrachten und zur Steigerung emotionaler Spannung führte.

Die beste Voraussetzung für die Anwendung dieser Technik ist, wenn der Patient entspannt und mit geschlossenen Augen auf der Couch liegt. Nun wird er aufgefordert, sich an das Ereignis zu erinnern, jedoch nicht als Zuschauer, sondern als Teilnehmender oder Agierender. Es ist wichtig, die Erfahrung nochmals emotional zu erleben; sich genauestens zu erinnern und dabei den freien Fluss der Gefühle zuzulassen, anstatt zu versuchen, sie zu kontrollieren, wie es der Patient vielleicht in der damaligen Situation tat.

Dieser Prozess kann - technisch gesehen - sehr komplex sein. Es handelt sich um einen Identifikationsprozess, ein Wiedererleben einer Begebenheit, zusammengesetzt aus Empfindungen, Worten und Bildern. Deshalb schlagen wir dem Patienten nichts Bestimmtes vor wie etwa, sich die Szene bildhaft vorzustellen oder die Worte wieder zu hören usw. Wir sagen ihm nur: »Stellen Sie sich vor, dass Sie wirklich wieder in der Situation sind - dass Sie diese Erfahrung erneut durchleben.«

Je nachdem ob der Patient ein visueller oder auditiver Mensch ist, wird er entweder das eine oder das andere hervorheben, aber das ist nicht wichtig. Es ist wesentlich, dass er sich in die gegebene Situation versetzt. Ihn zu auditiven oder visuellen Vorstellungen zu ermuntern, würde seine Aufmerksamkeit von der tatsächlichen Identifikation mit jenem Ereignis ablenken. Dieselbe Technik - in der Vorstellung ein Ereignis oder eine Situation zu erleben und dabei auftauchenden Gefühle sich frei ausdrücken zu lassen - kann auch für zukünftige Ereignisse angewandt werden, vor denen sich die Person vielleicht fürchtet, deren Erwartung Angst auslöst. Da diese Technik jedoch Teil einer komplexeren Übung ist, werden wir sie später ausführlich behandeln.

Verbaler Ausdruck

Eine andere kathartische Technik, die vom Patienten oft spontan angewendet wird, ist die der verbalen Äusserung. Es ist bekannt, dass jemand, der sich in Gefahr befunden hat - etwa in einem Autounfall oder Flugzeugunglück - eine fast zwanghafte Neigung hat, dieses Ereignis auf dramatische Weise mit starkem Gefühlsaufwand mitzuteilen, und zwar öfter. Dies ist ein selbsttherapeutischer Prozess, denn nach einer gewissen Anzahl von Wiederholungen haben sich die Emotionen entladen bei jedem Erzählen ein wenig.

Natürlich können auch andere Elemente eine Rolle spielen, die nicht therapeutischer Art sind. Die Person kann zum Beispiel das Ereignis benutzen, um die eigene Wichtigkeit zu demonstrieren, um die Aufmerksamkeit anderer auf sich zu ziehen, um sich selbst in den Mittelpunkt zu rücken. Das ändert jedoch nichts an der tatsächlichen Entladung von Emotionen; schon die Genugtuung, das Interesse anderer auf sich selbst zu lenken, hat dann therapeutische Wirkung. Dies geschieht bei manchen Patienten auch in therapeutischen Sitzungen; sie wiederholen immer und immer wieder die gleichen Klagen, die selben Ereignisse und Sorgen. Manchmal ist das sinnvoll, manchmal muss es jedoch beendet werden, vor allem bei hypochondrischen Patienten, die auf diese Weise Aufmerksamkeit erlangen wollen. Dann ist es auch keine wirkliche emotionale Entladung und häufig zeigen sie auch nicht die psychosomatischen Symptome eines Abklingens der Gefühle; es handelt sich um eine introvertierte Haltung masochistischer Selbstgefälligkeit, um Mitleid und Interesse zu erwecken. Die psychologische Wirkung ist hier anders, da die innere Haltung unterschiedlich ist.

Schreiben

Eine andere Technik, Gefühlen auf therapeutische Weise Erleichterung zu verschaffen, ist das Schreiben. Wenn zum Beispiel ein starker Groll gegen jemanden besteht, gerechtfertigt oder nicht, mag der Therapeut dem Klienten vorschlagen: "Setzen Sie sich hin und schreiben Sie einen Brief an diese Person, wobei Sie all Ihren Ärger, Ihre Entrüstung zum Ausdruck bringen und Ihr Recht fordern, ohne irgendetwas zurückzuhalten. Dann geben Sie ihn entweder mir oder verbrennen ihn."

Diese Technik ist hilfreicher als es scheinen mag, denn sie arbeitet mit dem interessanten Mechanismus der symbolischen Befriedigung. Das Unbewusste ist zufriedengestellt durch diesen symbolischen Akt der Vergeltung in Form des Schreibens. Man sollte sich dessen bewusst sein, denn es ist in vielerlei Hinsicht nützlich, emotionale Spannungen zu entladen.

Tagebuch

Eine andere Möglichkeit, Schreiben als emotionale Entlastung einzusetzen, ist das Führen eines Tagebuchs. Meiner Meinung nach ist gegen Tagebücher ungerechtfertigte Kritik geäussert worden. Sie seien nur etwas für sentimentale und müssige Menschen und fördere exzessive Introversion; das ist nicht notwendigerweise so. Viele starke und aktive Menschen haben Tagebuch geführt. Natürlich kann ein Tagebuch verschiedenen Zwecken dienen; hier beziehen wir uns nur auf den Vorteil der ständigen Entladung von Emotionen, die durch aktuelle Situationen ausgelöst werden.

Die Tatsache, dass Emotionen freigesetzt und in gewissem Sinn in dem Tagebuch »akkumuliert« werden, lässt die Frage aufkommen, welche Wirkung solche Niederschriften auf andere haben können. Um es ganz unverblümt zu sagen: Diese Wirkungen können regelrecht psychologisch vergiftend sein. Deshalb trägt derjenige eine grosse Verantwortung, der schriftliche Äusserungen mit solch machtvoller emotionaler Ladung veröffentlicht oder anderen zugänglich macht. Wir kennen ein historisches Beispiel dafür in Goethes *»Die Leiden des jungen Werther«*. Wie bekannt erlebte der jugendliche Goethe eine leidenschaftlich romantische Phase und verliebte sich in eine verheiratete Frau. Er konnte nicht hoffen, sie zu heiraten. Nachdem diese Beziehung zerbrach und er entsagte, machte er eine Zeit tiefer Depression durch und hegte Selbstmordgedanken. Mit seinem schriftstellerischen Talent ergoss er all seinen seelischen Schmerz und sein unerfülltes Verlangen in seinen Roman. Das tragische Ergebnis war, dass mehrere junge Männer Selbstmord begingen, nachdem sie den »Werther« gelesen hatten. Bei diesem Beispiel handelt es sich keineswegs um einen isolierten Fall.

Es ist deshalb gut, den Patienten anzuregen, ein Tagebuch zu führen, ihn zu ermutigen, es dem Therapeuten zu zeigen, indem man ihn auf die erwähnten Vorteile aufmerksam macht: Die Zeitersparnis in den Sitzungen, das Entstehen eines abgerundeteren Bildes, da er sonst vielleicht wichtige Dinge vergisst, die ihn zwischen den Sitzungen beschäftigen. Ausserdem drücken sich beim Schreiben andere Seiten der Persönlichkeit aus. Manche Menschen äussern sich freier und weniger gehemmt, wenn sie über heikle Themen schreiben, als wenn sie mit dem Therapeuten darüber sprechen.

Der Patient wird gebeten, das Tagebuch in Loseblattform zu führen, so dass er dem Therapeuten die neuesten Seiten zu Beginn der Sitzung geben kann. Wenn es nicht zu lang ist, kann es schnell durchgelesen und das Material sofort in der Sitzung verwendet werden. Andernfalls soll es später gelesen und die Informationen in der nächsten Stunde neu verwendet werden.

Muskuläre Entladung

Eine andere Methode der Katharsis, die eigentlich unter die Kategorie der Transmutation fällt, die wir jedoch wegen ihrer Einfachheit hier miteinbeziehen wollen, ist die der muskulären Entladung. Sie ist vor allem hilfreich bei aggressiven Ausbrüchen und kann auch eine symbolische Bedeutung haben, die das Unbewusste zufriedenstellt.

In vielen Fällen neurotischer Störungen können Varianten dieser Technik mit gutem Erfolg angewendet werden, vorausgesetzt, der Patient ist in der Lage (oder kann durch den Therapeuten dazu gebracht werden), eine bewusste Haltung gegenüber seinen jeweiligen Handlungen einzunehmen, diese möglichst mit Abstand und etwas Humor zu betrachten. Dies macht im Grunde schon eine »Übung« aus, die verschiedene Techniken in sich vereint; ich möchte dennoch ein typisches Beispiel geben.

Ein junger Mann, Sohn eines Bankdirektors, hatte im Alter von 16 Jahren zwei verschiedene Arten von Symptomen entwickelt: Plötzliche Wutanfälle, bei denen er die Möbel zu Hause zerschlug, sowie eine Phobie, alleine aus dem Haus auf die Strasse zu gehen. Das letztere Symptom störte ihn besonders; er ärgerte sich, dass er diese Phobie hatte, konnte sie aber nicht überwinden.

Er hatte gesagt, dass er ganz zu Beginn seine Wutanfälle möglicherweise noch kontrollieren könne, dass er jedoch nach diesem ersten Stadium machtlos sei und seine Wut nicht mehr in der

Kontrolle habe. So forderte ich ihn auf, schon vorher einige Dinge zurechtzulegen, die zerbrochen oder zerstört werden konnten - er wählte einige alte Telefonbücher. Als er die ersten Anzeichen seines nächsten Wutanfalls kommen spürte, eilte er zu den Telefonbüchern und versuchte sie in Stücke zu zerreissen, indem er viele Seiten auf einmal nahm, um grössere Muskelanstrengung von sich zu fordern. Gleichzeitig versuchte er, die humorvolle Seite seines Tuns zu sehen und sich bewusst zu werden, dass er das tat, um seinem Ärger Luft zu machen. Er wiederholte dies mehrere Male bei aufeinanderfolgenden Wutanfällen, mit sehr gutem Ergebnis. Er zerbrach keine Möbel mehr, und nach einigen Malen fing er nach seinen zerstörerischen Anfälle an zu lachen - sie schienen ihm lächerlich, wie er sagte. Gleichzeitig liess die Phobie, alleine auszugehen, nach und verschwand schliesslich völlig - sie mag eine Form unbewusster Selbstbestrafung gewesen sein, hervorgerufen durch Schuldgefühle.

In diesem Fall wurde keine Tiefenanalyse vorgenommen, denn es war nicht notwendig, den Patienten auf den Konflikt aufmerksam zu machen. Für den Therapeuten war es offenkundig, dass es sich hier um den typischen Konflikt zwischen dem Streben nach Unabhängigkeit und der Hemmung dieses Strebens durch einen autoritären Vater handelte. Natürlich sprach ich mit den Eltern und versuchte, sie dazu zu bewegen, ihr Verhalten zu ändern, aber ob sie es nun taten oder nicht, die therapeutische Wirkung dieser Technik auf den Sohn war sehr schnell.

Grenzen und Kontraindikationen

Ich möchte noch auf eine möglichen Gefahr der kathartischen Techniken aufmerksam machen, besonders beim »Wiedererleben«. Auf manche Menschen mag das Wiedererleben einer dramatischen oder traumatischen Episode genau die entgegengesetzte Wirkung der beabsichtigten haben. Eine Art Feedback-Wirkung und erneutes Anwachsen der emotionalen Spannung können anstelle einer Entladung auftreten. Das hängt vom psychologischen Typ des Patienten und seiner Einstellung ab. Es ist jedoch relativ einfach, herauszufinden, wann dies der Fall ist, und dann muss entweder die Technik fallengelassen oder verändert und dem Betreffenden angepasst werden. Natürlich sollte dem Patienten bewusst gemacht werden, was sich ereignet hat und welche Veränderung vorgenommen wurde. Meist ist dann ratsam, die Anwendung dieser Technik zu verschieben, bis die Persönlichkeit ausreichend gefestigt und selbstbewusst genug ist, denn das persönliche Selbst ist vielleicht noch nicht stark genug für eine tiefgehende Analyse und für die Assimilation und Regulation der emotionalen Kräfte, die durch den kathartischen Prozess freigesetzt werden.

2. Kritische Analyse

Eine andere kathartische Technik ist die der kritischen Analyse. Das Prinzip dieser Technik wurde schon vorher erwähnt: Kritik und Analyse können Gefühle und Empfindungen zu einem gewissen Grad kontrollieren - in bestimmten Fällen sogar hemmen.

Das Ausmass der Kontrolle des Verstandes über die Gefühle ist relativ, es variiert je nach Persönlichkeit und psychologischem Typus; aber ein gewisses Mass an Einfluss ist stets gegeben, und kann erhöht werden durch bewussten, willentlichen Gebrauch und Training. Der Patient kann und sollte ermutigt werden, seinen Verstand in Form von Wahrnehmung und Urteilsfähigkeit einzusetzen, damit ihm die irrationalen Aspekte seiner Triebe und Gefühle bewusst werden und ebenso die möglichen Nachteile und Gefahren für ihn selbst und andere, wenn sie sich unkontrolliert äussern. Der Sinn für Verantwortung, der solcher Erkenntnis entspringt - oder auch nur die blosse Furcht vor gefährlichen Konsequenzen unkontrollierter emotionaler Ausbrüche - bringen entgegengesetzte Gefühle hervor, wodurch ein elementarer Impuls oder ein starkes Gefühl oft teilweise oder ganz ausgeglichen werden.

Vorgehensweise

Sie können als *unpersönliche Wahrnehmung* beschrieben werden, die ihrerseits durch einen gewissen Grad an Disidentifikation ermöglicht wird. Einige Übung darin ist deshalb nützlich, manchmal kann »Kritische Analyse« sogar als Bestandteil der Technik der Disidentifikation betrachtet werden.

Wenn der Patient in diese Technik eingeführt wird, ist es ratsam, ihm zwei grundlegende Punkte oder Möglichkeiten klar zu machen. Erstens: Eine Handlung, die einem plötzlichen Impuls, inneren Trieb oder intensivem Gefühl entspringt, kann sehr oft unerwünschte Wirkungen haben, die man nachträglich bedauert. Zweitens: durch wiederholte Versuche und Anstrengungen sollte er deshalb lernen, zwischen Impuls und Handlung einen Moment der Überlegung einzuschalten, einer verstandesmässigen Beurteilung der Situation und einer kritischen Analyse seines Impulses, mit dem Versuch, Herkunft und Ursprung zu erkennen. Wenn er dann herausfindet, dass dieser nicht »höheren« Ursprungs ist und daher zu einer Handlung führt, die nicht wünschenswert ist und bedauerliche Konsequenzen haben mag, muss er fortfahren, mit Hilfe dieser Vorausschau der möglichen Wirkungen den Impuls bewusst zu kontrollieren, jedoch ohne ihn zu unterdrücken.

Es ist wichtig, sich zu vergewissern, dass der Patient die Anweisungen klar verstanden hat und Idee und Zweck dieser Phase der Reflexion und Einschätzung begreift; alle seine Fragen sollten sorgfältig beantwortet werden. Der Hinweis auf »Kontrolle ohne Unterdrückung« ist grundlegend; er bildet den Kern dieser Technik. Der entscheidende Unterschied, der auch vom Patienten verstanden werden sollte, ist, dass Unterdrückung zur Folge hat, den Impuls ins Unbewusste zurück zu drängen, während Kontrolle weder Furcht noch Verurteilung bedeutet, sondern Herrschaft und Regulation. Mit anderen Worten, Kontrolle erlaubt den Ausdruck, jedoch in harmloser oder nützlicher Form. Kontrolle sichert ein »Beschwichtigen« oder die notwendige Zeit, mit der nächsten Aufgabe fortzufahren, nämlich die Energie des Impulses oder Gefühls nutzbar zu machen. (Ein Nutzbarmachen dieser Energie durch Neuausrichtung oder Umwandlung ist Ziel einer Technik, die später besprochen wird.) Kontrolle ist kein Zweck an sich, sondern ein Mittel, um Energien auf ungefährliche Weise zu speichern, bis man aufnützliche oder kreative Art über sie verfügen kann.

Der ganze Prozess umfasst vier Stadien:

1. Diese Techniken bewirken eine Bewusstheit gegenüber Impulsen, Empfindungen und Gefühlen, die bisher unbewusst waren,
2. die Kontrolle und »Speicherung« dieser Energien,
3. ihre Transformation und Sublimation mit dem Ziel,
4. ihnen schliesslich wirkungsvoll und konstruktiv Ausdruck zu verleihen.

Ich möchte hier noch einmal betonen, dass Psychosynthese nicht anti-analytisch ist, dass sie eine Anerkennung unbewusster Motive und Gefühle einschliesst, ja sogar verlangt; aber zusätzlich stellt die Psychosynthese Techniken bereit, durch welche die freigesetzten Energien entweder direkt Ausdruck finden - jedoch in regulierter Weise - oder in höhere Energien umgewandelt werden.

Indikationen und Anwendungsbereich

Der Gebrauch dieser Technik ist immer dann indiziert, wenn ein Übermass an affektiven Energien und unerwünschten Impulsen vorhanden ist. Deshalb ist sie nicht nur nützlich, wenn der Überschuss solcher Kräfte durch die Erforschung des Unbewussten freigesetzt wird, sondern auch wenn er konstitutionell bedingt ist und dem psychologischen Typus entspricht, wie auch für Gefühlsaufwallungen, Reizungen oder Triebzustände, die ihren Ursprung in kollektiven Belastungen oder Einflüssen haben. Ich nehme Bezug auf die Massenpsychologie und die ständigen Beeinflussungen, die von Zeitungen, Radio, Fernsehen, Reklame und so weiter ausgeübt werden. Sie bilden eine echte Gefahr, eine ständige Quelle emotionaler Erregung, was sehr gefährlich und tatsächlich einen der schlimmsten Erscheinungen der gegenwärtigen Zivilisation ist. Deshalb ist der Anwendungsbereich der Technik der »kritischen Analyse« sehr gross, und ihre Nützlichkeit, ja ihre Notwendigkeit, ist offensichtlich.

Grenzen und Kontraindikationen

Wie jede Technik, so kann auch diese übertrieben oder unangemessen angewendet werden. Sie mag eine Belastung oder Hemmung der Handlungsfähigkeit darstellen. Sie kann zu einer überkritischen Haltung führen und Kritik an anderen Menschen fördern. Sie sollte deshalb nur angewendet werden, wenn es wirklich sinnvoll ist und nur in streng festgelegter Weise. Diese Technik wäre kontraindiziert bei Menschen, die überintellektuell sind und vor allem bei solchen, die schon sehr kritisch sind, denn es würde nur ihren nicht ausbalancierten Zustand verstärken. Um gewisse Nachteile dieser Technik möglichst gering zu halten oder ganz auszuschalten, ist es gut, den Patienten, besonders emotionale Menschen, zu warnen, die kritische Analyse nicht als Vehikel oder als Projektionsfläche für auf andere gerichtete aggressive Impulse einzusetzen. Dies ist sehr wichtig, denn der Weg des geringsten Widerstandes für sie wäre, ihren Impulsen so Ausdruck zu verleihen, dass die Kritik im Dienst der Impulse stehen würde.

Eine andere Grenze der »Kritischen Analyse« ist folgende: es gibt viele Idealisten, die von ihrem Ideal der Perfektion so eingenommen sind, dass sie fast zu dessen Gefangenen werden und von sich selbst und häufiger noch von anderen Perfektion verlangen. Sie kritisieren und betonen alles, was diesem Ideal der Perfektion nicht entspricht, was eventuell ein Gefühl von Frustration, Angst, Verzweiflung oder wiederum exzessiver Kritik aufkommen lassen könnte. Sie begreifen nicht, dass zwischen den gegenwärtigen Bedingungen und dem idealen Ziel viele Schritte liegen, und dass es ausreicht, wenn sie in der Lage sind, den nächsten Schritt zu tun oder anderen dazu zu verhelfen. Man könnte diese Haltung als einen weisen Kompromiss zwischen Ideal und Realität bezeichnen.

Wenn wir diese Frage in einem noch grösseren Zusammenhang betrachten, können wir sagen, dass die Spannung, die durch den Gegensatz zwischen »Vision der Zukunft« und den gegenwärtigen Bedingungen entsteht, nur dann kreativ sein kann, wenn sie als ein Stimulus zum Handeln betrachtet und genutzt wird, als etwas Gutes und Unvermeidbares. Eine Analogie macht dies vielleicht klarer: Unser Blickfeld sollte sich immer auf einen Bereich *vor* unseren Füssen erstrecken; es ist schlecht, wenn unsere Sicht auf den Boden *unter* unseren Füssen begrenzt ist. Wenn man aber die Augen ständig auf den entlegenen Berggipfel gerichtet hält, kann man ebenso stolpern und fallen. Das Auge hat die Fähigkeit, seinen Fokus und Aufmerksamkeitspunkt sehr schnell zu verändern, vom unmittelbar nächsten Schritt durch alle dazwischenliegenden Stadien bis hinauf zum Berggipfel, dem Ziel, und umgekehrt. In derselben Weise sollte unser geistiges Auge, unser personales Bewusstsein, den ganzen Bereich vom naheliegenden bis zum weit entfernten umfassen und sich auf den Punkt oder die Entfernung einstellen, die für den jeweiligen Zeitpunkt und die spezifische Situation am günstigsten ist.

In der Praxis gibt es zwei Hauptmethoden, die angewandt werden können: Die erste wäre eine Herabsetzung des Ideals zu einem realistischeren und konkreterem Ziel. Diese Methode wird gewöhnlich empfohlen. Es besteht jedoch die Gefahr, dass ein hohes Ideal so stark herabgesetzt wird, dass es die Spannkraft verliert und ein ursprünglich idealistisches Ziel preisgegeben wird zugunsten eines leichter erreichbaren *materialistischen* Zieles. Deshalb ist der zweite Weg vorzuziehen: Den Patienten in seinem Ideal zu unterstützen, gleichgültig wie hoch es ist, ihm jedoch gleichzeitig zu helfen, ein Teilziel oder Teilideal zu formulieren und zu bestimmen, das eher zu verwirklichen ist. Es soll jedoch vom Patienten festgelegt werden, wodurch es viel eher verwirklicht werden kann.

Dies kann in einer Folge von Schritten geschehen. Wenn wir zu Anfang diese Schritte klein halten, nahe genug und einfach zu erreichen, entsteht beim Patienten ein Gefühl des Erfolges und der Leistung, das einen sehr wichtigen bekräftigenden Wert hat und Frustrationen bis zu einem gewissen Grad ausschaltet und verringert. Dieses Vorstellungsziel werden wir später noch genauer erörtern.

3. Selbstidentifikation

Ziel

Der bewusste und gezielte Einsatz der Selbstidentifikation - beziehungsweise Disidentifikation - ist Grundlage für die Psychosynthese. Er entwickelt sich von einem dynamischen Zentrum aus, auf welchem der gesamte Prozess des Synthetisierens der psychologischen Vielfalt in eine organische Einheit basiert und bietet ein sehr wirksames Mittel, die verschiedenen Elemente der Persönlichkeit zu kontrollieren. Dies beruht auf einem grundlegenden psychologischen Prinzip, das in Kapitel I angeführt wurde und hier wegen seiner wesentlichen Bedeutung wiederholt werden soll: »*Wir werden beherrscht von allem, womit sich unser Selbst identifiziert. Wir können alles beherrschen und kontrollieren, von dem wir uns disidentifizieren.*«

Prinzip

Das Prinzip dieser Technik ist die merkwürdige Tatsache, dass jeder eine bestimmte Art von Selbstidentifikation hat - und dennoch haben nur sehr wenige Menschen je innegehalten und sich gefragt, was das wirklich bedeutet, wie es bewusster erfahren werden kann und welches die Wirkungen sind. Selbstidentifikation ist ein recht verschwommener Begriff, und wir müssen drei verschiedene Bedeutungen unterscheiden.

Die erste Bedeutung - die einzig geläufige und allgemein akzeptierte besagt, dass sich das Individuum mit dem identifiziert, was ihm das grösste Gefühl von Sein und Lebendigkeit vermittelt, was seinen grössten Wert ausmacht und dem er die grösste Wichtigkeit beimisst. Diese Art von Selbstidentifikation kann die vorherrschende Funktion oder der Mittelpunkt des Bewusstseins sein und anderseits die wichtigste Rolle oder Funktion im Leben. Eine Frau zum Beispiel, die Schönheitswettbewerbe mitmacht, identifiziert sich mit ihrem Körper und dessen Schönheit. Dort liegt der Mittelpunkt ihrer Selbstidentifikation, und sie macht alle Anstrengungen, ihn zu verbessern und zu erhalten. Die Selbstidentifikation eines erfolgreichen Athleten liegt ebenfalls in seinem Körper, jedoch mehr in bezug auf seine Muskelkraft und Muskelkontrolle. Andere identifizieren sich mehr mit dem Gefühlsleben oder ihrem Liebesleben. Eine andere Gruppe, die der Intellektuellen, identifiziert sich mit dem Verstand oder ihrer Geisteskraft und betrachtet sich im wesentlichen als Denker.

Bei anderen ist die Identifikation mit einer Rolle deutlicher. Viele Frauen finden ihre Selbstidentifikation in ihrer Rolle als Ehefrau und mehr noch als Mutter. Sie leben, handeln und betrachten sich nur als Mutter. Diese Art von Selbstidentifikation führt nicht zur Erfahrung des reinen Selbst. Diese »Ichheit« oder das Gefühl einer persönlichen Identität ist dann ganz eng an den Brennpunkt der Bewertung bzw. die Rolle gebunden oder geht sogar ganz darin auf. Das hat sehr ernste Konsequenzen: Erstens kennt oder verwirklicht dieser Mensch sich selbst nicht wirklich.

Zweitens schliesst die Identifikation mit einem Teil seiner Persönlichkeit die Fähigkeit der Selbstidentifikation mit all den anderen Teilen seiner Persönlichkeit aus oder verringert sie stark und wird deshalb zum Hindernis für die Psychosynthese.

Drittens - das trifft sowohl für die Identifikation mit der Rolle wie auch mit der »vorherrschenden Funktion« zu - macht der Lebensprozess selbst ihr Fortbestehen unmöglich: schöne Frauen altern, athletische Stärke geht verloren, die Mutterrolle wird durch das Erwachsenwerden der Kinder oder deren Tod beendet. All dies kann ernste Krisen hervorrufen. Der Mensch fühlt sich verloren, und dies ist die Tragödie vieler Leben, die oft mit der extremen Selbstverneinung des Selbstmordes enden.

Die zweite Bedeutung, die man der Selbstidentifikation geben kann, ist die innere Erfahrung reiner Selbst-Bewusstheit, unabhängig von irgendeinem Inhalt oder einer Funktion des Ich im Sinne von »Persönlichkeit«. Merkwürdigerweise wurde dieses Thema vernachlässigt. Die Erklärung dafür ist, dass die Erfahrung reiner *Selbst-Identität* - oder mit anderen Worten die Erfahrung des Selbst, des Ich-Bewusstseins ohne jeden Inhalt - nicht spontan auftritt, sondern das Ergebnis eines bestimmten inneren Erforschens ist. Diejenigen, die es versucht haben, waren in der Lage, einen Zustand reinen Ich-Bewusstseins, reiner Selbst-Identität und der Verwirklichung der eigenen Person als eines lebendigen Zentrums von Bewusstheit zu erreichen. Dies ist östlichen Psychologen wohlbekannt, denn sie haben Interesse an dieser Erfahrung, schätzen sie und wenden daher Techniken an, die geeignet sind, diesen Zustand zu erreichen.

Die dritte Bedeutung von »Selbstidentifikation« ist die von der Verwirklichung des höheren oder spirituellen Selbst. Diese Erfahrung fordert noch weitergehende Techniken. Sie unterscheidet sich von der eben beschriebenen Erfahrung des reinen Selbst, ist jedoch nicht völlig losgelöst davon. Erinnern wir uns an Kapitel I, wo gesagt wurde, dass es in Wirklichkeit nicht zwei voneinander unabhängige »Selbste« gibt. Es gibt nur ein Selbst - aber es gibt sehr verschiedene und unterscheidbare Ebenen der Selbst-Verwirklichung. Deshalb gibt es zwischen der Selbstidentität der gewöhnlichen, normalen Ebene des Funktionierens und der vollen spirituellen Selbst-Verwirklichung viele Zwischenstufen, die immer umfassender, klarer und voller werden.

Die erste Erfahrung des persönlichen Selbst als einer Stufe reinen Selbst-Bewusstseins ist äusserst wichtig. Niemand erfährt sie spontan, und dies erklärt das seltsame Phänomen, dass viele Menschen dazu neigen, das eigentliche Wesen ihrer Existenz zu verneinen.

Da wir vom Wesen der *Existenz* sprechen, ist es wichtig, darauf hinzuweisen, dass dies ein zentraler Begriff der Existenzanalyse ist. Viele existentialistische Schriftsteller sprechen und schreiben über »Existenz«, und die Bedeutung des Wortes variiert von Autor zu Autor. Häufig wechselt die Bedeutung auch bei demselben Autor von »Existenz« als der Gesamtheit der Persönlichkeit plus eine Art geistig-spirituelles Zentrum bis hin zu »Existenz« als Zentrum der Persönlichkeit oder »Existenz« als dem geistigen Zentrum, also etwas, worauf man sich als das »Wesen der Existenz« beziehen kann.

Es ist wichtig, sich über diese Punkte Klarheit zu verschaffen und mit den spezifischen Techniken zu experimentieren, um selbst Erfahrungen zu machen, und zwar nicht nur für den Patienten, sondern auch für den Therapeuten, denn jemand, der diese Erfahrungen nicht gemacht hat, kann anderen Menschen nicht wirklich dazu verhelfen.

Diese Erfahrung der Selbstbewusstheit auf der Ebene der Persönlichkeit ist der erste Schritt zu einer Erfahrung des Selbst oder, in existentialistischen Begriffen, des Wesens der Existenz. Bis zu einem gewissen Grad hat es Beziehung zu dem, was Erik H. Erikson als die Suche nach Selbstidentität bezeichnet. Dieses Problem, sein eigenes Selbst zu finden und zu erleben und aus dem eigenen Zentrum sein Leben auszurichten, ist eine grundlegende Frage unserer Zeit mit ihrer starken Tendenz zur Konformität. Dies wurde von vielen der existentialistischen Psychologen betont, besonders von jenen, die wir spirituelle Existentialisten nennen könnten. Rollo May hat diese zentrale Frage in seinem Buch »*Des Menschen Suchen nach sich selbst*« herausgestellt; ebenso Viktor E. Frankl und andere. Deshalb betone ich die Notwendigkeit, dass Therapeuten mit diesen Techniken der Selbstidentifikation experimentieren und sie bei sich selbst und bei ihren Patienten anwenden; sie lernen dann die Anwendungsmöglichkeiten kennen, aber auch Schwierigkeiten, die manche Patienten damit haben, besonders bestimmte bei Borderline-Fällen, in denen das Gefühl der Selbstidentität sehr schwach ist, die vielleicht aber besonders von dieser Suche profitieren können.

Vorgehensweise

Der Weg zum Erlangen der Selbstidentität im Sinne einer reinen Selbstbewusstheit auf der personalen Ebene ist ein indirekter. Das Selbst ist ständig vorhanden, was fehlt, ist die direkte Bewusstheit seiner Gegenwart. Die Technik besteht darin, alle Teilidentifikationen des Selbst auszuschalten. Dieser Vorgang kann in einem Begriff zusammengefasst werden, der früher in der Psychologie sehr häufig benutzt, in letzter Zeit jedoch mehr oder weniger vernachlässigt wurde, nämlich »Introspektion«. Es bedeutet, wie das Wort schon sagt, das innere Auge oder die beobachtende Instanz auf die Welt der psychischen Realität zu richten, der seelischen Ereignisse, deren wir gewahr werden können.

Durch Introspektion erreichen wir eine stärker ausgerichtete und klarere Bewusstheit dessen, was William James den »Bewusstseinsstrom« nannte, der ununterbrochen in uns fliesst. Man könnte es auch die Haltung eines Beobachters nennen, eines inneren Beobachters. Die Haltung ist ähnlich oder sogar gleich der eines Naturwissenschaftlers, der objektiv, geduldig und beharrlich ein Naturphänomen beobachtet, das sich in seinem Umkreis abspielt, sei es ein Biologe, der Verhalten und Gewohnheiten der Ameisen beobachtet oder ein Astronom, der einen Stern durch ein Teleskop betrachtet. Wenn wir unsere Beobachtungsfähigkeit nach innen lenken, stellen wir fest, dass es tatsächlich eine innere Welt von Phänomenen gibt, die mindestens so vielfältig und unterschiedlich ist wie die äussere Welt, und wir erleben, dass sie durch die Schulung der Beobachtungsfähigkeit für den Beobachter immer fassbarer wird.

Der *erste* Beobachtungsbereich sind die vom Körper hervorgebrachten *Empfindungen*. Es können solche durch die vertrauten fünf Sinne sein oder unvertrautere und unbestimmtere kinästhetische Wahrnehmungen. Die ruhige, leidenschaftslose Betrachtung dieses Flusses der wechselnden Empfindungen lässt uns erkennen, wie flüchtig und vorübergehend viele von ihnen sind und wie manchmal eine Empfindung durch ihr Gegenteil ersetzt wird. Das gibt uns die Gewissheit - man könnte sagen, demonstriert uns auf eine wissenschaftliche Weise -, dass das Selbst nicht mit dem Körper identisch ist, also nicht die Summe der Empfindungen ist, die der Körper hervorbringt und sozusagen in den Bereich unserer bewussten Wahrnehmung projiziert.

Der *zweite* Bereich der inneren Wahrnehmung oder Introspektion ist das sich in ständigem Fluss befindliche *Reich der Gefühle*. Diese Inhalte unseres Bewusstseins lassen sich viel schwerer objektiv und losgelöst beobachten, denn unsere Aufmerksamkeit neigt dazu, sich von den Wellen der schillernden Flut unserer emotionalen Zustände forttragen zu lassen. Aber mit Geduld, Übung und wissenschaftlicher Einstellung und Objektivität können wir uns schulen, unsere eigenen Gefühle und Empfindungen unbeteiligt zu beobachten.

Nach einer bestimmten Zeit der Übung kommen wir zur Erkenntnis, dass die Gefühle und Empfindungen auch kein notwendiger Bestandteil des Selbst, unseres Selbst, sind, denn sie sind zu unbeständig, veränderlich und flüchtig und manchmal ambivalent. Hier ist die Anwendung der Technik der kritischen Analyse angebracht.

Der *dritte* Bereich der Beobachtung ist jener der *Verstandesaktivitäten*, der *mentalen Inhalte*. Er ist in gewisser Beziehung einfach zu beobachten, denn er hat nicht die selbe Anziehungskraft auf unsere Aufmerksamkeit wie Gefühle und Empfindungen. Anderseits ist es auch wieder schwieriger, weil subtiler, da die Unterscheidung zwischen Selbst und Verstand zunächst weniger offensichtlich ist. Dennoch gilt auch hier das gleiche Kriterium: die mentale Aktivität ist zu vielfältig, flüchtig und wechselhaft.

Manchmal zeigt sie keinerlei Kontinuität und kann mit einem ruhelosen Affen verglichen werden, der auf einem Baum von Ast zu Ast hüpft. Aber allein die Tatsache, dass das Selbst beobachten kann, Kenntnis nehmen und seine Beobachtungskraft an den Verstandesaktivitäten erproben kann, beweist einen Unterschied zwischen dem Selbst und dem Verstand.

Wir können in bezug auf mentale Aktivität beobachten, dass sie in unterschiedlichem Mass mit emotionalen Aktivitäten verbunden ist, von rein abstrakten oder mathematischen Gedanken - fast frei von emotionalen Ober- oder Untertönen, ausgenommen vielleicht der Freude, die manchmal von hochqualifizierten Mathematikern verspürt wird - bis zur emotional geladenen und dort herstammenden Rationalisierung, wo die Aktivität zwar wesentlich vom Verstand bestimmt zu sein scheint, sie aber dennoch in grossem Masse von der emotionalen Ebene her motiviert ist. Wenn es so auch manchmal nicht möglich ist, zwischen den Verstandes- und Gefühlsaspekten des Gedankenganges zu unterscheiden, ist der wichtige Punkt für diese Übung der, dass es einen inneren Beobachter gibt, der diese Abfolge von emotionalen und mentalen Stadien beobachtet und dass dieser Beobachter in einem gewissen Grad von ihnen losgelöst ist.

In der Tat gibt es ein ständiges Wechselspiel zwischen Körperempfindungen, Gefühlen und Verstandesaktivität. Die getroffene Unterscheidung ist nur eine Frage der Akzentuierung, der Ausrichtung der Aufmerksamkeit des Beobachters. Das Entscheidende ist der Unterschied zwischen diesen drei miteinander verbundenen Bereichen seelischer Aktivität und dem Beobachter als solchem. Diese objektive Beobachtung bringt nun spontan und unvermeidbar ein Gefühl der Disidentifikation von jedem einzelnen dieser seelischen Inhalte und Aktivitäten hervor. Durch den Unterschied wird die Beständigkeit und Dauerhaftigkeit des Beobachters erkannt. Dann wird dem Beobachter klar, dass er nicht nur passiv beobachten kann, sondern auch in unterschiedlichem Ausmass den spontanen Fluss und die Abfolge der verschiedenen psychologischen Stadien beeinflussen kann. Deshalb fühlt er sich davon unterschieden, ist von diesen Inhalten dis-identifiziert.

So kann man also aktiv unterscheiden zwischen den Inhalten des

Bewusstseinsfeldes und dessen Zentrum, dem Selbst. Dazu dient die Technik fortschreitender Disidentifikation von den verschiedenen Gruppen oder Schichten von Inhalten - physisch, emotional, mental - wobei Sprache und Terminologie dem Niveau des Patienten angeglichen wird. Eine allgemeine Formulierung dieser Technik wird in der folgenden »Übung zur Disidentifikation« gegeben.

4. Disidentifikations-Übung

Vorgehensweise

Der erste Schritt ist, sich bewusst zu werden: »Ich *habe* einen Körper, aber ich *bin* nicht mein Körper«. Das scheint offensichtlich. Dieser Körper ist etwas Materielles und Wandelbares (es wurde festgestellt, dass sich innerhalb von wenigen Jahren alle Zellen des Körpers erneuern). Dennoch identifizieren wir uns fälschlicherweise ständig mit unserem Körper und schreiben dem »Ich« unsere körperlichen Empfindungen zu. Wir sagen zum Beispiel »Ich bin müde«, was im Grunde ein Irrtum ist, denn das »Ich« kann nicht müde sein; der *Körper* ist müde und übermittelt dem »Ich« ein Gefühl von Müdigkeit. Diese Unterscheidung ist von grosser praktischer Bedeutung, denn jedes Mal, wenn wir uns mit einer physischen Empfindung identifizieren, machen wir uns zum Sklaven unseres Körpers.

Der erste Schritt ist vergleichsweise einfach, nicht aber der zweite. Es ist die Erkenntnis: »Ich *habe* ein Gefühlsleben, aber ich *bin* nicht meine Gefühle«. Wenn jemand sagt: »Ich bin gereizt«, »Ich bin zufrieden« oder »Ich bin unzufrieden«, so handelt es sich ebenfalls um einen Fall von falscher Identifikation des Ich mit jenen seelischen Zuständen, die veränderlich sind und oft widersprüchlich. Wenn man sagt: »Ich bin gereizt«, begeht man einen Fehler in der psychologischen Grammatik. Wir sollten stattdessen sagen: »In mir ist ein Zustand der Gereiztheit«.

Der dritte Schritt besteht in der Erkenntnis: »Ich *habe* einen Verstand, aber ich *bin* nicht dieser Verstand«. Gewöhnlich identifizieren wir uns mit unseren Gedanken, aber wenn wir sie analysieren, wenn wir uns beobachten, während wir denken, fällt uns auf, dass der Verstand wie ein Instrument arbeitet. Wir können die logischen oder unlogischen Verbindungen, die Arbeitsweise des Verstandes betrachten, indem wir sie sozusagen von oben anschauen. Das bedeutet, dass wir nicht unsere Gedanken sind.

Sie sind ebenfalls veränderlich: an einem Tag denken wir so, am nächsten vielleicht das Gegenteil. Wir erhalten zahllose Beweise, dass wir nicht unsere Gedanken sind, wenn wir versuchen, sie zu kontrollieren und ihnen eine Richtung zu geben. Wenn wir an etwas Abstraktes oder Langweiliges denken wollen, dann weigert sich unser Verstand häufig, uns zu gehorchen; jeder Student, der etwas Langweiliges lernen muss, macht diese Erfahrung. Wenn der Verstand sich auflehnt und undiszipliniert ist, so bedeutet dies: das »Ich« *ist nicht* der Verstand.

Diese Tatsachen beweisen uns, dass der Körper, die Gefühle und der Verstand Instrumente der Erfahrung, der Wahrnehmung und des Handelns sind. Instrumente, die wandelbar und nicht von Dauer sind, die jedoch durch das »Ich« beherrscht, diszipliniert und gezielt eingesetzt werden können, während das Wesen des »Ich« etwas völlig anderes ist.

Das »Ich« ist einfach, unveränderlich, konstant und selbstbewusst. Die Erfahrung des »Ich« kann so ausgedrückt werden: »Ich bin Ich, ein Zentrum reinen Bewusstseins«. Dies mit Überzeugung zu äussern heisst noch nicht, dass man schon die *Erfahrung* des Ich erreicht hat, aber es ist ein Weg, der dahinführt; es ist der Beginn der Herrschaft über unsere seelischen Prozesse und der Schlüssel dazu.

Diese Übung kann auch in der Gruppe durchgeführt werden. Dies ist in gewisser Weise sogar einfacher wegen der Hilfe durch die Anleitung und die gegenseitige Stimulierung. Das Ergebnis wird die Teilnehmer ermutigen, diese Übung weiterhin regelmässig für sich selbst durchzuführen. Sie sollte zu einer täglichen Massnahme psycho-spiritueller Gesundheit werden. Man sollte den Tag beginnen, indem man zu sich selbst kommt. *Zu sich selbst kommen:* wir wollen über die tiefe Bedeutung dieser Worte nachdenken. Im allgemeinen leben wir »ausserhalb« unserer selbst, wir sind überall, nur nicht im »Ich«. Wir werden ständig angezogen, abgelenkt und zerstreut von zahllosen Empfindungen, Eindrücken, Gedanken, Erinnerungen an die Vergangenheit, Plänen für die Zukunft; wir sind überall, nur nicht in unserer Selbst-Bewusstheit, im Bewusstsein dessen, was wir in Wirklichkeit sind.

Die Übung kann folgendermassen durchgeführt werden (in einer Gruppe spricht derjenige, der sie anleitet, ebenfalls in der ersten Person, aber jeder kann das Gesagte auf sich anwenden):

1. Ich bringe meinen Körper in eine bequeme und entspannte Lage, die Augen sind geschlossen. Dann bekräftige ich: Ich *habe* einen Körper, aber ich *bin* nicht mein Körper. Mein Körper mag in unterschiedlicher Verfassung sein, gesund oder krank, er mag ausgeruht oder müde sein, dies hat jedoch nichts mit meinem Selbst zu tun, mit meinem wirklichen Ich. Mein Körper ist mein kostbares Instrument der Erfahrung und des Handelns in der äusseren Welt, aber er ist *nur* ein Instrument. Ich behandle ihn gut, versuche, ihn gesund zu halten, aber er ist nicht mit mir identisch, ist nicht Ich. Ich *habe* einen Körper, aber ich *bin* nicht mein Körper.

2. Ich *habe* Gefühle, aber ich *bin* nicht meine Gefühle. Diese Gefühle sind zahllos, widersprüchlich, wechselhaft, und dennoch weiss ich, dass ich stets Ich bleibe, ich selbst, in Zeiten der Hoffnung oder der Verzweiflung, in Freude oder Leid, in Zeiten der Unruhe oder der Ruhe. Da ich meine Gefühle beobachten, verstehen und beurteilen kann, sie zunehmend beherrsche, ihnen eine Richtung gebe und sie gebrauche, ist es offensichtlich, dass sie nicht ich selbst sind. Ich *habe* Gefühl, aber ich *bin* nicht meine Gefühle.

3. Ich *habe* Verlangen, aber ich *bin nicht* mein Verlangen, das durch innere Impulse und durch äussere Einflüsse geweckt wird, das körperlich oder emotional ist. Auch Begierden sind vergänglich und widersprüchlich und unterliegen dem Wechsel von Anziehung und Abstossung. Ich *habe* Verlangen, aber ich *bin* es nicht.

4. Ich *habe* Verstand, aber ich *bin* nicht mein Verstand. Er ist mehr oder weniger entwickelt und aktiv; er ist undiszipli-

niert, aber gelehrig, er ist ein Organ der Erkenntnis bezüglich der äusseren und inneren Welt, aber das bin nicht ich selbst. Ich *habe* einen Verstand, aber ich *bin* nicht mein Verstand.

5. Nach dieser Disidentifikation des Ich von den Inhalten des Bewusstseins (den Körperempfindungen, Gefühlen, Begierden und Gedanken) erkenne und bekräftige ich, *dass ich ein Zentrum reiner Selbst-Bewusstheit bin.* Ich bin ein Zentrum des Willens und fähig, meine seelischen Prozesse und meinen physischen Körper zu benutzen, zu beherrschen und in bestimmte Richtung zu lenken.

Wenn man diese Übung einige Zeit durchgeführt hat, kann sie modifiziert werden: die ersten drei Stadien der Disidentifikation werden nur kurz, aber in wirksamer Weise durchlaufen, und man geht dann über zu einer tieferen Betrachtung des vierten Stadiums der Selbstidentifikation, verbunden mit einem inneren Dialog etwa folgender Art:

Was bin ich dann? Was bleibt, wenn ich von meiner Selbstidentität die physischen, emotionalen und mentalen Inhalte meiner Persönlichkeit, meines Ich, wegnehme? Es ist das Wesen meiner Selbst - ein Zentrum reiner Selbst-Bewusstheit und Selbst-Verwirklichung. Es ist der Faktor in dem sich ständig verändernden Fluss meines persönlichen Lebens. Es ist das, was mir das Gefühl der Existenz gibt, der Dauer, innerer Sicherheit. Ich erkenne und bestätige mich als ein Zentrum reinen Selbst-Bewusstseins.Ich erkenne, dass dieses Zentrum nicht nur in einer statischen Selbstbewusstheit besteht, sondern auch dynamische Kraft hat; es ist fähig, alle seelischen Prozesse und den physischen Körper zu beobachten, zu beherrschen, zu lenken und einzusetzen. Ich bin ein Zentrum von Bewusstheit und Kraft.

In der Therapie sollte die Technik der Selbst-Identifikation so früh wie möglich angewendet werden, denn dies erleichtert und begünstigt den Einsatz aller anderen Techniken der Psychosynthese. Gewöhnlich wird sie schon in den ersten Sitzungen eingeführt. Zuerst wird dem Patienten eine Beschreibung und Erläuterung gegeben, in der seine Fragen vorweg beantwortet werden. Es hat sich als sinnvoll erwiesen, die ganze Übung durchzuführen, sie laut zu sprechen und die Anwesenheit des Patienten dabei zu ignorieren. Das schaltet mögliche Gegenreaktionen unbewusster oder persönlicher Erregbarkeit des Patienten aus. Ein tieferer Grund ist, dass sich das »Gefühl« für diese Technik und ihre Realität auf den Patienten überträgt, wenn der Therapeut sie selbst in intensiver und konzentrierter Weise durchführt. Um die Konzentration zu steigern, ist es für einen Therapeuten hilfreich, die Augen zu schliessen und seinen Patienten für den Augenblick zu vergessen. Da die Technik der Selbstidentifikation grundlegend ist, nicht nur für die Therapie, sondern auch für die Erziehung und Integration der Persönlichkeit, stellt sie auch einen Abwehrmechanismus gegen den ständigen Strom innerer und äusserer Einflüsse dar, die das Ich zur Identifikation verlangen. Sie kann auch als eine tägliche seelische und geistige Psychohygiene aufgefasst werden. In einer Therapie wird dies noch viel bedeutsamer. Ich rate deshalb dem Patienten, sie so häufig wie möglich anzuwenden; einmal am Tag genügt, ist aber ein Minimum. Wie erwähnt sollte sie dem Einsatz der anderen Techniken vorausgehen, denn sie hilft dem Patienten, diese wirkungsvoller anzuwenden.

Indikationen und Anwendungsbereich

Diese Übung ist für jeden geeignet, ausser für Menschen auf einem so tiefen Niveau, dass sie diese Technik nicht wirklich verstehen oder wenn sie in einem inneren Gefühlsaufruhr und so abgelenkt sind, dass sie vorübergehend nicht in der Lage sind, sie anzuwenden.

Besonders gut geeignet ist diese Technik für stark emotionale Patienten und solche, die stark mit einem Gefühl oder mit einer Idee, einem Plan oder einer Handlungsweise identifiziert sind. Auch Fanatiker aller Art gehören hierher. Ähnlich verhält es sich bei einer anderen Gruppe, die sich völlig mit einer Rolle identifiziert, sei es die Mutter- oder Vaterrolle oder eine berufliche Rolle und die von ihr so völlig in Besitz genommen werden, dass sie fast kein eigenes individuelles Leben mehr haben. Die Wirkung und die Ergebnisse der Übung sind und sollten von befreiender Art sein. Wer sie erfolgreich anwendet, bestätigt, dass er ein Gefühl des Friedens erlangt, ein Erleben von gesteigertem Sein sowie eine spontane Kontrolle der seelischen Inhalte, mit denen er sich vorher gänzlich identifiziert hatte.

Die Übung ist auch nützlich für überintellektuelle Menschen, die dazu neigen, ihren Bewusstseinsmittelpunkt völlig mit ihren Verstandesprozessen zu identifizieren - besonders, wenn sie stolz und eingebildet sind auf ihre geistigen Fähigkeiten und sozusagen auf diesem Niveau kleben bleiben. Da solche Intellektuelle die härteste Nuss für eine Therapie darstellen, kann es für sie therapeutischen Wert haben, zu erfahren, dass ihr Zentrum *nicht* in ihren Verstandesprozessen besteht.

Die gleiche Technik kann in Verbindung mit den verschiedenen Rollen, die man im Leben spielt, eingesetzt werden. Wie erwähnt, sind solche Rollen entwickelte Teilpersönlichkeiten, in denen emotionale und mentale Inhalte verbunden sind. Die Technik besteht im Erinnern und Bekräftigen: »Ich habe meine Rollen im Leben bisher gespielt. Ich muss und werde sie so gut wie möglich weiterspielen, sei es die des Sohnes, des Vaters, des Ehemannes, des Angestellten, des Künstlers oder andere. Aber ich bin nicht nur der Sohn, der Vater, der Künstler; es sind bestimmte Rollen, aber es sind Teil-Rollen, die ich spiele. Ich war bisher einverstanden, sie zu spielen, und jetzt schaue ich mir selbst dabei zu und beobachte, wie ich sie weiterspiele. Ich bin nicht eine von diesen Rollen, sondern ich bin mit dem Selbst identifiziert, ich bin der Direktor des Schauspiels, nicht der Schauspieler selbst.«

Das erinnert besonders an Äußerungen von Paul Tournier, der in seinem Buch *Krankheit und Lebensprobleme* den wesentlichen Unterschied zwischen der »personne« (= inneren Person) und den verschiedenen »personnages« (= Rollen oder Teilpersönlichkeiten) betont, die dieser Mensch in den verschiedenen Lebensumständen spielt. Indes treffe ich eine weitere Unterscheidung zwischen der Person, wie sie Tournier beschrieben hat, und der reinen Selbstidentifikation. Es gibt im Grunde drei verschiedene Identifikationen: eine mit den »personnages« (den Teilpersönlichkeiten), eine mit der Person und eine dritte als Punkt reiner Selbst-Bewusstheit.

Die letzte und vielleicht hartnäckigste Identifikation ist jene, in welcher wir uns mit dem identifizieren, was wir landläufig als unsere innere Person ansehen, die mehr oder weniger durch alle unsere Rollen fortbesteht. Jene innere Persönlichkeit also, die im herkömmlichen Sinn des Wortes »persona« (Maske) noch hiner dieser letzten Maske des Selbst steht. Auch diese Persona oder Person muss noch abgelegt werden, damit wir nicht länger von ihr beschränkt und eingeengt werden. Dies ist wichtig, denn jede Identifikation mit ihr birgt die Gefahr, dass wir starr werden. Es ist eine Art von Vorstellung, Muster oder Modell, deren Gefangener wir nur allzuleicht werden. Auch diese »innerste« Person ist in Wirklichkeit in einem Prozess ständigen Wandels und Flusses. Es ist ein ständiges Einfliessen von Erfahrungen, die sie verändert. Auch sie ist auf diese Weise wandelbar, flüchtig und kann deshalb nicht die reine Selbst-Identität sein, die als innerster Kern unverändert durch all dieses Fliessen existiert.

Diese Übung der Disidentifikation erhöht das Empfinden des Seins und man erkennt, dass sie wirklich eine der wesentlichsten Techniken ist, durch die wir erfahren, wovon existentialistische Analytiker so viel gesprochen haben, und für dessen Erreichen sie nur wenig Techniken entwickelt haben. Dieses Ziel ist ein Gefühl von Identität und inneren Seins, das Gefühl eines Zentrums, eines Wesenskerns in uns. Hat man dieses Zentrum erfahren, so ist es möglich, die verschiedenen Aspekte, von denen man sich disidentifiziert hat, zur Einheit zu bringen. Man wird also zu einem Selbst, das den Körper, die Gefühlsfunktionen und die Verstandesfähigkeiten als Werkzeuge und Instrumente benutzt, ähnlich wie ein Auto gewissermassen eine Verlängerung des Fahrers ist, über welches er aber die Kontrolle hat. Genauso können das Selbst und seine Mechanismen (d.h. Körper, Gefühle und Verstand) eine Einheit bilden, und dennoch kann das Selbst sich immer bewusst sein, dass es etwas über jeden einzelnen Teil dieses Ganzen Hinausgehendes ist.

Grenzen und Kontraindikationen

Diese Technik hat kaum allgemeine Begrenzungen oder bestimmte Kontraindikationen. Weniger indiziert oder mit Vorsicht zu verwenden ist sie bei Menschen, die schon sehr zu Selbstbeobachtung und Selbstanalyse neigen und die vielleicht zu sehr an der Beobachtung ihrer inneren Welt interessiert sind oder es werden; dies mag sich als angenehmer und weniger anstrengend erweisen als ein aktives Teilnehmen an der äusseren Welt. Deshalb sollte die Übung nur eingesetzt werden, nachdem man betont hat, dass ihr Einsatz spezifisch und auf das Ausgleichen der Identifikation mit seiner inneren Welt beschränkt bleiben sollte. Die Übung darf nicht überbetont oder zu häufig verwendet werden.

Bei gewissen Patienten gibt es viel Widerstand, sich vom Körper, den Gefühlen und Gedanken zu disidentifizieren. Es besteht eine tiefe Furcht, dadurch in verschiedene Teile gespalten zu werden. Viele Patienten jedoch lieben die Vorstellung, ein Zentrum in sich selbst zu erfahren, aus dem sie die Kraft und Weisheit schöpfen können, um den Belastungen des heutigen Lebens zu widerstehen. Das Leben ist heute - vor allem in den Grossstädten - besonders rastlos, so dass die Motivation für diese Übung erhöht wird.

Es soll noch auf den Widerspruch zwischen dem Erreichen einer Synthese aller Funktionen um das zentrale Selbst und einer Übung, die eine Disidentifikation nur von einigen dieser Teile verlangt, hingewiesen werden. Wenn wir uns mit einem spezifischen Teil unserer Persönlichkeit identifizieren, schliesst das dann nicht Teile aus und läuft deshalb einer Synthese des Ganzen zuwider? Wäre der Patient mit seiner Gesamtpersönlichkeit identifiziert, so gälte dieser Einwand, aber er ist ja nur mit einem Teil - mit bestimmten Vorstellungen und Gefühlen oder der dominierenden Rolle - identifiziert, und genau das bildet einen starken Widerstand gegen eine Psychosynthese. Deshalb müssen wir ihn zunächst von dieser teilweisen, einseitigen Identifikation befreien, um zu einer Synthese zu gelangen.

Borderline-Fälle und Psychotiker

Bei den Begrenzungen und Kontraindikationen dieser Technik ist es wichtig, bestimmte Gefahren zu berücksichtigen, die bei latent psychotischen Patienten gegeben sein können, besonders wenn es um Depersonalisationszustände geht, das heisst wenn der Patient das Gefühl hat, dass sein Körper nicht zu ihm gehört. Dann kann die zusätzliche Betonung auf »Ich bin nicht mein Körper« diese Spaltung vertiefen und der zugrundeliegenden

Idee einer Psychosynthese zuwiderlaufen. Um das zu vermeiden, sollte deshalb die Betonung auf die letzte Phase dieser Übung gelegt werden, auf das Erkennen, dass man ein Selbst ist. (»Ich erkenne und bekräftige, dass ich ein Zentrum reiner Selbst-Bewusstheit bin. Ich bin ein Zentrum des Willens und fähig, meine seelischen Prozesse und meinen physischen Körper zu benutzen, zu beherrschen und in bestimmte Richtung zu lenken.«) Dann ergibt sich Disidentifikation als Nebenprodukt dieser Erkenntnis. Ziel und Ergebnis der Übung ist Selbst-Identifikation und das sollte betont werden, wenn sie dem Patienten erklärt wird.

Bei Borderline-Fällen ist grosse Vorsicht geboten, bevor man eine Psychosynthese in Erwägung zieht. Solche Patienten können nicht mit dem normalen Vorgehen einer Psychosynthese behandelt werden, die ja eine aktive Mitarbeit des Patienten beim Einsatz der Techniken verlangt. Ratsam ist das folgende therapeutische Vorgehen, das vor allem für Borderline-Fälle und für Psychotiker von Bedeutung ist: zu versuchen, ihnen so viel wie möglich zuzustimmen, so weit wie möglich das zu akzeptieren, was sie sagen oder fühlen und ihnen die wahre Bedeutung und den Sinn ihrer Aussage aufzeigen, das heisst es ihnen von einem positiven Blickwinkel aus darzustellen. Wenn zum Beispiel ein Patient sagt:»Ich fühle, dass ich keinen Körper habe, ich spüre, dass in mir keine Gefühle sind«, so antworten wir:»Nun, das ist zum Teil richtig; natürlich sind sie nicht ihr Körper, und so gesehen hatten sie eine Einsicht, die Menschen meistens nicht haben - nur betrachten sie es von der negativen anstatt von der positiven Seite. Praktisch gesehen haben sie sehr wohl einen Körper, denn während sie leugnen, einen zu haben, benutzen sie ihn, um ihren Gefühlen durch den Kehlkopf Ausdruck zu verleihen. Sie sehen also, dass dieses Gefühl nur eine subjektive Empfindung ist. Natürlich haben sie einen Körper wie jeder andere auch, nur hatten sie die plötzliche Erkenntnis, dass sie nicht Ihr Körper sind. Verstehen Sie es also so, dass Sie philosophisch gesehen recht haben, sachlich gesehen Unrecht.«

Diese Art des Zugangs hat sich in vielen Fällen als erfolgreich erwiesen. Der Grundgedanke ist, die Vorstellungen des Patienten nicht sofort als krankhafte Symptome abzustempeln, sondern das Körnchen Wahrheit aufzugreifen, das in seinen Bemerkungen wirklich enthalten ist - nur falsch interpretiert und negativ ausgelegt - und es dann neu zu interpretieren und auszuweiten.

Manche Psychotiker haben oft erstaunliche intuitive Einsichten, die durch falsche Interpretation verzerrt wurden und oft gegen sie selbst oder andere eingesetzt werden. Ein typisches Beispiel dafür ist der Mann, der behauptete, er sei Gott. Er hatte die klare Erkenntnis einer letzten Wahrheit, nur war sie zu gross für ihn und er machte den fatalen Fehler, seine empirische Persönlichkeit mit dieser göttlichen Selbst-Erkenntnis zu verwechseln.

Kombination mit anderen Techniken

Diese Technik kann als einführende Übung angesehen werden, um alle anderen Techniken wirkungsvoller einzusetzen.

Es wurde aufgezeigt, dass es bei der Durchführung dieser Technik viele notwendige Schritte der teilweisen Disidentifikation gibt. Es ist also eine Verbindung der Techniken der Selbstidentifikation und der Disidentifikation. Manchmal muss man auch die Reihenfolge vertauschen, mit der Selbstidentifikation beginnen und die Disidentifikation als notwendigen Schritt zur Selbstidentifikation hinzuzufügen. Diese Übung könnte mit der Technik der Kritischen Analyse verglichen werden, da es auch um das Beobachten vorübergehender emotionaler Zustände geht. Die Kritische Analyse beinhaltet jedoch den Einsatz des Verstandes und der Urteilsfunktion bei der Bewertung, und indem wir dies tun, identifizieren wir uns mit unserer kritischen Funktion. Damit unterscheiden sich Ziel und Vorgehensweise der Kritischen Analyse von der Selbstidentifikation.

In Verbindung mit anderen Techniken können wir auch den von Bugental vorgeschlagenen Test erwägen, den er »Wer bin ich?« genannt hat. Er gibt dem Patienten ein Stück Papier und einen Bleistift und bittet ihn, alles niederzuschreiben, was ihm zu der Frage »Wer bin ich?« einfällt. Dann wiederholt er die Frage und bittet den Patienten erneut, Antworten aufzuschreiben, und schliesslich ein drittes Mal. Danach geht er weiter in Form einer Befragung vor. Vielfach wird zuerst eine Antwort gegeben, die in Beziehung zur vorherrschenden Rolle steht, sei es die Rolle der Mutter oder Ehefrau, bei Männern die berufliche Rolle, und erst das weitere Fragen lockt manchmal tiefergehende Antworten hervor.

Zwei andere Techniken können hinzugenommen werden, um bei der Disidentifikation zu helfen, nämlich »Humor« und »Spiel«. Ihre Nützlichkeit wird zum Teil aus der Bezeichnung deutlich.

5. Techniken zur Entwicklung des Willens

Für die Behandlung der Techniken des Willens ist eine etwas ausführlichere Einleitung erforderlich, denn der Wille ist in der modernen Psychologie, Psychotherapie und Erziehung der am meisten vernachlässigte Faktor.

Ohne auf die Ursachen dieser überraschenden Sachlage näher einzugehen - wie etwa auf die frühere Überbetonung des Verbots-Aspektes des Willens oder auf den Widerstand gegen eine Schulung des Willens -, möchte ich die Aufmerksamkeit auf das Paradoxon lenken, dass es genau die zentrale Stellung des Willens ist, welche die Ursache dafür war, dass er nicht beachtet wurde; das heisst der Wille ist die Funktion, die am direktesten mit dem Selbst verbunden ist. Rank ging so weit, zu sagen, dass »der Mensch seine Individualität im Zusammenhang mit seinem Willen erfährt, und das heisst, dass seine persönliche Existenz identisch ist mit seiner Fähigkeit, seinem Willen in der Welt Ausdruck zu verleihen« (zitiert nach Progoff). Im allgemeinen ist sich ja der Mensch seines Selbst nicht bewusst und folglich kennt er auch nicht die direkte Funktion des Selbst, nämlich den Willen.

Es gibt zwei sehr einseitige, beschränkte Vorstellungen vom Willen: einmal die des gewaltsamen Kontrollierens und Verbietens, ähnlich dem Zähmen eines wilden Tieres, sowie die eines gewaltsamen Vorwärtsdrängens, wie wenn jemand versucht, sein Auto durch Schieben in Bewegung zu setzen.

Eine genaue Analyse des Willens zeigt verschiedene Phasen oder Stadien, mit denen wir uns jetzt beschäftigen werden. Unser allgemeines Ziel und Interesse gilt jedoch der Entwicklung und Schulung des Willens und somit einer wirkungsvollen willensmässigen Handlung und dem Gebrauch des Willens, das heisst dem gesamten Willen in Aktion.

Es ist deshalb weder notwendig, eine genaue Vorstellung oder Theorie des Willens zu haben, um ihn zu schulen, noch zu erörtern, welche der verschiedenen Phasen des Willens wichtiger oder wesentlicher sind. Der Zweck einer Entwicklung des Willens ist offensichtlich, denn der Wille ist notwendig, um eine Entscheidung zu treffen und dann zu bleiben, um die erforderliche Zeit und die Schwierigkeiten auf sich zu nehmen, wie es für den Gebrauch aller beschriebenen Techniken und Psychosynthese-Arbeit notwendig ist. Es gibt jedoch einen vorrangigeren und unmittelbareren Zweck der Technik, nämlich *den Willen zur Schulung des Willens*. Patienten, die sagen, sie hätten keinen Willen, haben ihn durchaus, denn er ist eine direkte Funktion des Selbst, eine Funktion, die die weitgehend unentwickelt ist. Solche Menschen müssen lernen, ihr kleines »Kapital« einzusetzen, um es zu stärken und aufzubauen, bis es zu einer wertvollen Stütze wird, zumindest ausreichend für jedes einzelne Stadium der Psychosynthese, auch wenn der Nützlichkeit eines zunehmend starken Willens keine Grenzen gesetzt sind.

Die Stadien des Willens

Wie erwähnt geht es uns um die Schulung des Willens in all seinen Phasen, genauer, um das Erreichen einer starken Entschlussfähigkeit.

1. Das erste Stadium beim Einsetzen des Willens umfasst:

    a) Ziel - Vorsatz - Absicht
    b) Bewertung
    c) Motivation

Da es um den bewussten Willen geht, ist das erste wesentliche Element das des Vorsatzes oder Ziels, denn ohne ein bewusstes Ziel kann es keinen reinen Willen geben. Nachdem über das Ziel entschieden ist, kommt die Absicht, es zu erreichen und das Hervorrufen der Motivation.

Es ist notwendig, zunächst die irrige Vorstellung auszuräumen, Psychosynthese kehre zu der Willensauffassung des 19. Jahrhunderts zurück, welche die wichtigen unbewusst motivierenden Faktoren vernachlässigte. Da sich die Psychosynthese jedoch aus der Psychoanalyse entwickelt hat, ist ein Ausschluss selbstverständlich nicht beabsichtigt, und ich bin mir der komplexen motivierenden Faktoren, die unterhalb der Bewusstseinsebene eine Rolle spielen, voll bewust. Deshalb sollte der Schulung des Willens eine Erforschung des Unbewussten vorausgehen, einschliesslich des Aufdeckens der unbewussten Motive und ihrer Rationalisierungen, die sie für das bewusste Ich annehmbar machen. Dies ist einer der wertvollsten Aspekte der Psychoanalyse und wir ziehen ihn bei der Anwendung der Psychosynthese voll in Betracht.

Deshalb besteht die Berücksichtigung der Motivation zum grössten Teil aus dem Aufdecken unbewusster Impulse. Wenn sie jedoch erkannt worden sind, dürfen wir nicht in den Fehler der Psychologie des 18. Jahrhunderts verfallen und diese Impulse verurteilen und unterdrücken. Die Funktion des Willens ist, sie zu gebrauchen und ihre Mitarbeit beim Erreichen des ausgewählten Zieles zu sichern.

Motivation schliesst unvermeidlich Wertung mit ein; sie ist unvermeidbar und sogar wichtig. Eine wirkliche Bewertung bedeutet eine Wertskala, die ihrerseits Ausdruck einer Lebensphilosophie oder Weltanschauung ist. Jeder Mensch hat eine solche Philosophie, aber sie ist verschwommen und oft in sich widersprüchlich. Das Klären, das Sich-Bewusst-Werden der Einstellung und Haltung des Selbst zur Welt ist meiner Meinung nach der fruchtbarste Aspekt der Existenzanalyse. Es ist einleuchtend, dass der Vorsatz oder das Ziel, worauf der Wille gerichtet werden soll, einen hohen positiven Wert haben muss, auf etwas, das Lewin eine »positive Valenz« nannte.

2. Der Bewertung folgt *das Stadium der Überlegung und des Abwägens*. In einer bestimmten Situation mag es scheinen, dass es nicht viel zu überlegen gibt, und dass die Wahl ohne Zögern auf das höchste erkennbare Ziel gerichtet sein sollte; aber so einfach ist es nicht. Das Ziel muss nicht nur einen hohen Wert haben, sondern auch erreichbar sein. Wir können uns sehr hohe Ziele vor-

stellen, erkennen jedoch, dass sie realistisch gesehen nicht erreichbar sind - zumindest unter den vorhandenen inneren und äusseren Bedingungen, die deshalb stets mitberücksichtigt werden müssen. Auch wenn ein alternatives Ziel weniger hoch sein mag, so ist es vielleicht aus bestimmten Gründen dringender; deshalb erfordert die Einschätzung der vielen Faktoren einer bestimmten Situation viel Klugheit, denn jede von ihnen ist stets einzigartig.

3. Das dritte Stadium beim Gebrauch des Willens ist das der *Entscheidung*. Dies ist ein schwieriger Punkt, denn es geht um das Wählen und läuft der starken menschlichen Neigung entgegen, »den Kuchen gleichzeitig essen und ihn behalten zu wollen«. Psychoanalytisch könnte man es »dem Lustprinzip folgen« nennen, was jedoch irrational ist. Eine überlegte Wahl zu treffen bedeutet jedoch den Gebrauch des Realitätsprinzips, und dies ist ein Prinzip der Relativität, dass man nicht alles haben kann, sondern zwischen Alternativen wählen muss.

In älteren psychologischen Schriften über den Willen wird dieser Punkt mit der negativen Terminologie des Entsagens beschrieben, aber es ist viel besser, die Betonung auf den positiven Begriff des Vorziehens zu legen. Wenn wir wählen, wenn wir eine Entscheidung treffen, bedeutet das, etwas vorzuziehen, das wir für wünschenswerter und erreichbarer halten als die anderen Alternativen, die wir verwerfen.

Die Schwierigkeit beim Treffen einer freiwilligen Entscheidung ist, dass dem Individuum entweder deutlich oder unbestimmt bewusst wird, dass ein Entschluss Verantwortung bedeutet, dass Entscheidung ein Akt der Freiheit ist, der unweigerlich Verantwortlichkeit miteinschliesst. Das merkwürdige Ausweichen von Personen und Gruppen vor der Freiheit wurde unter anderem von Erich Fromm aufgezeigt, also das Ausweichen vor der Verantwortung, wobei die wertvollste menschliche Gabe, der freie Wille, aufgegeben wird.

In diesem Zusammenhang ist es kaum nötig, daran zu erinnern, dass Unentschlossenheit eines der herausragendsten Symptome aller Patienten ist, die in einem depressiven Zustand sind. Wir kommen darauf zurück, wenn wir die Grenzen der Schulbarkeit des Willens betrachten.

4. *Das vierte Stadium* des Willens, das auf das der Entscheidung folgen sollte, ist die *Bekräftigung* oder *Affirmation*. Eine wirkungsvolle Affirmation schliesst verschiedene Faktoren ein: der erste ist Vertrauen - nicht einfach »Glauben«, sondern lebendiges, dynamisches Vertrauen, mehr noch, eine unumstössliche Gewissheit. Wenn dies fehlt, kann dennoch eine Affirmation gemacht werden auf der Grundlage von Bereitschaft oder dem Entschluss, »es zu versuchen«, mit der Geisteshaltung eines mutigen Abenteurers ein Risiko einzugehen.

Der Akt der Affirmation besteht in einem Befehl oder einer Erklärung, die man an sich selbst richtet, wie das lateinische »fiat« oder »es sei«. Die Intensität oder »emotionale Ladung« der Bekräftigung entscheidet über Grad und Ausmass ihrer Wirksamkeit. In vielen Fällen ist es notwendig, die Affirmation in bestimmten Abständen zu wiederholen oder vielmehr zu erneuern, um ihre Kraft zu erhöhen und Widerstände zu überwinden. Es ist wichtig, sich der Tatsache bewusst zu sein, dass eine Affirmation manchmal auch entgegengesetzte Reaktionen provozieren kann. Dies sollte dem Patienten erklärt werden, so dass er nicht überrascht oder entmutigt ist und diesen Reaktionen widerstehen und oder sie überwinden kann. Eine Art der Bewältigung ist die erwähnte Erneuerung der Affirmation.

5. *Das fünfte Stadium* der Willensäusserung ist *Planung*, das heisst das Organisieren des Handelns nach einem festumrissenen Programm. Dies erfordert eine Vorausschau der verschiedenen Schritte oder Stadien, die zwischen dem Ausgangspunkt und dem Ziel liegen. In manchen Fällen ist dieses Ziel natürlich fern, aber es wird mehrere Zwischenziele geben, die stufenweise dorthin führen. Es ist daher notwendig, ein klares, gutorganisiertes Programm der Abfolge der Teilaufgaben zu haben.

Es gibt zwei Fehler, die es zu vermeiden gilt. Einer besteht darin, die Aufmerksamkeit und die Richtung des Willens so ausschliesslich auf das Endziel gerichtet zu halten, dass der Patient dadurch handlungsunfähig wird; der andere, häufigere, liegt darin, sich so sehr für die untergeordneten Ziele und die Mittel zu ihrer Erreichung zu interessieren, sie so zu überschätzen, dass man das eigentliche Ziel aus den Augen verliert oder den Mitteln unangemessene Aufmerksamkeit schenkt.

6. Das sechste Stadium des Willens ist das *zielgerichtete Lenken der Ausführung.* Dazu werden zwei der hervorstechenden Eigenschaften des Willens benötigt: erstens die dynamische Kraft des Willens, gerichtete, vorwärtstreibende Energie, und zweitens Beharrlichkeit und Ausdauer. Vollkommener Wille würde ein Maximum an dynamischer Kraft sowie an Ausdauer und Beharrlichkeit in sich vereinen, aber es zeigt sich, dass manche Menschen mehr von der einen Eigenschaft haben als von der anderen. Auch fordern manche Aufgaben vor allem den dynamischen Aspekt, während andere weniger anstrengend sind, sich eher in die Länge ziehen und so mehr die geduldigen und beharrlichen Aspekte des Willens fordern. Deshalb geht es im Einzelfall nicht nur um die Frage, welche Eigenschaft des Willens in einem Menschen vorherrscht, sondern welche für eine bestimmte Aufgabe oder ein bestimmtes Vorgehen gebraucht wird. Bei der Schulung des Willens werden wir jeweils den Akzent auf die weniger ausgeprägte Eigenschaft legen.

Die Dynamik des Willens äussert sich durch Affirmation und Befehl, während der beharrliche Aspekt für eine der wirkungsvollsten Techniken des Willens benötigt wird, nämlich ein klares Vorstellungsbild ständig im Brennpunkt der Aufmerksamkeit zu halten. Die Kraft solcher aufrechterhaltener Bilder ist enorm; mehr darüber bei der Behandlung der Techniken der Visualisation und Imagination.

Eine andere Eigenschaft, die für dieses letzte Stadium der Ausführung gebraucht wird, ist die des Einhaltens einer Richtung, die Zielgerichtetheit. Ebenfalls gebraucht wird ein Zurückweisen im Sinne eines Ausschliessens und Verwerfens aller Hindernisse, die sich der Anwendung des Willens bei der Ausführung entgegenstellen könnten.

Vorgehensweise beim Schulen des Willens

Wie erwähnt ist das erste Ziel bei der Schulung des Willens das individuelle »Kapital« des Patienten, die Ausprägung seines Willens zu vergrössern, also wirksamer zu wollen. Der erste Schritt besteht darin, die Energie der vorhandenen Impulse des Patienten zu mobilisieren und sie auf das Ziel der Entwicklung des Willens zu richten.

1. Mobilisierung der Energien

Die erste Bedingung für das Erlangen eines starken Willens ist der Entschluss, die dafür notwendige Energie und die Mittel zur Verfügung zu stellen. Der Patienten mag einwenden: »Um das tun zu können, brauchte ich einen festen und entschlossenen Willen, und das ist es gerade, was mir fehlt.« Dieser Einwand ist nicht haltbar, denn jeder hat ein bestimmtes Mass an Willen, und auch wenn er nur in einem embryonalen Stadium existieren sollte, reicht er doch aus, einen Anfang zu machen.

Von grösster Bedeutung für den Erfolg ist eine gründliche Vorbereitung, um den ersten Impuls und Anstoss zu geben. Diese Vorbereitung sollte ein starkes inneres Bedürfnis hervorbringen, den Willen zu entwickeln, der sich in den festen Entschluss umwandelt, alles zu tun, was dafür notwendig ist. Um diesen Bewusstseinszustand zu erreichen, ist die folgende Übung hilfreich; sie kann in der vorliegenden Form dem Patienten gezeigt werden und versuchsweise auch vom Therapeuten durchgeführt werden.

Übung I, Teil A

Nimm eine bequeme Haltung ein, entspanne die Muskeln.

1. Stell dir so lebhaft wie möglich all die unangenehmen Konsequenzen für dich und für andere vor, die sich als Folge deines ungenügend entwickelten Willens ergeben haben und sich in Zukunft noch ergeben könnten. Prüfe sie sorgfältig, eine nach der anderen, dann fertige eine Liste davon an. Lass die Gefühle, die diese Erinnerung und Vorausschau in dir hervorruft, in dir aufsteigen, wie Unzufriedenheit mit dir selbst, das Zurückschrecken vor der Wiederholung solchen Verhaltens und der dringende Wunsch, diesen Zustand zu ändern.

2. Stell dir so lebhaft wie möglich all die Vorteile vor, die eine Schulung deines Willens bringen kann, den Nutzen und die Befriedigung, die sich daraus für dich und für andere ergeben. Untersuche dies eingehend Punkt für Punkt; formuliere

diese Vorstellung klar und schreibe sie nieder. Lass dich von Gefühlen, die durch diese Gedanken in dir ausgelöst werden, ganz beherrschen: die Freude über die Möglichkeiten, die sich dir eröffnen, der intensive Wunsch, sie zu verwirklichen und der starke Impuls, sofort damit zu beginnen.

3. Stell dir so lebhaft wie möglich vor, du seist von einem starken, beharrlichen Willen beherrscht, wie du mit festem entschlossenen Schritt gehst, in verschiedenen Situationen mit Entschlusskraft handelst, mit zielgerichteter Absicht, konzentrierten Kräften, Ausdauer und Selbstkontrolle jedem Einschüchterungsversuch widerstehend. Stell dir vor, wie du erfolgreich das gewünschte Ziel erreichst. Suche besonders solche Situationen heraus, in denen es dir bisher nicht gelungen ist, einen genügend starken und beharrlichen Willen zu entwickeln und stell dir dann vor, wie du jetzt mit den gewünschten Eigenschaften handelst.

Übung I, Teil B

Wähle Lektüre aus, die besonders dazu geeignet ist, die Gefühle und Entschlüsse, die in Teil A der Übung geweckt wurden, zu verstärken. Es muss Literatur sein, die ermutigend, optimistisch und dynamisch ist, die das Selbstvertrauen stärkt und zum Handeln anspornt. Lies dabei langsam, mit ungeteilter Aufmerksamkeit, kennzeichne die Passagen, die dich beeindrucken und schreibe die heraus, die am eindrucksvollsten sind und besonders auf deine Lage zuzutreffen scheinen. Man tut gut daran, diese Abschnitte mehrere Male zu lesen und dabei ihre volle Bedeutung aufzunehmen. Am besten eignen sich für diesen Zweck Biographien hervorragender Persönlichkeiten, mit den besten Eigenschaften eines starken aber konstruktiven Willens oder andere Bücher, die geeignet sind, die gewünschten Energien freizusetzen. Nachdem du dich einige Zeit mit der Lektüre beschäftigt hast, wirst du den zunehmenden Wunsch verspüren, dich an die Arbeit zu machen. Dies ist der richtige Augenblick für die Entscheidung, dass du alle Zeit, Energie und alle Mittel einsetzen wirst, die für die Entwicklung deines Willens notwendig sind.

Ein Wort der Warnung: sprich über diese Sache nicht mit anderen, auch nicht in der lobenswerten Absicht, sie dazu zu bewegen, deinem Beispiel zu folgen. Sprechen tendiert dazu, die Energien zu zerstreuen, die zum Handeln gebraucht und gesammelt werden. Deine Absicht provoziert, wenn sie anderen bekannt wird, leicht skeptische oder zynische Bemerkungen, die Zweifel oder Entmutigung hervorrufen können. Arbeite in der Stille; das kann nicht genug betont werden.

Diese Übung mit ihren zwei Teilen bildet eine Methode mit dem Ziel, andere Impulse in Bewegung zu setzen, um die Energiemenge zu erhöhen, die dem Willen zur Verfügung steht.

Übung II - die Durchführung nutzloser Übungen

Diese Technik beinhaltet das Ausführen von Handlungen, die an sich nicht den geringsten Nutzen haben und nur deshalb durchgeführt werden, um den Willen zu schulen. Sie können mit den Muskelübungen in der Gymnastik verglichen werden, die keinen anderen Zweck haben als den, die Muskeln zu entwickeln. Diese Technik wurde zuerst von William James vorgestellt, in seinem Buch *Ansprachen an Lehrer*: »Halte deine Leistungsfähigkeit in dir durch eine kleine freiwillige tägliche Übung lebendig. Sei konsequent und willensbetont auch bei kleinen unwichtigen Dingen; mach alle ein oder zwei Tage etwas nur um seiner Schwierigkeit willen, damit du in der Stunde äusserster Not nicht geschwächt oder ungeübt bist, diese wirkliche Prüfung zu bestehen. Askese dieser Art ist wie eine Versicherung, die jemand für Haus und Besitz zahlt. Im Augenblick nützen ihm die Gebühren nichts und vielleicht hat er nie etwas davon. Wenn jedoch ein Feuer ausbricht, wird die Tatsache, dass er sie bezahlt hat, seine Rettung vor dem Ruin sein. Das gleiche gilt für den Mann, der sich in täglicher konzentrierter Aufmerksamkeit, mit energischer Willenskraft und innerer Stärke gegen unwichtige Dinge abgehärtet hat. Er wird wie eine Festung sein, wenn alles um ihn her schwankt und seine schwächeren Mitmenschen wie Spreu im Wind herumgewirbelt werden.«

Das gleiche Vorgehen wurde von E. Boyd Barrett entwickelt und in seinem Buch *Kraft des Willens* erklärt.

Übung III - Übungen des Willens im täglichen Leben

Eine andere Gruppe von Übungen zur Entwicklung des Willens kann aus zahllosen Gelegenheiten des Alltags abgeleitet werden. Die meisten unserer Tätigkeiten können dazu dienen, denn durch unsere Absicht, unsere innere Einstellung und die Art der Durchführung können sie echte Willensübungen werden. So kann schon das Aufstehen am Morgen zu einer bestimmten Zeit zu einer solchen Übung werden, wenn wir dafür zehn oder fünfzehn Minuten früher aufstehen als gewöhnlich. Auch das Anziehen kann dafür Gelegenheit bieten, wenn wir es mit Aufmerksamkeit durchführen, zwar schnell, jedoch ohne Hast. Dies ist eine wichtige und wertvolle Fähigkeit, die man im Alltag entwickeln kann: zu lernen, wie man »langsam eilen« kann. Das moderne Leben mit seinen Belastungen und Anforderungen lässt uns das Hetzen leicht zu einer Gewohnheit werden, auch wenn es die jeweilige Situation gar nicht erfordert - ein typisches Ergebnis der »Massensuggestion«.

Langsam zu eilen ist nicht einfach, aber es ist möglich, und es ebnet den Weg zu Leistung und Produktivität ohne Spannung und Erschöpfung. Es ist nicht einfach, weil wir dabei beinahe zwei Personen gleichzeitig sein sollen: eine, die handelt und eine andere, die gleichzeitig als Beobachter zuschaut. Allein dies auszuprobieren ist jedoch schon eine gute Möglichkeit, den Willen zu entwickeln.

Auch im weiteren Verlauf des Tages kann man zahlreiche Übungen für die Entwicklung des Willens machen, die zugleich auch andere Fähigkeiten entwickeln. Zum Beispiel kann man Gelassenheit oder innere Sammlung während der täglichen Arbeit lernen, wie langweilig sie auch sein mag; oder man kann lernen, seine Ungeduld zu beherrschen; wenn sich kleinere Schwierigkeiten oder Unannehmlichkeiten in den Weg stellen, zum Beispiel in einem überfüllten Zug, oder wenn man darauf wartet, dass eine Tür geöffnet wird; ebenso wenn man die Fehler eines Untergebenen bemerkt oder die Ungerechtigkeit eines Vorgesetzten zu spüren bekommt.

Wenn wir nach Hause kommen, können wir ebenso wertvolle Übungen machen. Wir können den Impuls zügeln, unserer schlechten Laune, die vielleicht durch Sorgen oder Ärger bei der Arbeit hervorgerufen wurde, Luft zu machen und gelassen zu ertragen, was immer auf uns zukommt. Wir können uns bemühen, Disharmonien zu Hause zu bereinigen. Bei Tisch ist die Beherrschung des Wunsches, schnell zu essen und dabei an etwas anderes zu denken wie zum Beispiel die Arbeit, eine gute Übung sowohl für die Gesundheit wie für den Willen. Wir sollten uns zwingen, gut zu kauen und das Essen entspannt und ruhig zu geniessen. Auch können wir am Abend üben, wie wir zum Beispiel den Beeinflussungen von Menschen oder Dingen, die uns von den gewählten Aufgaben ablenken wollen, widerstehen können.

Bei der Arbeit oder zu Hause sollten wir wenn möglich aufhören zu arbeiten, wenn wir müde sind. Eine kurze Ruhepause, wenn die Müdigkeit anfängt, ist günstiger als eine lange Erholung, die durch Erschöpfung notwendig wird. Kurze und häufige Ruhepausen wurden in der Industrie eingeführt und haben zu einer erhöhten Arbeitsleistung geführt.

Während dieser Ruhepausen genügen einige Körperübungen oder einige Minuten Entspannung mit geschlossenen Augen. Bei geistiger Ermüdung sind körperliche Übungen meist am wirkungsvollsten, wobei jeder am besten selbst ausprobiert, was für ihn am geeignetsten ist. Einer der Vorteile solch kurzer und häufiger Unterbrechungen ist, dass man Interesse und Antrieb für die anstehende Arbeit nicht verliert und Müdigkeit und nervöse Spannung vermeidet. Ein geordneter Rhythmus in unseren Aktivitäten bringt Harmonie in unser Dasein, und Harmonie ist ein universelles Lebensgesetz.

Eine gute Übung ist, sich zu bestimmten Zeiten zurückzuziehen und die jeweilige Tätigkeit zu unterbrechen, auch wenn es eine interessante Unterhaltung oder Lektüre ist. Es ist vor allem am Anfang schwierig, diese Übungen gut zu machen und sie alle auf einmal zu versuchen würde leicht zu Entmutigung führen. Deshalb ist es ratsam, nur mit einigen über den Tag verteilt zu beginnen und nach erfolgreicher Durchführung ihre Anzahl zu vergrössern und die Übungen zu variieren. Man sollte sie freudig und mit Interesse ausführen,

Erfolg und Misserfolg aufschreiben wie bei einem Wettkampf. So vermeidet man, dass das Leben zu starr und mechanisch wird; was sonst ermüdende Pflichten wären, wird so interessant und abwechslungsreich; auch werden alle, mit denen wir zusammen sind, ohne dass sie es wissen zu unseren Mitarbeitern. Ein dogmatischer Vorgesetzter etwa oder ein anspruchsvoller Partner bilden ein Hindernis, mit dessen Hilfe wir den Willen zum Beispiel für echte menschliche Beziehungen entwickeln können. Wenn das Essen verzögert serviert wird, gibt uns das Gelegenheit, unsere Geduld und Gelassenheit zu üben. Redselige Freunde geben uns die Möglichkeit, mit unseren eigenen Äusserungen zurückhaltend zu sein; sie lehren uns die Kunst der höflichen aber bestimmten Weigerung, an unnötigen Gesprächen teilzunehmen. »Nein« sagen zu können ist eine schwierige, aber sinnvolle Fähigkeit.

Übung IV - Körperliche Übungen zur Schulung des Willens

Körperliche Übungen stellen eine sehr wirksame Technik dar, wenn sie mit der Absicht und dem Ziel eingesetzt werden, den Willen zu entwickeln; denn, wie der französische Schriftsteller Gillet es ausdrückte: »Gymnastik ist die Grundschule des Willens und ein Modell für die Schulung des Geistes.« Tatsächlich ist jede körperliche Bewegung ein Willensakt: ein Befehl, der dem Körper gegeben wird. Die bewusste und häufige Wiederholung eines solchen einfachen Willensaktes übt und stärkt den Willen. Es entwickelt sich das Bewusstsein physischer Kraft und wir empfinden eine schnellere Blutzirkulation und ein Gefühl der Wärme und Beweglichkeit der Glieder und ihre schnelle Reaktion. All dies bringt ein Gefühl von Stärke hervor, von Entscheidungskraft und Beherrschung, und das fördert die Kraft des Willens und seine Energie. Dazu ist jedoch nötig, sie mit dem ausschliesslichen Ziel durchzuführen, den Willen zu trainieren.

Solche Übungen müssen genau und sorgfältig durchgeführt werden und dürfen nicht zu heftig sein oder zu sehr schwächen; jede Bewegung sollte lebhaft, bewusst und mit Bedacht durchgeführt werden. Der Atem sollte ebenfalls ruhig und tief aus dem Bauch herausfliessen und die Bewegungen »begleiten«. Am besten geeignet sind Übungen oder Sportarten, die nicht allzu heftig oder aufregend sind, sondern vielmehr Ausdauer, Ruhe, Geschicklichkeit und Mut verlangen, Unterbrechungen erlauben und eine Vielfalt von Bewegungen einschliessen.

Viele Sportarten im Freien - wie Golf oder Tennis, Eislaufen, Wandern oder Bergsteigen - sind besonders geeignet für die Schulung des Willens. Wo das jedoch nicht möglich ist, können geeignete, ausgewählte Körperübungen auch zu Hause im Zimmer durchgeführt werden.

2. Kommentare zu den Übungen

Eine mögliche Schwierigkeit ist, dass Menschen mit sehr wenig Willenskraft am Anfang eine Übung vielleicht ein oder zweimal durchführen und sie dann wieder aufgeben. Es kann sehr schwierig sein, einen Patienten zu einer kontinuierlichen Anwendung zu motivieren, denn um die Übung zur Willensschulung wirksam ausführen zu können, muss man bereits ein gewisses Mass an Willen haben, mit dem man anfangen kann.

In solchen Fällen scheinen sich die von Baudouin vorgestellten Techniken zu eignen, indem wir versuchen, andere Impulse einzusetzen, die vielleicht einen stärkeren Anreiz bieten als der reine Wille. Solche Impulse müssen natürlich nicht notwendig einem höheren Bereich angehören, sie sind dann ein Beispiel für die Verwendung sogenannter »tieferer« oder »primitiver« Impulse und Antriebe für einen höheren Zweck. Stolz, Eitelkeit, der Wunsch zu gefallen (bei positiver Übertragung), können für diesen Zweck aktiviert werden. Auch noch einfachere Anreize wie Lob oder Belohnung sind sehr erfolgreich. Ich fand, dass der beste Anreiz der Spieltrieb ist, die sportliche Einstellung im Sinne eines Wettkampfes mit sich selbst. Das erfordert eine gewisse Fähigkeit der Disidentifikation, denn mit dieser Einstellung »spielt« das Selbst mit seinen Subpersönlichkeiten und Impulsen, nimmt die Sache nicht zu ernst und versucht, wie ein guter Sportler das Spiel zu gewinnen. Wenn man für das Spiel genügend Interesse gewinnen kann, wenn es interessant und unterhaltend ist, wird mit dieser spielerischen Haltung kein Widerstand oder Opposition geweckt wie es beim Aufzwingen des Willens wahrscheinlich geschehen würde.

Keinen Widerstand oder Auflehnung im Unbewussten oder in anderen Bereichen der Persönlichkeit zu erregen, ist eine allgemeine Vorsichtsmassregel, die für alle Techniken zutrifft, besonders aber beim Einsatz von Techniken zur Entfaltung des Willens. Eine Methode, sich dagegen zu schützen, ist, die Technik weder zu ernsthaft noch zu pedantisch anzuwenden. Das Ziel muss sein, die Mitarbeit des Unbewussten dadurch zu gewinnen, dass es erheitert und interessiert wird - und das ist genau die Haltung eines Spielers. Diesen Faktor sollten übrigens besonders Lehrer vor Augen haben, die Psychosynthese-Methoden anwenden. Eine spielerische Haltung verringert keineswegs den Erfolg, sondern schaltet die Gegenströmungen von Widerständen und Auflehnung aus.

3. Probleme der praktischen Anwendung

Das grundlegende Problem bei der Willensschulung ist die Erzielung eines Gleichgewichts zwischen den verschiedenen Aspekten oder Stadien des Willens. Zunächst muss sich der Patient seiner Situation bewusst werden. Dann schlägt der Therapeut dem Patienten eine Verfahrensweise vor, mit dessen Hilfe das gewünschte Gleichgewicht oder die Harmonisierung erreicht werden kann. Ist dieser akzeptiert, werden die verschiedenen Techniken in der richtigen Reihenfolge vermittelt. Die Verfahrensweise und die besonderen Techniken sind je nach den Stadien des Willens verschieden, manchmal fast gegensätzlich.

Die erste Stufe - die des klaren Zieles - ist bei vielen Patienten sehr schwach ausgeprägt. Auch finden wir häufig einen starken persönlichen Willen, der im Dienste der vorherrschenden Impulse steht. Dies mag erklären, warum der persönliche Wille so häufig als nicht existent angesehen wird - er ist oft maskiert durch einen dominierenden Impuls.

In der modernen Psychologie ist der Versuch gemacht worden, den Begriff »Wille« als unnötig ganz auszuschalten und Entscheidungen als das Ergebnis widerstreitender Kräfte meist emotionalen Charakters anzusehen. Dies ist die deterministische Vorstellung eines Kräfteparallelogramms, wie zum Beispiel das Freudsche Konzept. Es stimmt jedoch nicht mit der menschlichen Erfahrung überein und bei der Schulung des Willens haben wir den Beweis, dass der Wille von den Impulsen unterschieden und abgetrennt, ja ihnen sogar entgegengestellt werden kann.

Modell oder Analogie eines Kräfteparallelogramms sind zu grob. Zunächst einmal stellt der Wille oder das »wollende Selbst« eine ursprüngliche, unabhängige Energie dar, die mit den Impulsen und Antrieben im Wettstreit steht; er kann aber auch Organisator oder Koordinator der Impulse sein, indem er sie sozusagen von einer anderen Ebene oder Dimension her einsetzt. Der Wille kann daher, wenn er befreit wird, eine übergeordnete Kraft sein - besonders wenn er sich nicht herunterziehen lässt auf die Ebene der widerstreitenden Impulse.

Sofern die schwächste Phase des Willens die des bewussten Ziels und der Überlegung ist, muss eine Technik eingesetzt werden, die den Patienten zuerst auf seine Mängel und Hindernisse aufmerksam macht und ihm hilft, seine Situation bewusst einzuschätzen, um eine klare Vorstellung vom Leben und von Wertmassstäben zu bekommen. Auf dieser Grundlage helfen wir ihm, ein Ziel zu finden oder zu wählen und besprechen dann mit ihm den einzuschlagenden Weg.

Wenn es der Patient *im dritten Stadium*, der Entscheidung, trotz der zufriedenstellenden Entwicklung der ersten Phase schwierig findet, sich zu entscheiden, müssen wir die Gründe dafür herausfinden. Es mag an der Unlust liegen, sich Alternativen zu stellen und eine von ihnen auszuwählen, was natürlich bedeutet, die anderen aufzugeben. Letzteres mag für einen Menschen mit starkem Willen, der nicht den geringsten Verzicht akzeptiert und der alle Möglichkeiten haben will, schwierig sein. Das ist typisch für den starken Willen geltungsbedürftiger Menschen - es liegt also eine Überentwicklung des antreibenden Willens und eine Unterentwicklung der Überlegung und Entscheidung vor.

Auch *in der fünften Phase*, der des Planens und Organisierens, kann einen Mangel oder eine Unterentwicklung bei Menschen aufweisen, die sonst in der Lage sind, schnelle Entscheidungen zu treffen oder den dynamischen Willen einzusetzen. Manchmal sind sie sich ihrer selbst zu sicher, in anderen Fällen sind sie ungeduldig mit der notwendigerweise langsamen, sorgfältigen Planung, die eine Berücksichtigung aller Aspekte einer Situation und ein Gefühl für Proportion und Weisheit miteinschliesst. Sie neigen dazu, einen Plan auszuführen, bevor er im Detail durchdacht ist; oder noch schlimmer, sie eilen wie ausser sich auf ihr Ziel zu, ohne Berücksichtigung von Hindernissen, von Zeitplanung, realistischer Einschätzung der Situation, Bedenken der Reaktion anderer Menschen und so weiter. So scheitern sie oft an den Reaktionen, die sie unvorsichtigerweise bei anderen auslösen. Die Massnahme ist klar: sie müssen durch die aktive Zusammenarbeit mit dem Therapeuten geschult werden, den Wert und die Notwendigkeit dieser Phase zu erkennen.

Wir greifen also während der Sitzung ein Ziel auf, das der Patient für sich ausgewählt hat und helfen ihm dann, alle Schritte durchzudenken, die notwendig wären, dieses Ziel zu erreichen. Um ein bekanntes Beispiel zu nennen: Ein junges, unausgebildetes Mädchen kommt zu einer Beratung und sagt etwa: »Ich will Filmschauspielerin werden, ich will meine Familie verlassen und nach Hollywood gehen.« Natürlich lehnt man ihr Ziel nicht ab, sondern sagt: »In Ordnung, wir wollen das planen; wir wollen schauen, was dein Ziel alles beinhaltet. Du möchtest, dass dir dieses Ziel gelingt, deshalb wollen wir einen Plan entwerfen, um es zu erreichen.« Wenn wir hilfsbereit und tolerant reagieren, wird sie bald erkennen, was ihr Ziel und ihr Wunsch bedeutet und wieviele schwierige Schritte bewältigt werden müssen.

Für die sechste Phase, das Lenken der Ausführung, werden - wie wir gesehen haben - einige wichtige Fähigkeiten des Willens verlangt, wie klare und stetige Vergegenwärtigung des Zieles, Gerichtetheit, dynamische Kraft, Ausdauer und Selbstbeschränkung, wobei jede dieser Komponenten für sich noch nicht für eine erfolgreiche Durchführung ausreichen mag. Unter »Selbstbeschränkung« ist die Bereitschaft und Fähigkeit gemeint, zumindest für eine gewisse Zeit andere Ziele und Pläne auszuschalten.

Besondere Vorsicht bezüglich dieses Stadiums der Entscheidung ist bei depressiven Patienten geboten. Mehr dazu unter »Grenzen und Kontraindikationen«.

Indikationen und Anwendungsbereich

Die Anwendung dieser Technik bei schwachem oder ungenügend entwickeltem Willen ist offensichtlich und bedarf keiner Erläuterung, es muss aber betont werden, dass diese Technik des Willens nicht generell angewendet werden kann. Die spezifischen Indikationen und Anwendungsbereiche basieren auf einer Analyse des vorhandenen Willens, denn der Wille hat ja, wie oben dargestellt, verschiedene Phasen. Es ist durchaus möglich und in der Praxis sogar häufig, dass eine Phase weiter entwickelt oder sogar überentwickelt und eine andere schwach ausgeprägt ist oder fast fehlt. Deshalb ist zunächst einmal nötig, festzustellen, welche der fünf Phasen des Willens die meiste oder besondere Schulung braucht. Es gibt Menschen, deren Willen schnell und entschlossen ist, sie haben jedoch nicht die Ausdauer, durchzuhalten. Für andere ist die Phase der Entscheidung die schwierigste, während nach getroffener Entscheidung die anderen Aspekte ihres Willens ausreichend entwickelt sind. Deshalb ist ein differenziertes Training des Willens und die Erkenntnis, welche seiner Komponenten besonderer Entwicklung bedürfen, nötig.

Grenzen und Kontraindikationen

Es gibt viele Menschen, die einen überentwickelten persönlichen Willen haben, der gewöhnlich auf Selbstbehauptung und das Beherrschen anderer Menschen gerichtet ist. Man könnte sie »Adlersche Fälle« nennen, denn Alfred Adler hat diesen Typus gut beschrieben, wenn er ihn auch meiner Meinung nach übertrieben und überbetont hat, im Sinne einer alles umfassenden Interpretation oder Erklärung. Trotzdem, typisch Adlersche Fälle gibt es nicht selten, und dann ist jede weitere Entwicklung des persönlichen Willens kontraindiziert.

Abgesehen von diesen Fällen können bei bestimmten Patienten einige Phasen des Willens überentwickelt sein. Besonders gefährlich ist dies bei dem dynamischen Aspekt des Willens, der nachteilige und sogar destruktive Wirkung haben kann, besonders für andere. Es gibt drei Wege, diese Gefahren und Hindernisse zu verringern oder auszuschalten:

Erstens das Schaffen eines Gleichgewichts, das heisst Ausbildung einer gleichmässigen, harmonischen Entwicklung aller erwähnten Phasen des Willens.

Zweitens - und wichtiger - die Entwicklung anderer Funktionen, die die Willensfunktion kontrollieren und ausgleichen können. Gemeint sind hauptsächlich die Gefühlsfunktionen in ihren höheren Aspekten, d.h. die Entwicklung humanitärer Liebe, von Mitgefühl, von liebevollem Verstehen und ethischem Empfinden, des Gefühls der Verantwortung bezüglich der Wirkung, die man auf andere Menschen hat. Die höchste Ausformung davon ist die Haltung der Harmlosigkeit.

Der dritte und höchste Weg, der teilweise den zweiten einschliesst, ist das Erwecken und Tätigwerden des *spirituellen (transpersonalen) Willens*, verbunden mit der Verwirklichung des spirituellen Selbst. Dies kontrolliert und gebraucht den personalen Willen nicht nur in nichtverletzender, sondern in konstruktiver Weise und befreit ihn von der häufigen Ausbeutung durch vorherrschende Impulse. Gewöhnlich ist der Wille der Sklave eines oder mehrerer persönlicher Antriebe. Hier muss zuerst eine Disidentifikation des personalen Selbst von diesen Impulsen erreicht und dann den personalen Willen dem spirituellen Willen überantwortet werden; oder umgekehrt, der transpersonale Wille, das spirituelle Selbst, nimmt Besitz vom personalen Willen und lenkt ihn.

Es gibt einen Unterschied, der nicht immer erkannt wird, nämlich zwischen dem voll erwachten transpersonalen Willen und dem Gehorsam des personalen Willens höheren Empfindungen gegenüber. Für viele Patienten kann das letztere in einem bestimmten Stadium der Behandlung der Weg des geringsten Widerstands sein, das heisst, es gibt eine Übertragung emotionaler Energie, die den Willen von einer niedrigeren zu einer höheren Ebene aufsteigen lässt. Es bleibt aber dennoch eine emotional motivierende Kraft, wenngleich mit konstruktiverer Richtung. Ziel der Psychosynthese ist jedoch das erstere, das Herstellen einer direkten Beziehung zum spirituellen Willen, zum Selbst. Es bedeutet das Entwickeln eines konstruktiven, starken, beharrlichen und weisen Willens - ein Zusammenfliessen der fundamentalen menschlichen Energien, des Willens und der Liebe, so dass dann ein »liebender Wille« wirkt.

Das Wort »Zusammenfliessen« könnte durch »organisch koordiniertes Funktionieren« ersetzt werden, das heisst es ist eine funktionale Einheit und keine wirkliche Verschmelzung im wörtlichen Sinn, ähnlich wie es die funktionale Einheit körperlicher Elemente oder Organe gibt, die dennoch anatomisch und physiologisch unterscheidbar bleiben. Bei der Schulung und beim Einsatz des Willens gibt es eine klare Begrenzung für die Anwendung der dritten Phase, der Entscheidung. Bekanntlich ist Unentschlossenheit eines der häufigsten Symptome bei Menschen in depressivem Zustand, die sich »in einer Phase äusserster Ebbe psychischer Spannung« beenden, um mit Janet zu sprechen. In solchen Fällen wäre es ein therapeutischer Irrtum, sie zu Entscheidungen zu drängen, denn das würde in ihnen starke Ängste hervorrufen. Sie sind im Augenblick wirklich nicht in der Lage, eigene Entscheidungen zu fällen. Sie dorthin zu drängen, würde ihnen das Gefühl von Versagen und Frustration vermitteln, das ihren depressiven Zustand und das Gefühl von Minderwertigkeit nur noch verschlimmern würde.

Solche Patienten muss man während der depressiven Phase so gut wie möglich von Entscheidungen entlasten. Das beste ist, ihnen zu erklären, dass dieses Stadium der Depression vorübergehend ist und dass sie jede bedeutsame Entscheidung solange verschieben sollten. Das ist sehr wichtig, denn in diesem Stadium treffen solche Menschen häufig Entscheidungen, die sie später bedauern - wie den Verkauf eines Besitztums oder von Aktien zu einem niedrigeren Preis wegen innerer Panik oder Pessimismus.

Die andere Alternative ist, die Entscheidungen *mit ihnen* zu treffen, nicht *für sie* - ihnen zu geben, was ihnen fehlt und mit ihnen durch die übrigen Stadien zu gehen, besonders das der Überlegung, und sie mit den für eine Entscheidung fehlenden Faktoren zu versehen.

Kombination mit anderen Techniken

Der Wille ist zwangsläufig mit der aktiven Anwendung aller anderen Techniken der Psychosynthese verbunden und umgekehrt entwickelt die Anwendung jeder Technik indirekt den Willen. Das wirft die wichtige Frage auf, wann im Verlauf der Therapie die direkte Schulung des Willens einsetzen sollte. Bei Menschen mit einem sehr schwachen Willen ist es am besten, damit gleich anzufangen und so Enttäuschungen zu vermeiden. Aber man kann das tun, ohne den Willen überhaupt zu erwähnen, indem man sie ermutigt, die verschiedenen aktiven Techniken, die ihren Symptomen und ihren Bedürfnissen entsprechen, anzuwenden. Wenn sie durch die Anwendung dieser Übungen, ihren Willen ohne es zu wissen bis zum erforderlichen Punkt entwickelt haben, kann der Therapeut mit dem Schulen des Willens beginnen. Wir haben so die paradoxe Situation, dass die gezielte Schulung des Willens umso später einsetzt, je schwächer er ausgeprägt ist.

6. Techniken für Schulung und Gebrauch der Imagination

Ziel

Imagination ist eine Funktion, die in sich selbst zu einem gewissen Grad synthetisch ist, da sie auf mehreren Ebenen gleichzeitig arbeiten kann: auf der Ebene der Empfindungen, der Gefühle, des Denkens und der Intuition. Sie beinhaltet verschiedene Arten von Vorstellungen, wie Visualisierung - das Hervorrufen visueller Bilder - auditive, taktile, kinästhetische Imagination und so weiter.

Die Imagination, im konkreten Sinn des Hervorrufens und Gestaltens von Bildern (lt. imago), ist eine der wichtigsten und spontan wirkenden Funktionen der menschlichen Psyche, in den bewussten wie unbewussten Aspekten oder Ebenen. Deshalb muss man lernen, sie zu beherrschen, wenn sie zu stark oder zu diffus entwickelt ist, und sie muss geschult werden, wenn sie schwach ist. Die Psychosynthese ist in besonderem Masse an der Regulierung, Entwicklung und Anwendung der Imagination interessiert, da dies einer der besten Wege zur Synthese der verschiedenen Funktionen ist.

Prinzip

In der Praxis spielen sich die entscheidenden Dinge zwischen Willen und Imagination ab. Das erinnert an die Äusserung von Coué, dass bei einem Konflikt zwischen Wille und Imagination die *Imagination* gewinnt. Dies drückt auf paradoxe und empirische Weise ein grosses und wichtiges Gesetz des seelischen Lebens aus, das von Charles Baudouin in seinem wertvollen Buch *Suggestion und Autosuggestion* mit wissenschaftlichen Begriffen beschrieben und erläutert wurde.

Das grundlegende Faktum und Gesetz auf diesem Gebiet wurde folgendermassen formuliert: »*Jedes Bild hat in sich selbst eine vorwärtsdrängende Kraft*« oder »*Vorstellungen und seelische Bilder tendieren dazu, die physischen Zustände und die äusseren Handlungen hervorzurufen, die ihnen entsprechen*«. Es ist kaum nötig, hier Beispiele für die unglaubliche Kraft von Bildern zu geben, denn viele Autoren haben sich mit diesem Thema befasst. Wahrscheinlich war Theodore Ribot mit seinen klassischen Aufsätzen zur Imagination der erste, der dies systematisch getan hat.

Nicht nur Psychologen, auch Werbefachleute sind sich der motorischen Kraft der Imagination oder dessen, was sie vager als »Suggestion« bezeichnen, klar bewusst und setzen sie reichlich oder eher überreichlich und sehr gekonnt ein. Es scheint höchste Zeit, dass dieses Gesetz für höhere und konstruktivere Ziele eingesetzt wird, und es sollte für die Psychosynthese in vollem Masse genutzt werden.

Wir werden die verschiedenen Techniken des Hervorbringens, Schulens und der Anwendung der Imagination einzeln betrachten, das heisst, die Techniken der Visualisierung, des Hervorbringens von auditiven Sinneseindrücken (Gehörseindrücke), sowie anderer Empfindungen, wie taktiler (Tastsinn), geschmacklicher, olfaktorischer (Geruchssinn) und kinästhetischer (Muskel-, bzw. Bewegungssinn).

7. Techniken der Visualisierung

Ziel

Das allgemeine Ziel der Hervorbringung der Imagination wurde schon besprochen. Die grosse Bedeutung und der hohe Wert der Visualisierung besteht darin, dass sie das notwendige vorbereitende Training für andere wichtige Techniken darstellt und deren Ziele fördert. So setzt zum Beispiel die klare Vorstellung eines Idealmodells oder Idealbildes die Fähigkeit der Visualisierung voraus. Wir sollten daher dem Patienten zu Beginn einer Therapie die verschiedenen Anwendungsmöglichkeiten dieser Technik erklären, zum Beispiel, dass sie wesentlich ist für ein klares Bild vom »Idealmodell«, dem Ziel der Psychosynthese.

Visualisierung hilft sehr bei der ersten Schulung der Konzentration und ist die geeignete Technik dafür. Weiterhin ist sie nützlich beim Gebrauch des Willens oder besser, sie verlangt den Einsatz des Willens, einige der beschriebenen Imaginations-Übungen (siehe »Vorgehensweise«) bilden eine Gruppe der sogenannten »nutzlosen Übungen«, die als Willensübungen beschrieben wurden.

Ein anderes Ziel der Visualisierung ist, einen Ansatz oder Anreiz für die kreative Imagination zu bieten, und schliesslich macht sie einen wirksamen Gebrauch der Visualisierung von Symbolen möglich, die besonders behandelt wird, wenn wir auf Techniken der Verwendung von Symbolen eingehen.

Prinzip

Beim Grundprinzip der Imagination wurde das fundamentale Gesetz erwähnt, dass jedem Bild eine vorwärtsdrängende Kraft innewohnt. Wir erweitern dies jetzt: dass jede Bewegung zuerst als Vorstellung vorhanden sein muss, bevor sie ausgeführt werden kann.

Der Klarheit halber sollten wir zwischen reproduktiver und kreativer Imagination unterscheiden. Es ist ein grundlegender Unterschied zwischen dem bewussten Hervorbringen (Visualisieren) eines vorher ausgewählten Bildes und der imaginativen Funktion, die spontan und kreativ ist, meist auf unbewussten

Ebenen abläuft und dann das Produkt oder Ergebnis seiner Aktivität ins Bewusstsein bringt.

Im ersten Fall können wir bewusst und überlegt ein Bild oder Bilder dessen hervorbringen, was wir schon einmal gesehen haben. Hier geht es also um reproduktive Imagination. Wir können auch bewusst ein Bild von etwas hervorrufen, das wir nie gesehen haben, das wohl Elemente enthält, die wir kennen, aber in einer neuen Kombination; in gewisser Weise also eine Art Neuschöpfung. Aber bei diesen Arten von evokativer Imagination handelt es sich um das bewusste Erschaffen eines statischen Bildes. Deshalb ist es eine Schöpfung ganz anderer Art als die *spontane* kreative Funktion, von der wir später sprechen werden.

Der wesentliche Unterschied ist, dass es sich bei der evokativen Imagination um einen bewussten Prozess handelt, der überlegt durchgeführt wird, während das andere eine spontane Funktion der kreativen Imagination ist, obwohl auch hier der Ausgangspunkt die Evokation (also das bewusste Sich-Vorstellen) eines Symbols sein kann. Interessanterweise ist es sogar viel einfacher, ein komplexes Bild von etwas hervorzubringen, das wir wiederholt gesehen haben (zum Beispiel die Front einer Kathedrale mit ihren komplizierten Details) als ein neues Bild zu entwerfen, und sei es noch so einfach.

Vorgehensweise

Ich möchte eine sehr einfache Übung beschreiben, wie sie als Instruktion gegeben werden könnte:

"Stell Dir zuerst einen Raum vor, in welchem Du Dich befindest, nämlich ein Klassenzimmer mit einer grauen oder mattschwarzen Tafel. Dann stell Dir vor, dass in der Mitte der Tafel eine Zahl auftaucht, sagen wir die Zahl fünf, wie mit weisser Kreide geschrieben, ziemlich gross und gut erkennbar. Stell Dir diese Zahl intensiv vor Deinem inneren Auge vor, d.h. behalte das Bild der »Fünf« lebendig und stetig im Bereich Deiner bewussten Aufmerksamkeit. Dann stell Dir zur rechten der »Fünf« die Zahl »Zwei« vor.

Jetzt hast du zwei Zahlen, eine »Fünf« und eine »Zwei«, was »Zweiundfünfzig« ergibt. Verweile bei der bildhaften Vorstellung dieser Zahl, dann stell dir nach einer gewissen Zeit die Zahl »Vier« rechts neben der »Zwei« vor. Jetzt hast du drei Zahlen, geschrieben mit weisser Kreide: 5 - 2 - 4, das ergibt die Zahl *»Fünfhundertvierundzwanzig«*. Verweile wieder kurz bei dieser Zahl. Nun fahre fort, neue Zahlen hinzuzufügen, bis du nicht mehr in der Lage bist, das Bild der Zahl zu halten, die sich aus den Ziffern ergibt."

Das Ergebnis einer solchen Übung ist sehr interessant und im allgemeinen eher enttäuschend. Wenn wir zuerst die Beschreibung lesen, scheint es eine sehr einfache Sache zu sein. Aber die Leichtigkeit täuscht, denn wenn wir die Übung ausprobieren, stellen wir fest, dass sie keineswegs einfach ist. Die Zahlen scheinen die schlimme Eigenschaft zu haben, zu verschwinden oder Grösse und Farbe zu wechseln oder sich in phantastische Formen zu verwandeln und sogar in unserem Bewusstsein herumzutanzen. Wir müssen sie wieder und wieder neu formen. Diese enttäuschende Erfahrung ist sehr informativ und nützlich. Sie demonstriert auf anschauliche Weise, wie wenig wir unsere seelischen Funktionen wirklich beherrschen - in diesem Fall Imagination und Konzentration. Und sie zeigt uns, wie schwach und wirkungslos der Wille beim Ausüben solcher Kontrolle ist.

Diese Übung gibt uns auch wichtigen Aufschluss über verschiedene Aspekte unserer seelischen Funktionsweise. So haben manche mehr Erfolg, wenn sie die Augen schliessen, andere mit offenen Augen; manche können sich die Zahlen sehr schnell vorstellen, sie ändern sich oder verschwinden jedoch fast ebenso schnell, Andere haben Schwierigkeiten, die Form einer Zahl zu bilden und hervorzurufen. Ist dies jedoch gelungen, so bleibt die Zahl mit wenig oder ganz ohne Anstrengung.

Ob man besser mit offenen oder geschlossenen Augen visualisieren kann, sagt etwas über den psychologischen Typus, das heisst über Extraversion oder Introversion aus. Ich stellte fest, dass die *Extravertierten* sich besser mit geschlossenen Augen etwas vorstellen können, denn die offenen Augen neigen dazu, Instrumente ihrer nach aussen gerichteten Interessen zu sein. Deshalb sind sie mit geschlossenen Augen sozusagen gezwungen, sich nach innen zu richten. Im Gegensatz dazu haben die *Introvertierten* mehr Schwierigkeiten bei geschlossenen Augen, da ihr Interesse schon nach innen gerichtet ist, so dass alle möglichen anderen Bilder oder Prozesse das Interesse an den Zahlen verdrängen. Die Augen offen zu halten verringert jedoch in gewissem Mass die Aufmerksamkeit, die auf die innere Welt gerichtet ist.

Wie Jung aufgezeigt hat, kann jemand sowohl introvertiert als auch extravertiert sein, je nach den verschiedenen Ebenen seiner seelischen Funktionen; zum Beispiel introvertiert in der Gefühlsfunktion, aber extravertiert in der Denkfunktion und so weiter. Bei dieser Übung geht es vor allem um die Ebene der Sinnesempfindungen, denn sie ist mit der Wahrnehmung verbunden; daher gilt das Gesagte besonders für Extra- oder Introvertierte auf der Ebene der Sinnesempfindung.

Was die Schnelligkeit im Gegensatz zur Beständigkeit des vorgestellten Bildes angeht, können wir auch daraus bestimmte diagnostische Schlüsse ziehen, besonders in bezug auf das, was manche Psychologen das jeweilige Vorherrschen von Primär- und Sekundärfunktionen nennen. Bei denjenigen, die schnell visualisieren können, deren Vorstellungsbilder jedoch nicht bleiben, herrschen die Primärfunktionen vor. Ich verstehe übrigens unter Primärfunktion nicht den von Freud getroffenen Unterschied zwischen den Primärfunktionen des Es und den Sekundärfunktionen des Ich, sondern meine die Unterscheidung, die Otto Gross und andere Psychologen zwischen Primär- und Sekundärfunktionen vorgenommen haben. Es ist der Unterschied zwischen jemandem, der schneller aber auch oberflächlicher auf einen Reiz reagiert und einem anderen, der langsam oder anscheinend überhaupt nicht reagiert; aber der Reiz stimuliert oft einen Prozess unbewusster Aktivitäten, die später manchmal die Bewusstseinsschwelle überschreiten.

Ein anderer Aspekt, der bei dieser Übung berücksichtigt werden muss, ist der Umfang der Reichweite der Aufmerksamkeit. Das wird durch die Anzahl der Zahlen, die man gleichzeitig visualisieren kann, angezeigt. Schliesslich muss auch der Grad der Lebhaftigkeit in Betracht gezogen werden; dies entspräche der Intensität des Lichtes im Bereich unserer bewussten Aufmerksamkeit.

Der Wert dieser Übung besteht unter anderem darin, dass wir den Fortschritt messen können, der sich aus dem Training der

Vorstellungskraft ergibt. Hierbei ist Fortschritt wichtiger als die Anfangsfähigkeit, denn diese hängt grösstenteils davon ab, ob der Betreffende ein visueller Typ ist oder nicht. Das Ausmass des Fortschrittes ist nicht nur bezüglich der Vorstellungskraft selbst bedeutsam, sondern auch in Bezug auf andere Funktionen, die bei dieser Übung eine Rolle spielen, wie Konzentration, Aufmerksamkeit und Wille.

Ein weiterer Vorteil ist, dass dem Patienten seine Fortschritte gezeigt werden - eine wesentliche Bekräftigung seiner Motivation, sich noch mehr anzustrengen.

Eine *zweite Übung* bringt einen weiteren Faktor ins Spiel, den der *Farbe*. Nachdem der Patient einige Fertigkeit bei der einfacheren Übung mit den Zahlen auf der Tafel erlangt hat, bitten wir ihn, sich zweidimensionale und farbige *geometrische Formen* vorzustellen, zum Beispiel ein blaues Dreieck, einen gelben Kreis oder ein grünes Quadrat. Damit verfolgen wir zunächst einmal die Absicht, den Unterschied zwischen dem Vorstellungsvermögen bei Formen und Farben festzustellen - und wir finden tatsächlich einen Unterschied: einige können das Bild des Umrisses oder der Form halten, haben jedoch Schwierigkeiten, sich die Farbe zu vergegenwärtigen und konstant zu halten oder umgekehrt. Ohne auf die theoretische Seite dieser Erscheinung näher einzugehen - das ginge über die Absicht dieser Schrift hinaus - soll festgehalten werden, dass die Vorstellung der *Form* mehr mit der mentalen, mit der Denkfunktion verknüpft ist, und die der *Farbe* mit der emotionalen Funktion. Diese einfache Übung arbeitet also einen bedeutenden Unterschied heraus - einen, der auch in der Kunst angetroffen werden kann. Zum Beispiel legt die Toscanische Schule der Malerei die Betonung auf die Form, während die Farben nicht so ausgeprägt sind. Im Gegensatz dazu liegt die Betonung der Venezianischen Schule auf sehr starken und intensiven Farben.

Der zweite Nutzen dieser Übung besteht auf die Vorbereitung auf den Gebrauch der Symbole, also auf die Technik der Symbolverwendung. Dort werden oft komplizierten Formen und auch von Farben verwendet.

Eine *dritte Reihe von Übungen* der Visualisierung könnte man »mentale Photographie« nennen. Der Patient wird dabei gebeten, für kurze Zeit - im allgemeinen eine Minute lang - ein Bild zu betrachten, zum Beispiel eine Bildpostkarte, ein Diagramm oder mathematische oder chemische Formeln. Dann soll er die Augen schliessen und sich dieses Bild vor Augen rufen, um dann eine detaillierte und vollständige Beschreibung davon zu geben. Auch diese Technik hat mehrere Vorteile. Einmal kann sie einen numerischen Massstab darstellen für die anfängliche Fähigkeit der Visualisierung und deren fortschreitende Verbesserung, nämlich anhand der Anzahl von Details, die richtig wiedergegeben werden gegenüber der Zahl der nicht richtig beschriebenen oder - was häufig passiert - der erfundenen. Die zweite Variable ist die Länge der Darbietung, die für eine lebendige Vorstellung des Bildes notwendig ist, so dass man es später genau visualisieren kann. Eine andere Variable von eher theoretischem als therapeutischem Wert ist der Zeitraum, über den hinweg das Bild erinnert wird: man fragt den Patienten nach einer bestimmten Zeit, ob er sich noch an das Bild erinnern kann.

Abgesehen von diesen Variablen, die wir den Massstab des Fortschritts nennen könnten, hat diese Übung einen bestimmten praktischen Nutzen durch ihre Kombination mit zwei anderen Techniken: denen der Beobachtung und des Erinnerns. Es ist unnötig zu betonen, welche Bedeutung dies hat beim Erstellen eines klaren visuellen Bildes von etwas, das erinnert werden muss - besonders im Falle von komplizierten algebraischen oder chemischen Formeln. Wenn das Bild recht kompliziert ist, oder wenn die Beobachtungsfähigkeit die Konzentration und Visualisierung miteinschliesst - bei jemandem schwach ausgeprägt ist, sollte man ihn die Betrachtung eine halbe Minute lang wiederholen lassen, manchmal sogar ein drittes Mal, wieder für eine halbe Minute.

Dies ist eine wertvolle Technik für viele Patienten, die sehr geringen Kontakt mit der physischen Welt haben, denn es schult sie, die Aussenwelt oder Teile davon wahrzunehmen und bringt sie wieder mit ihr in Verbindung. Sie ist auch wertvoll für Menschen, bei denen die Sinnesfunktion nicht gut entwickelt ist und die zu sehr mit dem Verstand leben.

Eine besonders nützliche Übung dieser Art wird von Rudyard Kipling in seinem Buch »*Kim*« beschrieben: Eine Reihe verschiedener Gegenstände wird auf ein Tablett gelegt, während etwa 30 Sekunden angeschaut, dann wird das Tablett weggestellt oder zugedeckt. Der Betreffende soll nun beschreiben, was er gesehen hat. Dies ist im wesentlichen eine Beobachtungstechnik und ist als solche bekannt; sie kann aber auch als eine Technik der Visualisierung verwendet werden, wenn der Betreffende aufgefordert wird, die Augen zu schliessen und sich die Gegenstände, die er gesehen hat, bildhaft vorzustellen.

Indikationen und Anwendungsbereich

Die meisten Indikationen wurden schon im Zusammenhang mit der Nützlichkeit der Visualisierung erwähnt. Wir können ergänzen, dass es bei diesen Übungen trotz ihres eher passiven Charakters einen ständigen Energiefluss von unterschiedlicher Stärke gibt, was berücksichtigt werden muss; ebenso sollte man das allgemeine Prinzip berücksichtigen, keine Aktivität oder Funktion zu unterdrücken. Diese Übung dient dazu, Kontrolle über die imaginative Funktion zu lehren, ohne sie gewaltsam zu kontrollieren oder zu unterdrücken. Deshalb lehren wir sie, die Imagination nach Belieben zu gebrauchen und wieder abzuschalten, um ihr eine gewisse Ausdrucksfähigkeit zu geben, jedoch nur auf Wunsch und mit einem bestimmten Ziel.

Besondere Indikationen wären notwendig, wenn der Realitätssinn unzureichend oder schwach ist, ebenso wenn die Gedächtnisfunktion sozusagen unkontrolliert ist: überimaginative Menschen, bei denen der Fluss der Energien viel zu stark ist.

Grenzen und Kontraindikationen

Die Grenzen und Kontraindikationen sind nicht hervorstechend. Einmal ist es ein übertriebenes Interesse an der Technik selbst, ohne dass sie für den Zweck einer Psychosynthese eingesetzt wird. So könnten bestimmte zwanghafte Personen diese Technik dazu gebrauchen oder besser missbrauchen, um aus ihr ein Ritual zu machen, das sich weiterhin ihrer chronischen Symptomatik bedient. Auf der anderen Seite hat die Visualisierung bestimmter geometrischer Formen (die theoretisch die ritualistische Tendenz mancher extremer Zwangsneurotiker verstärken müsste) auch schon gegenteilige Effekte gehabt, da mit dieser Methode eine Sache durch eine andere ersetzt wird. Sie ersetzt ein egozentrisches Gefühl durch ein unpersönliches, objektives Ziel; sozusagen ein Fall therapeutischer Substitution. Wir müssen als Therapeut nur darauf achten, dass der Ersatz nicht zum Symptom wird.

Kombination mit anderen Techniken

Wie schon erwähnt ist diese Technik auf natürliche Weise - man kann sagen unvermeidlich - mit anderen Techniken verbunden und für sie von Nutzen, zum Beispiel den Techniken der Konzentration, des Willens, der Beobachtung und des Erinnerungsvermögens. Sie kann auch als eine Vorbereitung auf die Technik des gelenkten Tagtraums (rêve éveillé nach Robert Desoille) sowie der komplexeren Übungen in Symbolbetrachtung angesehen werden, die später beschrieben werden.

8. Techniken der auditiven Evokation (Hervorrufen von Gehörseindrücken)

Ziel

Das allgemeine Ziel auditiver Evokation ist natürlich das gleiche wie bei der Schulung der visuellen Evokation; sie hat jedoch auch spezifische Verwendungsmöglichkeiten, die unter den Indikationen aufgeführt sind. Auch bildet sie eine nützliche und manchmal notwendige Vorbereitung und Schulung für die Nutzbarmachung der Kraft des Tons und der Musik in der Technik der Musiktherapie.

Prinzip

Auch hier handelt es sich im allgemeinen um das gleiche wie bei der visuellen Evokation. Ich möchte nur hinzufügen, dass es hier eine spezifische Qualität und psychologische Wirkung gibt, die noch nicht ausreichend methodisch studiert wurde. Dies ist ein grosses Forschungsfeld, das sehr fruchtbar sein könnte.

Vorgehensweise

Es gibt zwei Hauptgruppen von »auditiven Bildern« (Hörbildern), wie wir sie nennen könnten, wenn wir dem Wort »Bild« eine über das Visuelle hinausgehende Bedeutung geben. Die erste Gruppe ist die der *Laute und Geräusche der Natur*. So kann man etwa die Instruktion geben: »Versuche, dir den Klang des Meeres vorzustellen, der Wellen, die sich an den Felsen brechen. Versuche, den ganzen Vorgang zu erleben, das Herankommen der Wellen, den Zusammenprall des Wassers mit den Felsen und dann die ganz anderen Klänge, wenn das Wasser zurückweicht.«

Ein ganz anderes Beispiel ist, sich den Klang eines Wasserfalls vorzustellen. Dies ist ein stetiges Geräusch, verglichen mit den Wellen. Eine andere Möglichkeit kann das Rauschen des Windes im Wald sein und so weiter.

Dabei stellt sich die Frage, ob jemand ein auditiver oder visueller Typ ist. Oft werden mit der auditiven Evokation spontan auch visuelle Bilder hervorgebracht - die Betreffenden sehen, wie sich die Wellen an den Felsen brechen, sie sehen den Wasserfall und so weiter. Das kann ein anderes Vorgehen notwendig machen. In manchen Fällen bitten wir den Patienten, seine visuellen Bilder so gut wie möglich auszuschalten und seine Aufmerksamkeit auf die rein auditiven Komponenten der Evokation zu konzentrieren. In anderen Fällen lassen wir es zu und schlagen vor, beide Eindrücke zu beachten und einzuschätzen, welches von beiden aktiver, welches leichter vorstellbar ist als das andere. Gewöhnlich ist das Visuelle stärker als das Auditive.

Wenn es um die Entscheidung geht, die Konzentration nur auf das Hören zu lenken und das Visuelle auszuschalten oder beides gleichzeitig zuzulassen, verwende ich in der Praxis meist beide Methoden nacheinander, denn ihr Prinzip und Ziel ist recht verschieden. Beim Ausschließen der visuellen Bilder liegt die Betonung auf der Konzentration, der Kontrolle seelischer Prozesse, auf Deutlichkeit und Aufmerksamkeit. Bei der anderen dagegen ist das Ziel eine neutrale Beobachtung dessen, was in einem vorgeht und das Feststellen der spontan auftretenden Merkmale und Prozesse der seelischen Funktionen.

Bei beiden Methoden kann die Übung für das Hervorbringen und Entwickeln des »Ich-Bewusstseins« nützlich sein, da es jeweils das wollende Selbst ist, das sich dazu entschliesst, entweder bestimmte seelische Prozesse aus dem Bereich des Bewusstseins auszuschalten, oder das den Fluss sowohl der visuellen als auch der auditiven Vorstellungen beobachtet, wie es bei der zweiten Methode der Fall ist.

Die zweite grosse Gruppe der »auditiven Bilder« sind die von Menschen hervorgebrachten Klänge, insbesondere der Musik. Hier müssen wir unterscheiden zwischen der direkten Wirkung des Klangs als solchem und dem Einfluss einer Kombination von Klängen. Die Klangkombination, die wir Musik nennen, muss daher analysiert und nach ihren verschiedenen Bestandteilen unterschieden werden. Einer ist der Rhythmus, ein zweiter die Melodie, ein dritter die Harmonie (die Akkorde) und ein vierter die Klangqualität (Klangfarbe) eines bestimmten Instruments.

Beim Hervorrufen von Klangbildern kann die Betonung auf jede der Komponenten gesondert gelegt werden. Wir können den Patienten auffordern, sich einen bestimmten Rhythmus vorzustellen, eine bestimmte Melodie zu evozieren, einen Akkord oder die besondere Klangfarbe von Geige, Klavier oder Cello. Jede dieser Möglichkeiten hat ein anderes Ziel, eine andere Wirkung und Indikation. Die Fähigkeit, sich solche Klangbilder vorzustellen, ist sehr unterschiedlich und hier ist der Typus von besonderer Bedeutung. Es gibt Menschen, die sich Klänge mit erstaunlicher Leichtigkeit vorstellen können, während es für andere sehr schwierig ist. Die individuellen Unterschiede scheinen hier grösser zu sein als bei visuellen Bildern.

Diese Technik eignet sich vor allem für jemanden, der eine musikalische Laufbahn eingeschlagen hat - für Musiker, Sänger und besonders für Komponisten, für die ein leichtes Hervorbringen von Klangbildern behilflich sein kann, sie vor dem Verlieren eines inspirierenden Motivs zu bewahren. Gleichermassen ist diese Technik für Vortragende geeignet.

Es kann hier nicht näher auf die - bewussten oder unbewussten - psychischen und psychosomatischen Wirkungen dieser Technik oder ihre Anwendung bei der Hypnose eingegangen werden. Es soll nur noch einmal die Bedeutung der Evokation einfacher Klangbilder hervorgehoben werden, vor allem um Gewandheit in dieser Technik zu erreichen und sie später in Kombination mit anderen einzusetzen.

Eine andere Übung - in der modernen Welt besonders nützlich - ist das genaue Gegenteil, nämlich das Ausschliessen von Geräuschen, besonders von Lärm, aus unserem Bewusstsein. Das ist nicht einfach, kann aber durch allmähliches systematisches Training erreicht werden. Man stelle zum Beispiel neben den Patienten eine Uhr, die laut tickt und gebe ihm die Anweisung, auf dieses Ticken ungefähr zehn oder zwanzig Sekunden zu hören und dann auf ein bestimmtes Zeichen diesen Eindruck auszuklammern und ihn im Bewusstsein durch andere Inhalte zu ersetzen. Es ist einfacher, diesen Austausch durch Inhalte aus anderen Sinnesbereichen zu erzielen, aber auch die lebhafte Vorstellung einer Melodie, von Musik, kann den Einfluss der äusseren unwichtigen Sinneswahrnehmung (das Ticken der Uhr) unterdrücken. Genauso kann man es mit Geräuschen machen, die von der Strasse durch das Fenster dringen oder mit dem Schreien eines Kindes im Nebenraum und so weiter.

Übrigens muss man sich fragen, welche Wirkung der ständig zunehmende Verkehrslärm auf unbewusster Ebene hat. Bei vielen Menschen bewirkt er mit Sicherheit Spannungen und kann ungünstige Wirkungen haben; und dennoch gibt es Tausende, denen Lärm nicht nur nichts ausmacht, sondern die ihn selber erzeugen und der Stille vorziehen. Das gilt vor allem für die jungen Menschen, die Geräusche zu geniessen scheinen, zum Beispiel das Bedürfnis nach dem Hintergrund eines laut spielenden Radios haben und davon unbeeinträchtigt zu sein scheinen, nicht einmal beim Lernen.

Eine andere Art von vorgestellten Klangbildern sind die Glokken einer Dorfkirche. Sie scheinen eine nostalgische, beruhigende und harmonisierende Wirkung zu haben, besonders für Menschen, die in der Stadt leben.

Man kann den Patienten auch auffordern, sich den Unterschied der Stimme zwischen einem Sänger und einer Sängerin vorzustellen, mehr noch, die jeweils unterschiedliche Klangqualität bei einer Sopran- und einer Altstimme oder zwischen einem Tenor und einem Bariton. Sie unterscheiden sich nicht nur in ihrer Klangqualität, sondern haben auch symbolischen Wert, da sie verschiedene psychologische Charakteristika repräsentieren. Man könnte sie tatsächlich zu der Kategorie der Visualisierung von Symbolen zählen.

Es gibt eine andere Technik, entsprechend der zuvor als »mentale Photographie« beschriebenen, die man »*auditives Registrieren*« nennen kann. Bei dieser Übung fordern wir den anderen auf, sich ein kurzes Musikstück anzuhören und dann gleich zu versuchen, es in der Vorstellung wiederzuhören. Ziel, Vorgehensweise und Wirkungen entsprechen denen der »mentalen Photographie«. Auf diese Weise ist es möglich, Gefühle, die man während des Anhörens erlebt hat, wieder hervorzurufen und erneut zu erleben.

Ein anderes Beispiel: Wir sitzen entspannt in einem Garten und lauschen dem Singen der Vögel. Wenn sie aufhören, schliessen wir die Augen und versuchen, ihren Gesang noch einmal zu hören. Ähnlich wie bei den Kirchenglocken ist diese auditive Erinnerung besonders angenehm für Menschen, die mitten in der Stadt leben. Es bringt ihnen ein Gefühl für die lebendige Natur und einen Kontakt mit ihr zurück.

Indikationen und Anwendungsbereich

Im allgemeinen gilt hier dasselbe wie für die Visualisierung; da jedoch auditive Vorstellungen eine stärkere und intensivere Wirkung auf den Gefühlszustand haben, ist die Anwendung umfassender in bezug auf die Kontrolle und das Auslösen positiver emotionaler Zustände und Gefühle.

Paradoxerweise ist diese Technik der auditiven Evokation bei zwei extremen Gruppen besonders angezeigt: bei Menschen mit mangelhafter und solchen mit übermässiger auditiver Fähigkeit. Bei ungenügender Ausprägung hilft die Technik, diese Funktion zu entwickeln, um sie in der Therapie oder auch sonst gebrauchen zu können. Im Gegensatz dazu dient sie bei hoher auditiver Sensibilität dazu, diese Funktion zu kontrollieren, ohne sie zu unterdrücken. Wie beim Visuellen kann diese Funktion nicht unterdrückt, wohl aber kontrolliert und reguliert werden durch diese aktive systematische Evokation des Willens, wobei die gewählten auditiven Evokationen die unerwünschten und manchmal nicht konstruktiven oder schädlichen auditiven Einflüsse ersetzen.

Bei bestimmten Patienten, besonders Neurotikern, gibt es einen hohen Grad von Empfindlichkeit gegenüber Geräuschen oder Lärm. Hier verwenden wir zuerst eine Übung, die sie darin trainiert, ihre Aufmerksamkeit vom Lärm abzuziehen anstatt mit Ärger darauf zu reagieren, der nur ihre Aufmerksamkeit auf den Lärm erhöht. Dann folgt die Methode der Substitution: Der Versuch, in der Vorstellung einen angenehmen Klang von Musik hervorzurufen, die an die Stelle des objektiven Lärms von aussen tritt. Entspannungsübungen sind ebenfalls hilfreich, denn auch ohne Instruktion nimmt der Patient die Geräusche während der Entspannung weniger wahr. Das ist paradox, denn in der Ruhe der Entspannung sollte er sie eigentlich noch stärker empfinden; aber die emotionale Reaktion auf Geräusche verringert sich in dem Masse, wie sich das Interesse den positiven Ergebnissen der Entspannung zuwendet.

Ich möchte betonen, dass dies keinesfalls die Notwendigkeit beseitigt, sich um die Ursachen zu kümmern, um die neurotische Motivation der Probleme, für die erhöhte auditive Sensibilität nur ein Symptom ist.

Grenzen und Kontraindikation

Es gibt eine wichtige und ernste Kontraindikation: Diese Technik darf nicht angewendet werden, wenn der Patient innere Stimmen hört, wenn also abgespaltene Teile seiner Persönlichkeit oder unbewusste Teilpersönlichkeiten so autonom werden, dass sie zum Patienten »sprechen«, der sie irrtümlich für einen äusseren Einfluss hält. In solchen Fällen sollte die Aufmerksamkeit des Patienten von allen Arten des nach innen Hörens oder auditiver Evokation abgelenkt werden, ja sogar von nach aussen gerichtetem Hören. Seine Aufmerksamkeit sollte durch die anderen Sinne auf die äussere Welt gelenkt werden, besonders durch visuelle Wahrnehmung in Verbindung mit Berührung, Geschmack und Geruch.

Eine Begrenzung durch die Technik selbst ist die häufige Unfähigkeit zu auditiver Evokation. Es fällt dann schwer, diese Übung durchzuführen, auch wenn sie besonders indiziert wäre. Obwohl das ideale Ziel der Psychosynthese die volle Entwicklung jeder Funktion ist, wäre dies in vielen Fällen unrealistisch und sollte nicht zum Hauptziel werden. Man kann »da sein«, kann fühlen und kreativ leben, obwohl einige Funktionen mangelhaft entwickelt sind, zum Beispiel die auditive Funktion.

Kombination mit anderen Techniken

Diese Technik kann, wie auch die Visualisierung, mit der Schulung des Willens, der Aufmerksamkeit, der Konzentration, der Beobachtung und so weiter verbunden werden. Sie kann ein besonders wirksames Element beim Gebrauch von Symbolen sein, ebenso beim »Idealmodell« der Persönlichkeit, einer integrierten, einheitlichen Persönlichkeit, die wir später erörtern werden.

9. Techniken der imaginativen Evokation anderer Sinne

Es gibt vier weitere Arten der Sinneswahrnehmung, die imaginativ hervorgerufen werden können: taktile (Tastsinn), olfaktorische (Geruchssinn), geschmackliche und kinästhetische (Muskel- bezw. Bewegungssinn). Der Einfachheit und Kürze wegen werden die vier Arten gleichzeitig behandelt, denn unsere allgemeinen Beobachtungen gelten für sie alle; es folgen besondere Kommentare zu jeder einzelnen.

Ziel

Das allgemeine Ziel ist dasselbe wie das der Visualisierung, mit der spezifischen Indikation, dass kinästhetische Evokation eine nützliche Vorbereitung ist für alle physischen Übungen im Zusammenhang mit Bio-Psychosynthese (Körpertherapie). Besonders Muskelempfindungen, das Gefühl der Entspannung oder Spannung der Muskeln ist wichtig für ein erfolgreiches Durchführen der Entspannungsübungen und um Muskelgeschicklichkeit zu erlangen. Geruchsevokationen (zum Beispiel das sich Vergegenwärtigen eines Parfüms) sind nützliche Vorbereitungen für einige der späteren Symbolübungen. Im Gegensatz dazu haben Geschmacks- und taktile Evokationen keinen anderen Zweck als das blosse technische Training von Aufmerksamkeit, Beobachtung und so weiter, wie bei den allgemeinen Zielen der Visualisierung.

Prinzip

Im grossen und ganzen liegen die gleichen Prinzipien wie bei der Visualisierung zugrunde. Man kann hinzufügen, dass ein Kombinieren visueller Evokation mit Empfindungen der übrigen Sinne die gewünschte Wirkung verstärkt. So ist die Übung, jede Sinneswahrnehmung einzeln hervorzurufen, nur vorbereitend für ein späteres Kombinieren in den Übungen.

Die Hinzunahme von kinästhetischen, geschmacklichen und Geruchsempfindungen ist dazu angetan, einer visuellen oder auditiven Vorstellung erhöhte Lebendigkeit zu verleihen. Auch zeigt das Ausmass, in dem solche Empfindungen während der Visualisierung einer Szene oder eines Bildes spontan auftauchen, den Wirklichkeitscharakter dieser Erfahrung an. Bei Übungen der symbolischen Visualisierung befähigt uns das, abzuschätzen, bis zu welchem Grad der Patient tatsächlich die Szenen erlebt, die er visualisiert, oder ob er die Übungen nur oberflächlich durchlebt.

Vorgehensweise

Auch die Vorgehensweise gleicht derjenigen, die für visuelle und auditive Evokationen verwendet wird. Im allgemeinen sind die taktilen, geschmacklichen, olfaktorischen und kinästhetischen Vorstellungen jedoch schwächer, und ihr Hervorbringen kann erleichtert werden, indem man den Patienten diesen Sinneseindruck erfahren lässt und er unmittelbar darauf versucht, ihn in der Vorstellung hervorzurufen - genau wie bei der mentalen Photographie. Zum Beispiel:

Für *taktile Empfindungen* fordert man den Patienten auf, die Hand über ein kaltes Glas oder über ein Fell zu führen, oder den Rükken einer Katze zu streicheln und danach zu versuchen, es in der Vorstellung wiederholte Male zu tun, bis die Fähigkeit der taktilen Empfindung entwickelt ist.

Bei *Geschmacksempfindungen* haben Menschen, deren Aufmerksamkeit sehr auf Essen und Trinken gerichtet ist, keine Schwierigkeiten, entsprechende sensorische Bilder hervorzurufen. Sonst geben wir ein kaltes Getränk mit einem markanten Geschmack oder heissen Tee oder Kaffee. Hier gibt es, wie beim taktilen Experiment, eine Verknüpfung zwischen geschmacklichen und Temperaturempfindungen.

Ähnlich für die *Geruchsempfindungen*: wir lassen an einem Parfüm riechen, oder besser noch einen natürlichen Duft, wie den einer Rose oder einer anderen Blume. Dann nehmen wir den Reiz weg und fordern den Patienten auf, diesen Prozess in der Vorstellung zu wiederholen und sich die besondere Geruchsqualität so lebhaft wie möglich vorzustellen.

Kinästhetische Empfindungen, die konstruktiv angewendet werden können, sind diejenigen aktiver Art, d.h. mit Wissen um die richtige Muskelspannung. Diese darf weder zu stark noch zu schwach sein. Für jede Handlung gibt es eine richtige und harmonische Spannung der Muskeln, die ein allgemeines subjektives Gefühl der Harmonie und der Bereitschaft, diese Handlung durchzuführen, vermittelt. Sie wird wahrscheinlich unbewusst von allen Athleten und Sportlern erzielt, wenn sie jedoch bewusst gemacht wird, ist sie wirkungsvoller. Es gibt eine Art »muskulärer Antizipation« oder die Vorstellung der kinästhetischen Empfindungen, die eine bestimmte Handlung begleiten.

Auch eine sogenannte »negative« kinästhetische Empfindung kann nützlich sein als Übung der Entspannung, bei der man nutzbringend die Empfindungen des Gehenlassens von muskulärer und nervöser Spannung hervorrufen kann.

Indikationen und Anwendungsbereich

Die allgemeine Indikation und nützlichste Verwendung findet diese Technik bei Menschen, die sich ihres Körpers nur unzureichend bewusst sind, zum Beispiel ganz auf ihr Gefühlsleben konzentriert sind oder - wie manche Intellektuelle - auf ihre Verstandesaktivitäten, und dabei das Gefühl für den Wert oder sogar für die Wirklichkeit des physischen Körpers verlieren.

Anderseits eignet sie sich auch für solche, die eine ablehnende oder verurteilende Haltung ihrem Körper gegenüber einnehmen - bei bestimmten Neurosen ein bekanntes Phänomen.

Der Wert des Wiederherstellens eines Körperbewusstseins mit Hilfe dieser Techniken der imaginativen Evokation liegt darin, dass es sozusagen »von oben her« geschieht, durch das persönliche Selbst, das überlegt und aktiv die Kontrolle der physischen Ausdrucksmöglichkeiten übernimmt. Es bedeutet nicht, zum Gefangenen des Körpers zu werden und die Aufmerksamkeit gegen den eigenen Willen auf den Körper zu lenken. Im Gegenteil: es ist der persönliche Wille, der zuerst auf die Ausdrucksmittel des physischen Körpers achtet und diese dann kontrolliert.

Eine andere nützliche Übung in taktilem Empfinden ist das Fühlen von Druck. Wir fordern den Patienten auf, sich des Drucks bewusst zu werden, den das Armband seiner Uhr verursacht, und in der Vorstellung zu versuchen, dieser Empfindung um das ganze Handgelenk zu folgen. In vielen Fällen wird diese Übung als sehr schwierig empfunden, da man vielleicht einen gewissen Druck an einer Stelle des Handgelenks spürt, aber nur sehr wenig an anderen Punkten. Meistens ist das Wissen um Muskelverspannung ein nützlicher Schutz gegen Anspannung, die sich oft während der Arbeit oder anderen Tätigkeiten einstellt. Untersuchungen haben gezeigt, dass ein bestimmtes Mass an Spannung bei geistiger Arbeit wertvoll ist. Aber zu viel Spannung verbraucht unnötig Energie und kann zu Kopfschmerzen oder sogar Muskelkrämpfen führen.

Aus diesem Grund ist es für geistig Arbeitende nützlich, jede Stunde eine kurze Entspannung einzulegen, zwar kurz, damit die notwendige und angemessene geistige Spannung nicht verloren geht und der Körper dennoch von übermässiger Spannung befreit wird. Die Art der Entspannung hängt von der jeweiligen körperlichen Verfassung ab: ist man sehr müde, legt man sich hin, wenn nicht, steht man auf und geht herum. Beides sollte mit tiefer Atmung geschehen. Die Entspannung sollte jedoch nicht länger als fünf Minuten dauern. Sie bildet eine nützliche Unterbrechung, die dazu verhilft, einen bei der Arbeit zu halten; man kommt sozusagen wieder »zu Atem«: Wer angespannt ist, entspannt sich, wer träge wurde, wird zu mehr Aktivität angeregt.

Ein Gefühl für Muskelspannung zu entwickeln, ist vor allem für solche Menschen nützlich, die chronisch angespannt, sich dessen aber nicht bewusst sind. Deshalb ist es eine ausgezeichnete Vorbereitung und ein Anreiz für Entspannungsübungen, den Patienten zunächst einmal auf jene Teile seines Körpers aufmerksam zu machen, die zu stark angespannt sind. Viele Neurotiker sind sich nicht bewusst, dass sie angespannt sind und streiten es oft überhaupt ab. Deshalb sollte der Therapeut den Patienten während der Sitzung genau beobachten. Bemerkt er Spannungen, unterbricht er den Patienten und frägt, ob er sich angespannt fühlt. Wenn er es verneint, bitten wir ihn, seine Aufmerksamkeit behutsam auf Teile seines Körpers zu lenken, die wir als verspannt wahrgenommen haben. Dadurch kann er sich bewusst werden, was sich auf der Muskelebene abspielt.

Eine andere Möglichkeit, dem Patienten seine Spannungen bewusst zu machen, geschieht bei liegender Haltung. Man fordert ihn auf, sich auf eine Couch zu legen, ohne das Einnehmen einer entspannten Haltung zu betonen. Wenn er einige Minuten gelegen hat, fasst man sein Handgelenk, hebt den Arm an und lässt ihn dann ohne Ankündigung fallen. Gewöhnlich fällt er nicht frei, wie ein Gewicht, sondern mehr oder weniger langsam. Dann kann man erklären: »Wie Sie sehen, sind Sie nicht entspannt. Wenn Sie es wären, würde Ihr Arm durch sein Eigengewicht frei fallen, tatsächlich hat ihn jedoch eine Muskelverspannung davon abgehalten.« Das dient als Einleitung zu einer Entspannungsübung. Am Ende dieser Übung wiederholt man das Armheben, und diesmal fällt er gewöhnlich wie ein Gewicht nach unten. Geschieht dies nicht, ist dies ein Zeichen, dass dem Patienten die Entspannung nicht oder nur teilweise gelungen ist.

Das eben erwähnte Hervorrufen von taktilen Empfindungen durch Streicheln eines Fells ist von besonderem Nutzen, denn die taktilen Empfindungen von Fell sind - zumindest auf einer unbewussten Ebene - eng mit Gefühlen der Wärme und des engen Kontakts verbunden, die wir in früher Kindheit empfangen haben oder haben sollten. Aus diesem Gefühl der Wärme und Nähe beziehen wir unsere grundlegende Sicherheit. Klopfer hat sehr einfallsreich einige der Interpretationen der Rorschachtafeln aus diesem Grundkonzept bezogen und betrachtet Reaktionen auf Hell-Dunkel (Textur) als bezeichnend für die Art, wie jemand auf nahen Kontakt reagiert: ob und inwieweit seine Beziehungsangst sich löste oder ungelöst blieb, verdrängt oder verleugnet wurde. Deshalb ist es sehr interessant und aufschlussreich, einen Patienten aufzufordern, seine subjektiven Reaktionen zu schildern, während er ein Stück Fell streichelt oder dabei frei zu assoziieren. Bedeutsam ist auch, ob der Patient auf diese Nähe des Kontakts unbefangen eingeht, sich dem überlässt oder sich dagegen auflehnt, sie zu vermeiden oder zu verneinen sucht oder dadurch beunruhigt wird.

Grenzen und Kontraindikationen

Es gibt eine klare Kontraindikation, die in Betracht gezogen werden sollte. Sie betrifft all jene, die dazu neigen, ihren körperlichen Empfindungen übermässige Aufmerksamkeit zu schenken und sie als interessant oder wichtig anzusehen. Diese würden in derselben Weise auf ihre imaginativen Evokationen reagieren, was in ausgeprägter Form bei hypochondrischen Menschen der Fall ist. Aber sind wir nicht alle Hypochonder, indem wir körperlichen Empfindungen zu viel Aufmerksamkeit schenken?

Die selbe Kontraindikation gilt übrigens für das Autogene Training von Schultz. Es tendiert dazu, physische Empfindungen zu sehr zu betonen und kann dann sogar schädlich werden.

Deshalb sollte man sich sowohl die begrenzten Einsatzmöglichkeiten dieser Techniken klar vor Augen halten als auch, dass das Selbst die Kraft hat, willentlich Vorstellungen von Empfindungen jeder Art hervorzurufen oder aufzulösen. Dann ist ihr Einsatz konstruktiv; er sollte aber zeitlich begrenzt sein, denn es sind doch sekundäre Techniken, den eigentlichen Psychosynthese-Übungen untergeordnet. Sie sind zwar für sie nützlich, für sich allein genommen jedoch ohne wirklichen Wert.

Ich möchte erneut den Wert der negativen Aspekte dieser Übung betonen, das heisst der Fähigkeit, willentlich Empfindungen auszuschalten. Diese Technik kann jedoch folgendermassen noch vertieft werden: Stell dir eine kinästhetische oder andere

Empfindung fünf Sekunden lang vor, schalte sie dann fünf Sekunden lang aus dem Bewusstsein aus; rufe diese Vorstellung wieder zurück, schliesse sie erneut vom Bewusstsein aus und wiederhole diesen Vorgang drei oder viermal. Durch Experimentieren kann man die richtige Zeit für jeden einzelnen Vorgang herausfinden. So mag jemand einen langsameren Rhythmus brauchen, vielleicht zehn statt fünf Sekunden. Der Wert dieser Übung liegt in der Entwicklung der Fähigkeit, willentlich jeden Bewusstseinsinhalt hervorzubringen oder auszuschalten.

Ich möchte vorschlagen, dass Therapeuten mit diesen Techniken selbst experimentieren. Es wird ihnen nützliche Erfahrung im Umgang mit den Patienten bringen, denn wir können keine wirklichen Therapeuten sein, wenn wir nicht mit jeder einzelnen Psychosynthese-Übung Erfahrungen gesammelt haben. Ideal wäre es, sich einer Lehr-Psychosynthese zu unterziehen; ist das jedoch aus praktischen Gründen nicht möglich, sollte ein Therapeut ernsthafte Anstrengungen mit einer Selbst-Psychosynthese machen. Ein Schritt in diese Richtung wäre, Übungen oder Techniken, die wir den Patienten durchzuführen bitten, entweder vorher oder zusammen mit ihm auszuführen. Dieses Vorgehen hat mehrere Vorteile. Die Tatsache, dass der Therapeut die Übung durchführt, mag für den Patienten anregend und hilfreich sein, sei es auf suggestive, direkte »osmotische« oder »telepathische« Weise.

Kombination mit anderen Techniken

Die natürlichste und nützlichste Kombination ist die mit der Technik der Bio-Psychosynthese (Körperarbeit), die alle aktiven Körper-Techniken einschliesst. Eine andere hilfreiche Kombination ist der Gebrauch von Symbolen. Die Verbindung des Evozierens mehrerer Empfindungen der verschiedenen Sinne erhöht unmittelbar die dynamische Wirkung des verwendeten Symbols. Allgemeinere Verbindungen wurden schon erwähnt: mit Konzentration, mit Bewusstheit des Selbst als einer richtunggebenden und wollenden Instanz und natürlich die direkte Beziehung dieser evokativen Technik zum »Autogenen Training« von Schultz.

10. Plan der Psychosynthese

Nach der Einschätzung der bewussten Aspekte der Persönlichkeit und der Erforschung des Unbewussten - in jedem Fall nach dem Einsatz einiger Techniken zur Vorbereitung, wie der Schulung des Willens und der Übungen in Selbstidentifikation und in Visualisierung - ist der richtige Moment gekommen für ein genaues Planen des Ablaufs der Psychosynthese. Zuerst muss der Therapeut diesen Plan überlegen und organisieren. Dann muss er entscheiden, wieviel dem Patienten zum gegebenen Zeitpunkt vermittelt werden kann. Das wird sehr unterschiedlich sein, je nach Herkunft des Patienten, seinem Befinden und den Schwierigkeiten, unter denen er leidet. Deshalb gibt es keine feste Regel für den Ablauf, ausser dass dem Patienten das *Ziel* klar mitgeteilt wird. Es ist gut, dass er so früh wie möglich ein klares Bild seiner selbst bekommt, wie er sein kann und vielleicht einmal sein wird, wenn die Psychosynthese erreicht wurde, mit anderen Worten, er sich dem »Idealbild«, wie ich es nenne, allmählich angleicht.

Wir wollen zuerst den Plan aufgreifen, *den der Therapeut für sich selbst ausarbeitet.* Es ist die Anwendung des allgemeinen Musters einer Psychosynthese-Behandlung auf den spezifischen Fall; nicht nur entsprechend der Diagnose des Patienten, seiner intellektuellen und Bildungsebene, sondern auch unter Berücksichtigung anderer Faktoren, die nichts mit rein medizinischen, psychologischen und wissenschaftlichen Aspekten der Behandlung zu tun haben, wie etwa dem Bestimmen des Zeitraums, der Therapie, der Häufigkeit der Sitzungen und den familiären Hintergründen des Patienten. Auch wenn diese Faktoren ausserhalb der Struktur der Psychosynthese liegen, so drängen sie sich in der Realität in manchmal störender Weise doch auf und müssen beim Planen berücksichtigt werden. Eine vom wissenschaftlichen und idealen therapeutischen Standpunkt aus vollständige Psychosynthese ist wegen der erwähnten persönlichen Begrenzungen sehr selten zu erreichen. Deshalb sollte der Plan den Umstände angepasst werden, und eine der Aufgaben des Therapeuten ist zu erkennen, was für eine angemessene Behandlung des Patienten wesentlich ist, welche Techniken dafür notwendig sind und welche ohne Nachteile weggelassen werden können.

Einer der praktischen Aspekte beim Erstellen eines Plans und bei der Festsetzung der Ziele, die vom Patienten im Verlauf der Therapie erreicht werden sollten, besteht in der Fähigkeit des Patienten, Nutzen aus der Therapie zu ziehen. In dieser Hinsicht unterscheiden sich Patienten sehr stark in ihren intellektuellen und emotionalen Reaktionen, die mitberücksichtigt werden müssen.

Hinsichtlich der praktischen Begrenzungen sollte man überlegen, welche Techniken dem Patienten vermittelt werden könnten, so dass er, wenn die Sitzungen aus finanziellen oder sonstigen Gründen beendet werden müssen, selbst weitermachen kann. Die Technik muss gefahrlos sein, wenn sie alleine angewendet wird, und der Patient muss eine Stufe der Entwicklung erreicht haben, die ihm ermöglicht, solche Techniken ohne Schaden für sich oder andere einzusetzen.

Ich möchte betonen, dass es ein Grundprinzip der Psychosynthese ist, den Patienten Techniken zu lehren, ihn anzuregen und zu ermutigen, sie so früh und so oft wie möglich anzuwenden. Ich halte die Psychosynthese-Behandlung für eine Therapieform, die über ihre unmittelbar therapeutische Nützlichkeit hinausgeht und dem Patienten ein dynamisches Konzept des seelischen Lebens mit seinen unbegrenzten Möglichkeiten der Entwicklung und Selbstverwirklichung, aufzeigt. Deshalb können wir am Ende der Behandlung dem Patienten sagen: »Sie haben die Nützlichkeit der Psychosynthese erfahren. Fahren Sie also fort und praktizieren Sie sie ständig, um ein Wiederauftauchen Ihrer Schwierigkeiten zu verhindern. Jedoch auch deswegen, weil Ihr Leben dadurch voller und reicher wird und zu einer fortschreitenden Selbstverwirklichung führt.«

Nachdem der Therapeut einen Entwurf des Behandlungsplans aufgestellt hat, kommt der zweite Teil: *wann er den Plan dem Patienten vorstellen wird und wieviel davon.* Der Vorteil einer möglichst frühen Darbietung liegt darin, dass er sich ein klares Bild von der Therapie machen kann und er auf die Anwendung der Technik des »Idealbildes« vorbereitet wird. Man soll dem Patienten kein zu umfangreiches Programm vorlegen, denn das könnte entmutigend wirken. Hier kann keine allgemeine Regel aufgestellt werden, der Therapeut muss abwägen, wieviel der Patient aufnehmen kann, um dem Plan gegenüber noch eine positive Haltung zu behalten.

Weiter soll der Plan eindeutig und gleichzeitig flexibel sein, denn man kann sich in jeder Hinsicht irren. Ich rate deshalb, ihn so klar wie möglich zu machen wegen der Dynamik und der suggestiven oder kreativen Wirkung, die ein klares Bild ausüben wird. Man sollte jedoch ebenso bereit sein, ihn jederzeit zu verändern; wenn ein guter und ausreichender Grund vorhanden ist, sogar mehrfach. Auch sollte der Plan selber dynamisch sein, der Therapeut eine klare Vorstellung des Zieles haben, auch von den Teilplänen der verschiedenen Zwischenstufen, die umgeformt und modifiziert werden können, je nach den neuen Erkenntnissen, die sich durch die Dynamik der Behandlung ergeben.

11. Technik des Idealbildes

Ziel

In dieser Technik wird die formende, kreative und dynamische Kraft von Bildern verwendet, besonders von visuellen Bildern, mit denen wir uns im Abschnitt über »Visualisierung« beschäftigt haben. Hier wird der kreative Aspekt der Vorstellungskraft betont, in dem Sinne, dass Imagination auf mentaler und emotionaler Ebene etwas hervorbringt, worauf dann das, was man sich vorgestellt und visualisiert hat, nach aussen hin ausgedrückt wird.

In der Therapie ist es ein Prozess, in dem ein realistisches, erreichbares »Modell« an die Stelle von anderen tritt, die nicht diese Eigenschaften haben. Wir müssen uns darüber klar werden, dass jeder von uns verschiedene Bilder seines Ichs oder seiner Persönlichkeit in sich trägt. Solche Vorstellungen sind nicht nur unterschiedlich nach Art, Ursprung und Lebhaftigkeit, sondern sie stehen auch in ständigem Konflikt miteinander.

Bevor wir uns mit dem Idealbild beschäftigen, dem Bild von dem, was man werden kann, also dem eigentlichen Ziel dieser Technik, könnten wir die Vielfalt der Bilder, die unsere Erkenntnis über unseren ausgenblicklichen realen Zustand verhindern oder verschleiern, wie folgt einteilen:

1. *Was wir zu sein glauben.* Diese Vorstellungen können in zwei Klassen eingeteilt werden: solche, in denen wir uns über- beziehungsweise unterschätzen.

2. *Was wir gerne wären.* Hierzu gehören alle idealisierten, unerreichbaren Vorstellungen die sehr gut von Karen Horney beschrieben wurden.

3. *Was wir andere gerne glauben machen, dass wir sind.* Es gibt hier verschiedene Bilder für jede unserer wichtigen Beziehungen.

Auf den ersten Blick scheinen das alle Arten von Selbstbildern zu sein, aber es gibt drei weitere Gruppen, die wichtig und manchmal übermächtig sind:

4. Die Bilder und Vorstellungen, die *andere auf uns projizieren*, das heisst die Vorstellungen dessen, was andere glauben, dass wir sind.

5. Vorstellungen oder Bilder, die sich andere davon machen, *wie sie gerne möchten, dass wir sind.*

6. Bilder, *die andere in uns hervorrufen*, d.h. Bilder von uns, die von anderen evoziert wurden.

Ich möchte den letzten Punkt erklären, da er etwas unklar ist. Bei der vierten und fünften Gruppe handelt es sich um jene Bilder, die auf uns projiziert werden, deren sozusagen »fremden« Ursprung wir jedoch erkennen, die wir nicht akzeptieren und manchmal sehr übelnehmen. Dagegen handelt es sich bei der sechsten Gruppe um Vorstellungen, die wir akzeptieren und die deshalb äusserst schädlich sein können.

7. Schliesslich gibt es *das Bild von dem, was wir werden können.* Dies bildet das Ziel der Technik.

Bevor wir mit dem Patienten an einem Idealbild arbeiten, müssen wir ihm zuerst alle Vorstellungen bewusst machen, die miteinander in Konflikt stehen und von denen einige weitgehend unbewusst sind. Das weist auf einen wichtigen Aspekt der Analyse hin: nicht so sehr nach Traumata oder kleinen Begebenheiten in der Vergangenheit zu suchen, sondern nach der dramatischen Situation der Gegenwart.

Es ist die gegenwärtige existentielle Situation des Patienten, der diese widerstreitenden Subpersönlichkeiten, Modelle und Idealvorstellungen in sich hat und nicht weiss, wie er mit ihnen umgehen soll. Eine Betrachtung der verschiedenen vorhandenen und miteinander in Konflikt stehenden Modelle (einige Psychologen nennen sie »Selbstbilder« oder »Selbstkonzepte«) kann ein reicher und sehr wertvoller Teil der therapeutischen Arbeit sein.

Prinzip

Der Hauptpunkt des zugrundeliegenden Prinzips wurde schon bei der Diskussion der Imaginationstechnik erwähnt, nämlich die Anwendung und der Nutzen des psychologischen Gesetzes, dass jedes Bild ein vorwärtsdrängendes Element hat, das zur Umsetzung in Handlung tendiert. Dieses Gesetz wurde von einem Pionier der modernen Psychologie, Theodule Ribot, Anfang des Jahrhunderts formuliert.

Zuerst muss das Vorbild statisch sein und sich dann »in Bewegung manifestieren«. Die Stadien sind: erstens die *Idee*, die, wenn sie als wünschenswert angesehen wird, zweitens zum *Ideal* wird und drittens als *Form* und viertens als *Funktion* Ausdruck findet, wenn sie eifrig verfolgt wird. Diese Definition kann die semantische Verwirrung beseitigen, die bezüglich des Wortes »Ideal« entstanden ist. Der häufige falsche Beiklang von Undurchführbarkeit oder Unwirklichkeit sollte einen nicht davon abhalten, die Bezeichnung »Ideal« zu verwenden, wenn wir vom »Idealbild« sprechen.

Diese Stadien von Idee - Ideal - Form - Funktion können mit wissenschaftlichen oder industriellen Plänen verglichen werden, die der Herstellung funktionierender Modelle vorausgehen; Ähnlichkeit besteht auch zur Feldtheorie der Gestaltpsychologie.

Vorgehensweise

Es gibt nicht nur ein Idealbild, sondern mehrere mit verschiedenen Kennzeichen, wie man bei ihrer Beschreibung feststellen wird. Es gibt eines, das unbewusst von den meisten Menschen ständig benutzt wird, ein äusseres oder indirektes Bild. Es ist die unbewusste oder bewusste Nachahmung eines menschlichen Vorbildes - jemand, der repräsentiert, was als wünschenswert gilt, Bewunderung weckt oder ein Ideal darstellt. Das gehört zum Bereich der »Heldenverehrung«, denn Verehrung oder Bewunderung rufen spontan und natürlicherweise den Impuls zur Nachahmung hervor. Über den Wert und die Wirksamkeit dieser Technik hat sich Thomas Carlyle überzeugend in seinem Buch *Über Helden und Heldenverehrung* geäussert. Hierher gehören auch Plutarchs *Biographien* (Vitae), eine Sammlung von Helden-Bildern und *Repräsentative Menschen* von Ralph Waldo Emerson. Heldenverehrung, in der Vergangenheit häufig, wurde bedauerlicherweise in der heutigen Zeit durch »Idol-Verehrung« ersetzt - als »Idol« bezeichnen wir unbedeutendere Vorbilder, wie die von Filmstars oder Sportlern, erfolgreichen Geschäftsleuten (ganz unabhängig von ihrem Charakter und ihrer moralischen Grösse) und so weiter.

Manchmal ist das äussere Modell weniger ehrgeizig und unrealistisch, ein Mensch, den wir bewundern und dem wir deshalb gerne gleichen möchten. Vielleicht waren solche Fälle in der Vergangenheit häufiger als heute: eine Person der eigenen Familie, wie zum Beispiel Vater, Mutter oder ein anderer nahestehender Erwachsener, nicht selten auch der Lehrer. In der Therapie kann der Einfluss des Therapeuten als dynamisches ideales Vorbild sowohl konstruktiv als auch destruktiv in der therapeutischen Beziehung eingesetzt werden.

Um diese Technik einzusetzen, muss man zunächst unrealistische und unwürdige Vorbilder aufgeben. Aber auch wenn ein Vorbild gut und nützlich ist, gibt es zwei Gefahren, die vermieden werden müssen, damit sein Einfluss wirklich konstruktiv sein kann. Es sollte keine passive oder zu starke Nachahmung sein, denn niemand sollte genau wie ein anderer werden. Einige der hervorragenden Eigenschaften des Vorbildes können introjiziert werden, aber nicht die gesamten Persönlichkeitsmerkmale.

Die zweite Gefahr, die vermieden werden sollte, ist die persönliche Bindung an den Menschen, der das Vorbild darstellt. Es sollte ein Vorbild sein und keine lebendige Person, eine Idee oder ein Bild, die introjiziert werden, und nicht persönliche Zuneigung zu demjenigen, der zu diesem Vorbild inspiriert hat. Am Anfang sind diese beiden durchaus zu Recht verbunden, allmählich aber sollte der Prozess des Introjizierens stattfinden, damit die affektiven Bande zu der Person gelöst werden und das Vorbild eine Dynamik bekommt, eine innere, kreative Struktur.

Wie können wir nun praktisch gesehen dem Patienten helfen, ein unrealistisches oder unwürdiges Vorbild aufzugeben?

Der erste Schritt, den man die aggressive Methode nennen könnte, ist, das unwürdige Vorbild zu entlarven: die Wirklichkeit hinter der attraktiven Maske zu zeigen, zum Beispiel bei einem bezaubernden Filmstar, indem man all die menschlichen Schwächen aufzeigt und sich dabei auf biographische Daten stützt, um das Unglück und die Frustration eines solchen Menschen zu enthüllen. Das selbe kann beim »Ideal des animalischen Mannes« geschehen, das heisst dem Mann, der sich ausschliesslich mit seinem physischen Körper identifiziert.

Der Therapeut braucht ein direktes Eingreifen und das Entlarven solcher Idole nicht zu fürchten, besonders in diesem analytischen Stadium der Behandlung, das nicht darauf ausgerichtet ist, den Patienten in eine bestimmte Richtung zu leiten, sondern darauf, ihn von Hemmnissen zu befreien, die ihn hindern, sein besseres, wahres Selbst zu werden. Wir müssen sehr vorsichtig sein, den Patienten nicht entsprechend unserem eigenen Ideal zu beeinflussen, aber jede aktive Hilfe ist wertvoll, die ihn von Begrenzungen befreit und den vielen Arten von Bildern, die ihn in Fesseln halten.

Das Entlarven des »Hollywood-Star-Ideals«, indem man mit Hilfe von objektiven biographischen Details die harten Fakten hinter der Fassade aufzeigt, ist keineswegs ein »Ratgeben«. Es ist ein aktives Eingreifen des Therapeuten, nicht ein Ratschlag im strengen Sinn des Wortes, denn es gibt nicht an, in welche Richtung der Patient jetzt gehen soll, sondern zeigt ihm unmögliche oder gefährliche Seitenpfade auf, die zu gehen er veranlasst werden könnte.

Wir kommen jetzt zum bewussten und direkten Einsatz der Technik des Idealbildes, bei der sich der Patient lebhaft vorstellt, er besitze die Eigenschaften, die er in sich entwickeln und aufbauen möchte. Es ist ein klares Bild. Gemeint ist nicht ein Modell der Vollkommenheit einer vollständigen Psychosynthese, sondern ein Modell, das den nächsten und dringlichsten Schritt darstellt: das Entwickeln bisher unentwickelter seelischer Funktionen. Dabei konzentriert man sich auf eine einzelne Eigenschaft oder eine kleine Gruppe von Eigenschaften oder Fähigkeiten, die der Patient am meisten braucht, um eine weitere Stufe seiner Psychosynthese zu erreichen und fortzusetzen. Er wird aufgefordert, sich vorzustellen, dass er diese spezifischen Eigenschaften besitzt und wie er diese seelische Funktion benutzt. Die Vorstellung sollte so lebhaft und lebendig wie möglich sein. Der Patient wird darin geschult, sich in einer bestimmten Situation zu sehen, in der er die benötigte Eigenschaft willentlich ausdrückt und in Handlung umsetzt.

Mit Hilfe des Therapeuten kann eine Art »Dramatisierung« entworfen werden, in der sich der Patient als Handelnder sicht und verschiedene Rollen spielt. Wenn zum Beispiel jede Rolle persönliche Beziehungen einschliesst, können wir dem Patienten vorschlagen, sich eine Szene vorzustellen, die jeder der Rollen, Funktionen oder Subpersönlichkeiten entspricht, in der er zum Beispiel erfolgreich und zufriedenstellend die Rolle des Sohnes, Ehemanns oder Vaters spielt oder eine berufliche oder soziale Rolle usw.

Indem er eine bestimmte Rolle spielt, bringt der Patient allein durch die Vorstellung, sie erfolgreich zu spielen, jene Fähigkeiten zur Entfaltung, die bis dahin nicht genügend entwickelt waren. Dies wird tatsächlich zu einer Psychodrama-Spieltechnik *in der Vorstellung*, und wenn sie gut durchgeführt wird, hat sie viele, wenn nicht alle Vorteile eines tatsächlichen Psychodramas, ohne dessen Schwierigkeiten bei der praktischen Durchführung.

Da es in jeder Phase der Therapie eine Reihe von Funktionen und Eigenschaften gibt, die wir für eine Weiterentwicklung auswählen können, stellt sich die Frage, *wie wir dem Patienten helfen, eine bestimmte Funktion oder Eigenschaft auszuwählen, auf die er sich konzentrieren kann.* Dies steht in Zusammenhang mit dem Stadium der Planung. Dabei einigen sich Therapeut und Patient darauf, welcher Teil des Programms zuerst in Angriff genommen wird, und das schliesst die Auswahl der Funktionen oder Eigenschaften ein, die durch die Technik des Modellentwerfens und des Darstellens entwickelt werden sollen.

Wie wird nun diese Technik dem Patienten vorgestellt? So einfach wie möglich, denn fast jeder ist in der Lage, sie zu verstehen, wenn sie in einfachen, klaren Worten dargestellt wird. Wir erklären zunächst Ziel und Prinzip der Technik. Wir versichern, dass sie sehr wirksam ist, wenn sie richtig angewendet wird und dann entwerfen wir mit dem Patienten einen Plan, das Modell.

Häufig ist es eine Zusammenarbeit, wobei der Therapeut versuchsweise die Umrisse des Modells zeichnet und fragt, ob es so akzeptabel sei. Oder er schlägt dem Patienten vor, die Skizze zu modifizieren und vor allem, sie konkreter zu vervollständigen. Der Patient beginnt dann noch in der selben Sitzung ein Modell zu entwerfen, mit der aktiven Hilfe des Therapeuten, der ihm versichert, dass er mit ihm und für ihn ebenfalls an diesem Modell baut. Wie gesagt, ist diese aktive Zusammenarbeit ermutigend und anregend, jedoch nicht beeinflussend.

Im allgemeinen ist es vorzuziehen, diese Technik mit geschlossenen Augen durchzuführen. Ich ziehe es vor, dass der Patient sitzt und nicht liegt, da dies keine analytische Technik ist, um unbewusste Elemente hervorzubringen, sondern eher eine bewusste Technik des Aufbauens von etwas, das einem zweckmässig erscheint, wobei das Ich oder Selbst die Kontrolle hat. Die Couch benütze ich nur für die analytische Arbeit und für Entspannungsübungen; die Behandlung wird durchgeführt, indem der Patient vor oder seitlich vom Therapeuten sitzt. Das schafft eine normalere Situation für zwischenmenschliche Beziehungen und ist günstig für einen schnellen Austausch zwischen Patient und Therapeut. Auch hat es den Vorteil, passive und halb traumähnliche Zustände auszuschalten und den Patienten daran zu erinnern, dass ein Tätigwerden seines bewussten Selbst, das den Willen einsetzt, gefordert ist.

Die Zeit, die dieser Übung im Verlauf einer Sitzung eingeräumt wird, hängt von der Fähigkeit des Patienten ab, ihr ungeteilte Konzentration zu schenken. Im allgemeinen liegt die Betonung auf der Lebhaftigkeit und Intensität der visuellen Evokation und nicht auf ihrer Dauer, denn ein sehr lebendiges, spontanes Bild kann eine unmittelbare Wirkung haben und prägt sich wie eine Fotographie auf dem Film sofort in die formbaren Aspekte des Unbewussten ein. Es ist eine lebendige, kurze Evokation und es ist nützlich, sie häufig zu wiederholen, das heisst wir fordern den Patienten auf, sie mindestens einmal am Tag durchzuführen und auch einige Male in jeder Sitzung. Diese Evokation einer bestimmten Form des Idealmodells sollte im Grunde während des gesamten Lebens andauern, wobei das Modell in Abständen verändert wird, um nacheinander verschiedene notwendige Funktionen zu entfalten.

Wie wird nun das gewünschte Modell in Handlung umgesetzt? Mit anderen Worten, wie können wir dem Patienten behilflich sein, Bilder in konkrete Wirklichkeit zu übersetzen, ihm helfen, das Gewünschte in verändertes Verhalten umzusetzen?

Der erste Schritt erfordert den aktiven Willen des Patienten, unterstützt durch den Therapeuten. Der Therapeut kann sagen: »Jetzt sehen Sie, dass Sie in der Vorstellung diese Rolle spielen und das Modell sein können. Das zeigt, dass der Boden bereitet ist. Jetzt gehen Sie weiter - erleben und wiedererleben Sie dies in der Vorstellung, und dann versuchen Sie, es in Wirklichkeit zu tun; Sie haben gute Aussichten auf Erfolg.« Manchmal füge ich hinzu: »Was Ihnen ausserdem noch helfen kann, ist, sich nicht so sehr um das Ergebnis zu kümmern. Versuchen Sie es einfach, machen Sie das Experiment in einer gelösten Haltung. Wenn es diesmal nicht gelingt, dann das nächste Mal.« Dieses Experimentieren kann auch modifiziert werden. Wenn der Patient zum Beispiel ein Künstler ist, vielleicht ein Musiker, können wir sagen: »Versuchen Sie einfach, Ihre Vorstellung vor einer kleinen Gruppe von Freunden aufzuführen und schauen Sie, was passiert; wenn Sie dann sehen, dass es möglich ist, wiederholen Sie die Aufführung vor einem grösseren Publikum.« Die Faktoren dieses Übersetzungsvorganges vom Modell in eine Handlung sind also ein aktiver Wille, eine experimentierende gelöste Einstellung und wenn möglich eine spielerische Haltung, so dass der Betreffende sein Hauptinteresse auf das Experiment selbst konzentrieren kann und nicht auf die praktischen Resultate.

In einem etwas fortgeschrittenen Stadium schlagen wir eine weitere Anwendung dieser Technik vor, nämlich die Technik des Vorbilds der gesamthaften, neu zur Einheit gebrachten Persönlichkeit. Das erfordert natürlich ein vorheriges Training, und da es komplexer ist, verlangt es etwas mehr Zeit für die Visualisierung. Der Patient wird aufgefordert, sich selbst als ein neues, ganzheitlich handelndes, selbstaktualisiertes Wesen zu sehen, mit dem Ziel und Lohn einer vollständigen (immer relativ gesehen) Psychosynthese. Das schliesst ein, dass er sich integriert fühlt, befreit von seinen Symptomen und den hervorstechenden Mängeln, harmonisiert in seinen verschiedenen Funktionen, wobei die verschiedenen Rollen, die er zu spielen hat, nicht miteinander in Konflikt stehen, sondern zusammenwirken in einem vielseitigen, reichen Leben.

Dies ist ein allgemeines Modell oder das Muster einer selbstaktualisierten Persönlichkeit. Jeder Patient kann es in Zusammenarbeit mit dem Therapeuten definitiver werden lassen, natürlich innerhalb der Grenzen seiner Möglichkeiten.

Indikationen und Anwendungsbereich

Indikation und Anwendung dieser Technik sind sehr umfassend. Auf allen Lebenswegen sieht man die Wichtigkeit, ja sogar die Notwendigkeit eines klaren Planes, des Vorbereitens von genauen Entwürfen und sogar von genauen Modellen dessen, was man schaffen oder aufbauen will. Die gleiche Notwendigkeit besteht für psychologische oder psychosynthetische Ziele und die gleiche Vorgehensweise kann und sollte ausgiebig angewendet werden. Auch hier zählen klares Planen und eine Struktur zu den Hauptanteilen des Erfolgs. Deshalb sollte alle erforderliche Zeit, Aufmerksamkeit und Konzentration dieser wesentlichen und oft vernachlässigten Phase der Therapie und Psychosynthese, der Erziehung und Selbstverwirklichung gewidmet werden.

Mit anderen Worten, diese Technik gilt praktisch für jede Psychosynthese und für alle Patienten, denn sie ist ein notwendiges Stadium jeden psychotherapeutischen Vorgehens.

Grenzen und Kontraindikationen

Zu der genannten »universalen« Indikation gibt es eine wichtige Kontraindikation dieser Technik, die zwar angewendet wird, jedoch nur nach oder in der letzten Phase einer anderen Technik. Bei diesen durchaus häufigen Fällen sind - mehr oder weniger bewusst - Impulse oder Haltungen vorhanden, die in direktem Gegensatz zu dem Modell oder der Struktur stehen, die visualisiert und dann verwirklicht werden sollen. Wenn also diese, »Gegenströmung« vorhanden ist, wäre es ein Fehler, zu versuchen, dem Patienten das Idealbild oder -muster aufzuzwingen, ihm sozusagen überzustülpen. Das Ergebnis wäre entweder eine Verdrängung ins Unbewusste, mit der bekannten schädlichen Wirkung oder das Hervorrufen von Opposition, die den Erfolg der Technik unmöglich erschweren würde.

Beispiele wären, wenn ein Mensch grosse Furcht vor dem Ausführen einer Handlung oder vor einer bestimmten Situation hat, etwa ein Student vor dem Examen, ein Schauspieler oder ein Sänger vor einer öffentlichen Aufführung, ein Angestellter vor einem Gespräch mit seinem Chef. In all diesen Fällen, wo die Gefühle intensiv sind, wäre es nicht möglich, sich immer wieder ein perfektes Verhalten vorzustellen und Furcht und Angst zu unterdrücken. Das gleiche gilt, wenn sich jemand das Ideal einer liebevollen Haltung gegenüber einem Menschen oder einer Gruppe vorstellt, während Feindseligkeit und Aggression gegen diese Menschen vorhanden sind. In solchen Fällen geht der Technik der Einsatz einer anderen voraus, die ebenfalls grossen Wert hat. Es ist die Technik des imaginativen Trainings und der Desensibilisierung.

Zuerst soll der Patient sich mit einigen seiner Fehler und unerwünschten Eigenschaften in der Situation vorstellen, die er fürchtet oder zu vermeiden sucht; das ist notwendig, um jene Elemente bewusst zu machen, die durchgearbeitet werden müssten, bevor die erwünschten Verhaltensmuster eingeführt und bekräftigt werden können. Der Patient soll sich also zuerst in der gegebenen Situation vorstellen, und dann, wenn spontane Gefühle der Furcht oder des Ärgers aufkommen, diese nicht bekämpfen. Das ist der wichtige Punkt: *sie nicht zu bekämpfen*, sondern zuzulassen und zu erfahren. Und das muss immer wieder getan werden, denn indem er dies tut, setzt eine spontane - nicht erzwungene - Befreiung von einer »seelischen Allergie« ein, und nach einigen Wiederholungen wird sich der Patient ohne jede Anstrengung frei von negativen Gefühlen erleben. Dann ist er in der Lage, die Technik des Idealmodells wirksam durchzuführen.

Dies bestätigt eine der wesentlichen Vorgehensweisen der allgemeinen Psychosynthese, das heisst Aufeinanderfolge und Kombination der besten Elemente psychoanalytischer Vorgehensweise und der aktiven Techniken. Bisher hat man sie leider meist getrennt übernommen.Das angeführte Beispiel zeigt, wie eine aktive Technik der Imagination und Visualisierung für analytische Zwecke eingesetzt werden kann, um Elemente ins Bewusstsein zu bringen, die bis dahin nicht völlig akzeptiert wurden und deshalb teilweise unterdrückt waren.

Die Technik der Visualisierung dient zuerst dem Entdecken dieser Impulse und Neigungen, zweitens der Katharsis und Eliminierung, und drittens hilft sie der aktiven Entwicklung der entgegengesetzten Tendenzen. Wenn wir nur mit der positiven Richtung anfingen,würden wir die Situation nichtwirklich therapeutisch angehen. Das erklärt die wichtige Lücke, die auftritt, wenn nur die positiven Aspekte des menschlichen Wesens betont werden und die negativen vergessen und vernachlässigt werden. Das rechtfertigt teilweise die Ablehnung mancher Kreise gegenüber einem oberflächlich-optimistischen Rat, der den »Seelenfrieden« herstellen soll.

Wichtig ist, dass wir in der Vorstellung mit den negativen Aspekten umgehen müssen, bevor wir uns das zunehmend erwünschte Gute wirklich aneignen können, auch wenn das erwünschte Gute uns gegenwärtig ist, bevor uns die negativen Aspekte bewusst sind. Dabei erkennen wir die Schwierigkeit, die wir mit vielen Patienten erfahren, wenn wir sie auffordern, sich im Besitz von positiven oder sogenannten »konstruktiven« Eigenschaften vorzustellen. Ein Teil von ihnen - der bessere Teil sozusagen - würde gern das Gute erreichen oder es zumindest mehr zum Ausdruck bringen, aber nachdem sie die Übung des Idealbildes ein- oder zweimal durchgeführt haben, geben sie es auf. Dies zeigt, dass in diesem Menschen bestimmte Kräfte gegen die konstruktiven Tendenzen arbeiten. Mit diesen Widerständen müssen wir umgehen lernen.

Kombination mit anderen Techniken

Eine besondere Kombination ist die mit der Planung, denn ein konkreter Plan - nicht abstraktes allgemeines Planen - schliesst einen klaren anschaulichen Entwurf dessen ein, was erreicht werden soll.

Eine andere spezielle Kombination ist die eben erwähnte mit der Technik des aktiven imaginativen Trainings. Eigentlich gibt es bei dieser Kombination zwei Phasen. In der ersten wird mit dem Patienten das Planen, in der zweiten die Visualisierung erwünschter Eigenschaften und Situationen vorgenommen. Die Visualisierung kann bestimmte Widerstände hervorrufen; aber auch ohne Widerstände kann es nützlich sein, den Patienten dazu zu veranlassen, sich in bestimmten Situationen vorzustellen, zum Beispiel zusammen mit seinen Eltern oder Kindern, dem Partner oder bei der Arbeit. Das kann bestimmte negative Reaktionen hervorrufen, auf die man zum Teil mit der Technik des imaginativen Trainings eingehen kann, bevor man wieder zur früheren Stufe, dem Modell eines erwünschten Zieles, zurückkehrt. Die Techniken sind also nicht notwendigerweise nach verschiedenen Stufen getrennt, wie etwa: Jetzt konzentriere ich mich auf Planung, jetzt auf die Visualisierung von Situationen, die vielleicht negative, vielleicht aber auch positive Reaktionen hervorbringen. Es ist eine Art fliessender Kombination aller Stufen, so dass der Patient von verschiedenen Stellen aus weitergeht. Die Bewusstheit und Klärung eines verwirklichbaren Zieles nimmt zu und er wird sich jener Aspekte seines Selbst mehr bewusst, vor denen er sich fürchtet, so dass er sie akzeptieren und besser in sich aufnehmen kann, denn ihr konstruktiver Aspekt wird ebenfalls verstärkt.

Dies ist ein spezifisches Vorgehen der Psychosynthese: ein Hin- und Herbewegen zwischen verschiedenen Stadien und die Anwendung verschiedener Techniken. Es ist eine aufgeteilte Psychotherapie oder ein teilweises Einsetzen einer Technik, und dann ein Weitergehen zu einer anderen; dann wieder zurück zu einer weiteren Stufe im Einsatz der vorherigen Technik. In dieser fliessenden Art zu arbeiten scheint auf den ersten Blick die Ordnung zu fehlen, sie gehorcht jedoch tatsächlich einer höheren Ordnung organischer Entwicklung.

Eine andere Vorgehensweise in der Psychosynthese ist, nicht nur verbales Material zu verwenden, sondern auch imaginatives, bildhaft vorgestelltes. Jeder Therapeut, der Erfahrungen mit diesem Prozess sammeln konnte, erkennt, dass er es hier mit einer sehr wirksamen Technik zu tun hat, die gerade wegen ihrer Wirksamkeit sowohl Möglichkeiten als auch Gefahren mit sich bringt und für die man besonders vorbereitet sein muss. Nur Therapeuten, die mit ihrem eigenen Unbewussten in Eintracht leben, zumindest jedoch sich relativ wohl fühlen damit, können mit ähnlichen Prozessen beim Patienten umgehen, ohne dem Geschehen eine starre Struktur aufzuzwingen.

Das führt uns wieder zu dem Punkt, der nicht genug betont werden kann: die gründliche psychosynthetische Vorbereitung des Therapeuten selbst. Was die Gefahrenpunkte angeht, so erinnere ich an die von C. G. Jung gut beschriebene Invasion des Bewussten durch starke Bilder aus dem Unbewussten, besonders der tieferen Schichten, die er »kollektives Unbewusstes« nennt, in welchem die archetypischen Bilder enthalten sind.

12. Techniken der Symbolverwendung

Ziel

Das Ziel dieser Technik ist, die starken und bei weitem noch nicht erkannten Kräfte von Symbolen in der Dynamik des Seelenlebens zu nutzen. Symbole werden ständig von jedem benutzt, aber meist unbewusst und oft in nicht konstruktiver oder sogar nachteiliger Weise. Deshalb ist eine der dringendsten Notwendigkeiten von Therapie und Erziehung das Erkennen des Wesens und der Kraft von Symbolen, das Studium der vielen Gruppen und Arten von Symbolen und ihre systematische Verwendung für die Zwecke der Therapie, der Erziehung und Selbstverwirklichung.

Abgesehen von dieser allgemeinen, man könnte fast sagen universellen Funktion der Symbole im menschlichen Leben gibt es einen spezifischen Zweck ihrer Verwendung bei der Psychosynthese, denn es gibt Symbole, die von besonders psychosynthetisch integrierendem Wert sind und deshalb direkt dem Ziel dienen, eine Psychosynthese beim Individuum wie bei einer Gruppe zu bewirken.

Prinzip

Das Prinzip der Verwendung von Symbolen basiert auf ihrem Wesen und ihren Funktionen. Wir wollen Symbole zunächst vom psychodynamischen Standpunkt aus betrachten.

Ihre ursprüngliche und grundlegende dynamische Funktion ist die des Akkumulators, und sie dienen wie bei elektrischen Akkumulatoren als Speicher und Erhalter einer dynamischen psychischen Ladung oder Kraft. Ihre zweite, besonders wichtige Funktion ist die eines Transformators psychischer Energien, und eine dritte die als Leiter oder Kanal psychischer Energien. Von einem qualitativen Standpunkt aus können Symbole als Bilder oder Zeichen vielfältiger psychischer Realitäten betrachtet werden.

Symbole als Akkumulatoren, Transformatoren und Leiter einerseits, als Integratoren psychischer Energien andererseits haben äusserst wichtige und nützliche therapeutische und erzieherische Funktionen, auch in bezug auf psychodynamische Prozesse, denn Integration ist eine Funktion von Energie, besonders die Funktion von dem, was Syntropie genannt wird, im Gegensatz zur Entropie.

Syntropie bedeutet das Erhöhen der Spannung und Kraft psychischer und auch biologischer Energie. In gewissem Sinn ist es ein vollständiges System des Sammelns, Speicherns, Transformierens und schliesslich Einsetzens von Energien. Die normale Abfolge der psychodynamischen Wirkungsweise eines Symbols ist, dass es psychische Energien anzieht und speichert, danach transformiert und sie dann für verschiedene Zwecke einsetzt, besonders für den wichtigen Zweck der Integration.

Wenn wir uns wieder dem qualitativen Wesen und dem Wert der Symbole zuwenden, sollen wir uns nun möglichst klar werden über die Beziehung, die zwischen dem Symbol und der Realität, die es repräsentiert, besteht. Diese Beziehung basiert hauptsächlich, wenn nicht sogar ausschliesslich, auf Analogie. Analogie, könnten wir sagen, ist eine wichtige psychologische Verbindung oder Beziehung zwischen äusseren und inneren Realitäten. Analogie kann missbraucht oder auf übertriebene und unrealistische Weise eingesetzt werden, und das ist oft geschehen. So war es besonders im Mittelalter, und dies hat eine Reaktion hervorgerufen, eine Entwertung und sogar eine Zurückweisung von Analogien vor allem in der Wissenschaft. Da es sich jedoch um eine normale und unvermeidliche psychische Aktivität handelt, war das Ergebnis das sprichwörtliche »Ausschütten des Kindes mit dem Bade«, der Verzicht auf einen wertvollen Erkenntnisweg.

Eine der Möglichkeiten, Analogie systematisch einzusetzen, ist der Versuch, neue und ungewöhnliche Beziehungen zu finden und Hypothesen oder Betrachtungsweisen zu entwickeln, die man vorher nicht hatte. Es ist eine Methode voll reicher Möglichkeiten für Kreativität, nicht nur im künstlerischen Sinn und von einer humanistischen Sichtweise, sondern auch vom wissenschaftlichem Standpunkt aus. Natürlich muss dem ein systematischer Einsatz analytischen Denkens folgen, um den Wert der Analogie zu prüfen. Man kann die Analogie einsetzen, um neue und frische Ansichten zu fast jedem Thema zu bekommen. Das kann systematisch durchgeführt werden, mit reichen Ergebnissen, sofern man sich nicht vom Prozess mitfortreissen lässt. Es ist mit dem Teil des kreativen Prozesses verbunden, den man das Lockerungs-Stadium nennen könnte, wenn man dem Unbewussten erlaubt, neue und kreative Beziehungen zu knüpfen. Diesem muss ein Prozess der Festigung, des Abwägens und analytischen Denkens folgen. Dies gehört in den Bereich kreativer Techniken und kann hier nicht ausführlicher behandelt werden. Um es jedoch mit anderen Worten auszudrücken: jede wissenschaftliche Hypothese und jedes wissenschaftliche Modell ist in Wirklichkeit ein Symbol, das auf einer Analogie beruht, und die besten Wissenschaftler unserer Zeit sind sich dessen wohl bewusst. Analogie ist ihrer Funktion und ihrem Wesen nach heuristisch und gibt ein relatives, nicht ein »exaktes« Bild der Wirklichkeit, das wir sowieso nie haben können.

Die mögliche und wünschenswerte Integration der verschiedenen Wissensbereiche mit Hilfe der Analogie-Methode und den Methoden der Verifikation, Systematisierung und Einverleibung des Wissens verläuft parallel zu jener zwischen Intuition und Intellekt. Tatsächlich ist Intuition unter anderem ein Organ für das Entdecken von Analogien.

Die Wirkung und Unvermeidlichkeit - wenn man ein solches Wort verwenden kann - von Symbolen kommt dann lebhaft zu Bewusstsein, wenn man unmittelbar erkennt, dass *alle Worte Symbole sind.* Sie sind sozusagen stenographische, verdichtete Symbole. Dies wird besonders klar am Beispiel zweier Begriffe, die in Psychologie und Religion häufig verwendet werden: »Anima« und »Spirit«. »Anima« kommt vom griechischen »anemos«, das Wind bedeutet. Es ist interessant, dass »Spirit« dieselbe symbolische Bedeutung hat; es kommt vom lateinischen »spiritus«, das »Atem« oder »Wind« bedeutet.

Ein Teil des Prinzips der Symbolverwendung ist, die Symbole wiederzubeleben, die dynamischen Möglichkeiten von Worten und Bildern zu erkennen, die normalerweise in ihrer oberflächlichen Bedeutung verstanden werden, anstatt die dahinter verborgenen Wirklichkeiten zu erfassen. Das universale Prinzip von Symbolen wurde von Goethe in seiner berühmten Verszeile am Ende des »Faust« zusammengefasst:

Alles Vergängliche ist nur ein Gleichnis.

Ein anderer Aspekt des Prinzips der Symbolverwendung ist ihre Wirkung auf das Unbewusste. Symbole können visualisiert werden, und das setzt unbewusste seelische Prozesse in Gang. Dies ist ein wirksames Mittel für die Transformation des Unbewussten. Sich mit logischen Begriffen an das Unbewusste zu wenden ist nicht besonders wirksam. Um es zu erreichen (wie auch bei dem Versuch, eine Person zu erreichen), müssen wir dessen eigene Terminologie verwenden. Man sollte versuchen, die Ausdrucksweise zu verwenden, deren sich das Unbewusste normalerweise bedient, nämlich in Symbolen.

Neben der Tatsache, dass Symbole in sich selbst einen integrierenden Wert haben - also innerhalb des Unbewussten integrierend wirken - erreicht die Technik der bewussten Visualisierung von Symbolen eine weitergehende Integration zwischen den bewussten und unbewussten Elementen der Persönlichkeit und zu einem gewissen Ausmass zwischen dem logischen Verstand und den unbewussten alogischen Aspekten der Person. C. G. Jung sagt, dass Symbole Umformer psychischer Energie sind. Dies mag nicht nur als Metapher zutreffen, sondern soll konkret auf die seelischen Energien bezogen werden. Wir sollten deshalb das Ergebnis betrachten, das bestimmte Symbole auf das Unbewusste unserer Patienten haben, um dann zu sehen, ob das Hervorrufen bestimmter unbewusster Kräfte eine Transformation der äusseren Persönlichkeit bewirkt.

Vorgehensweise

Die Vorgehensweise der Symbolverwendung basiert auf der Kenntnis und dem Gebrauch von drei Verwendungsarten und sieben Gruppen von Symbolen. Die drei Verwendungsarten sind folgende:

1. Vorstellen, Anbieten oder Nahelegen der Verwendung eines bestimmten Symbols aus den ersten sechs Symbolgruppen.

2. Fördern und Nutzen des Erscheinens von spontanen Symbolen im Verlauf einer Behandlung. Dies ist ein Vorgang, der von C. G. Jung vielfach eingesetzt wurde.

3. Eine Zwischenlösung, die von Desoille entwickelt wurde, der in seiner Methode des gelenkten Tagtraums zuerst ein Symbol vorschlägt, vor allem das Hinauf- oder Hinuntersteigen, und dann den Patienten dazu seine eigenen ergänzenden Symbole frei entfalten lässt. Wenn diese Methode so gekonnt eingesetzt wird wie bei Desoille, kann sie zu sehr guten therapeutischen Ergebnissen führen.

Diese drei Arten können alternativ eingesetzt werden, und der erfahrene Therapeut wird sie alle ausprobieren und dann den Schwerpunkt auf diejenige legen, die sich jeweils als die Fruchtbarste herausstellt. Bei der dritten Methode, bei welcher der Patient Symbolsituationen vorgeschlagen bekommt und sie danach selbstständig weiterentwickeln kann, sei auch auf die Techniken von Leuner und Happich verwiesen (siehe auch Anhang).

Die Symbole, die dem Patienten angeboten werden können, kann man in sieben Hauptkategorien einteilen. Da dies eine pragmatische Klassifikation ist, werden einige Symbole in mehr als einer Kategorie aufgeführt. Im allgemeinen werden dem Patienten nur solche Symbole angeboten, die einen positiven Wert für die Psychosynthese haben und sie sind deshalb hier aufgeführt. Viele negative Symbole werden schon im Verlauf der analytischen Phase der Behandlung spontan aufgetaucht sein.

1. **Natursymbole**
Dazu gehören: Luft, Erde, Feuer, Wasser; Himmel, Sterne, Sonne, Mond. Zu den wichtigsten Natursymbolen gehören Berg (und die damit verbundene Technik des Aufsteigens), Meer, Bach, Fluss, See, Teich, Wind, Wolken, Regen, Nebel; Höhle, Baum, Flammen und Feuer, Weizen, Samen, Blumen (Rose, Lotus, Sonnenblume und so weiter); Edelsteine, Diamant und verschiedene Symbole, die zum Licht (einschliesslich Sonnenaufgang und Sonnenuntergang, Sonnenstrahlen, Lichtstrahlen) und zur Dunkelheit (einschliesslich Schatten) gehören.

2. **Tiersymbole**
Löwe, Tiger, Schlange, Bär, Wolf, Stier, Ziege, Hirsch, Fisch, Raupe - Puppe - Schmetterling (als Symbole der Transformation), Vögel (Adler, Taube, Falke und so weiter); zahme Tiere (Pferd, Elefant, Hund, Katze und so weiter) und das Ei.

3. **Menschliche Symbole**
a) *allgemeine Symbole*: Vater, Mutter, Grossvater, Grossmutter, Sohn, Tochter, Schwester, Bruder; Kind, weiser alter Mann, Magier, König, Königin, Prinz, Prinzessin, Ritter, Lehrer; das menschliche Herz, die menschliche Hand, das Auge; Geburt, Wachstum, Tod und Auferstehung.

b) *moderne menschliche Symbole*: dazu gehören der Bergsteiger, der Entdecker (einschliesslich der Raumfahrer), der Pionier und Vorkämpfer, der wissenschaftliche Forscher (Physiker, Chemiker und so weiter), der Autofahrer, der Pilot, der Radio- oder Fernsehtechniker, der Elektroingenieur und so weiter.

4. Menschengemachte Symbole
Brücke, Kanal, Stausee, Tunnel, Fahne, Brunnen, Leuchtturm, Kerze, Strasse, Weg, Wand/Mauer, Tür, Haus, Schloss, Treppe, Leiter, Spiegel, Schachtel, Schwert und so weiter.

5. Religiöse und mythologische Symbole
a) *Universale und westliche religiöse Symbole*: Gott, Christus, die Heilige Mutter, Engel, der Teufel, die Heiligen, Priester, Mönch, Nonne, Auferstehung, Hölle, Fegefeuer, Himmel, Gral, Tempel, Kirche, Kapelle, das Kreuz.

b) *Östliche Symbole*: Brahma, Vishnu, Shiva, Buddha, Mandala und so weiter.

c) *Mythologische Symbole*: Heidnische Götter, Göttinnen und Helden: Apollo, die Musen (Symbole der Künste und Wissenschaften), die drei Grazien (Symbole der Weiblichkeit im verfeinerten Sinn), Venus, Diana (Symbol der Frau, die ihre Weiblichkeit ablehnt), Orpheus, Dionysos, Herkules, Vulkan, Pluto, Saturn, Mars, Merkur, Jupiter, Wotan, Siegfried, Brunhilde, Walhalla, die Nibelungen, die Walküren und so weiter.

6. Abstrakte Symbole
a) *Zahlen*: Im pythagoräischen Sinn von psychologischer Bedeutung - zum Beispiel die Zahl 'Eins' als Symbol für Einheit, 'Zwei' für Polarität, 'Drei' für Wechselwirkung und so weiter.

b) *Geometrische Symbole*:
Zweidimensional: Punkt, Kreis, Kreuz (verschiedene Formen, wie das mathematische Pluszeichen, das längliche christliche Kreuz, das St. Andreas-Kreuz oder Multiplikationszeichen), das gleichschenklige Dreieck, das Quadrat, der Rhombus, der Stern (fünfzackiges Pentagramm, sechszackiges Hexagramm und so weiter).
Dreidimensional: Kugel, Kegel, Würfel, die aufsteigende Spirale und so weiter.

7. Individuelle und spontan auftretende Symbole
Sie treten während der Behandlung oder spontan in Träumen, Tagträumen und so weiter auf.

Natürlich können die zahlreichen Symbole bei einem Patienten nicht alle eingesetzt werden. Das würde Monate, wenn nicht Jahre dauern und ist therapeutisch auch gar nicht notwendig. Einige Gruppen von Symbolen eignen sich besser und sind anregender als andere, je nach Menschentyp, Umständen, kulturellem Hintergrund und Alter. Eine der Aufgaben des Therapeuten ist, herauszufinden, welche sich - spontan oder nach einigen Stichproben - als die nützlichsten und fruchtbarsten herausstellen. Auch sollten in verschiedenen Stadien der Behandlung verschiedene Gruppen von Symbolen eingesetzt werden.

Wie stellen wir nun die verschiedenen Symbole dem Patienten vor? - Es gibt hauptsächlich drei Wege: erstens, indem man das Symbol nennt oder eine kurze Beschreibung davon gibt; zweitens durch Betrachtung, das heisst man legt dem Patienten eine Zeichnung oder ein Bild des betreffenden Symbols vor; und drittens durch Visualisierung, d.h. indem man den Patienten auffordert, sich ein inneres Bild des Symbols vorzustellen und es so zu evozieren. Dieses Vorgehen wird bei dynamischen Symbolen gebraucht, d.h. bei Symbolen der Handlung, die eine Veränderung erfahren und durch verschiedene Stadien hindurchgehen.

Das erste Vorgehen, das Nennen oder Beschreiben, ist ausreichend für sehr einfache Symbole wie zum Beispiel geometrische Symbole. Sie eignet sich auch gut für menschliche Symbole von universalem Charakter, wie zum Beispiel Vater, Mutter, Kind und so weiter. Sie sollten allgemeine Symbole bleiben, das heisst wir weisen auf ihre psychologische Bedeutung hin und erklären, dass sie nicht in Beziehung zu einer persönlichen Vorstellung gesetzt werden sollen, die den Patienten auf verschiedene Art nachteilig beeinflussen könnte.

Die zweite Methode ist diejenige der Betrachtung und wird bei komplizierteren Symbolen eingesetzt, zum Beispiel Symbole einer Landschaft oder solche mit zahlreichen Details, deren Beschreibung zu langwierig wäre oder für gewisse Patienten nur schwer vorstellbar.

Bei der Einführung eines Symbols den Patienten zu bitten, ein bestimmtes Symbol zu zeichnen, ist eine sehr gute Methode, und sie wirkt sich sehr vorteilhaft aus, falls er sich durch die Aufforderung zu zeichnen nicht gehemmt fühlt. Bei vielen Patienten ist das so, aber sie können lernen, diesen Widerstand zu überwinden, indem wir ihnen versichern, dass weder künstlerische noch ästhetische Überlegungen angestellt werden und dass es sich um ein rein psychologisches Dokument handelt. Die Zeit, die der Patient zum Zeichnen braucht, kann während der Sitzung sinnvoller für etwas anderes verwendet werden, und in vielen Fällen ermutige ich ihn, zu Hause zu zeichnen. Die Technik des freien Zeichnens wird auch für andere Zwecke eingesetzt - zum Beispiel zum Zweck des Ausdrucks und der Katharsis. Wenn ein Patient sich im freien Ausdruck durch Zeichnen geübt hat, ist für eine weitere Stufe, die Technik der Symbolverwendung, der Weg schon bereitet.

Theoretisch gibt es einen Unterschied zwischen statischen und dynamischen Symbolen, aber - wie das oft der Fall ist - in der Praxis besteht diese klar abgrenzende theoretische Klassifikation nicht. Oft passiert es, dass ein vorgeschlagenes statisches Symbol spontan eine Dynamik annimmt und sich vor dem inneren Auge des Patienten verändert, sogar gegen seinen Willen. In vielen solchen Fällen ermutigt man die autonome freie Entfaltung des Symbols.

In anderen Fällen weisen wir darauf hin, dass es sich um ein dynamisches Symbol handelt, das heisst, dass sich eine Handlung in der Zeitdimension darstellen und entfalten sollte. Ein einfaches Beispiel von besonderer therapeutischen Bedeutung und Nützlichkeit ist das geduldige Aufknüpfen eines Knotens, dessen Bedeutung offensichtlich ist.

Ein anderes typisches Beispiel ist das Bauen eines Hauses, oder besser noch eines Tempels. Dieses Symbol existiert häufig im kollektiven Unbewussten und ist bedeutsam und wirkungsvoll. Ein menschliches dynamisches Symbol, das voller Bedeutung ist und echte Umwandlung bewirken kann, ist das des Erwachens: der Übergang vom Schlaf- zum Wachbewusstsein, wobei Wachbewusstsein verschiedene Grade von Klarheit, Aufnahmevermögen und Einsicht hat. Dieses Symbol wurde oft verwendet, fand jedoch vor allem im Osten eine grosse Verbreitung, wo der Name »Buddha« die Bedeutung von »der Erwachte« hat. Sein persönlicher Name war Siddharta Gautama, aber sein Titel war »Buddha«, der »Erleuchtete« oder der »Total-Erwachte«.

Einige dynamische Symbole, die verschiedene Stadien haben, stellen eine ganze psychologische Übung dar; Beispiele werden bei den Techniken der spirituellen Psychosynthese gegeben.

Indikationen und Anwendungen

Wegen ihrer Wichtigkeit und Nützlichkeit kann und sollte diese Technik - mit wenigen Ausnahmen - in jedem Fall angewendet werden. Aber das grosse Problem bei der Verwendung von Symbolen ist die spezifische Indikation für jede Gruppe von Patienten und für jedes Stadium der Behandlung.

Eine allgemeine Indikation ist, dass die Auswahl eines Symbols dem jeweiligen Problem oder der Aufgabe des Patienten angemessen sein sollte. Dabei spielt die Erfahrung des Therapeuten eine wichtige Rolle, mehr noch aber seine Intuition.

Einige Symbole (zum Beispiel *Brücke* oder *Berg*) zeigen eine klare Beziehung zu den Problemen des Patienten; einige menschliche Symbole lassen klar erkennen, dass sie zu bestimmten interpersonalen Problemen passen. Eine vollständige Diskussion der Indikation würde ein eigenes Buch füllen und kann hier nichtgeleistet werden; aber auch eine noch so detaillierte Erläuterung kann nie an die Stelle der Intuition und der psychologischen Einsicht des Therapeuten treten. Hier zeigt sich eine klare Indikation für den Therapeuten; es ist für ihn sehr nützlich, wenn er für sich selbst die Standardsymbole verwendet hat, zumindest aber eines oder zwei jeder Kategorie.

Es gibt eine Gruppe von Symbolen, die eine besonders aktuelle Indikation haben, nämlich die Reihe der *modernen menschlichen Symbole*, die schon aufgeführt wurden. Von einem bestimmten Standpunkt aus mögen sie zu prosaisch und nüchtern erscheinen, tatsächlich sind sie es aber nicht. Es ist interessant zu beobachten, wie diese nüchternen Symbole die Vorstellungskraft von Jugendlichen und Heranwachsenden viel mehr anregen als die sogenannten »imaginativen« Symbole. Junge Menschen identifizieren sich leicht, oft spontan, mit den modernen »Helden«, wie dem Piloten, dem Raumfahrer oder Techniker. Sie wecken etwas sehr Lebendiges in ihnen, eine Art Vorbild; sie sind Symbole des Wagemuts, des Abenteuers - manchmal der Flucht aus dem Alltag. Deshalb befriedigen sie fundamentale Bedürfnisse, die mit besonderer Intensität bei der jungen Generation auftreten.

Einige dieser modernen Symbole haben einen anderen grossen Vorteil: sie arbeiten klar die richtige Beziehung zwischen Mensch und Maschine heraus, der Mensch als Erbauer, Kontrolleur und Beherrscher der Maschine. Der Autofahrer ist Herr seines Fahrzeuges. Er wählt zuerst sein Ziel, plant die Reiseroute und macht dann vom bequemen Fahrersitz aus mit geringer körperlicher Anstrengung das Auto zu einem gehorsamen, wirksamen Instrument, sein Ziel zu erreichen. Diese Beziehung kann leicht introjiziert werden, das heisst, das Auto kann als Symbol des Körpers betrachtet und »erlebt« werden, sogar als Symbol der ganzen Persönlichkeit, die vom bewussten Selbst durch intelligentes Planen und seinen Willen zu einem Instrument für das Erreichen seiner Ziele, Pläne und Absichten gemacht werden kann.

Der Einsatz der modernen Technik für therapeutische Zwecke umfasst ein weites Anwendungsfeld und ist noch ganz am Anfang. In künftigen Therapiemethoden werden vielleicht spezielle Kurzfilme gezeigt, um bestimmte symbolische Szenen darzustellen, auf die der Patient reagieren und sich damit identifizieren kann.

Tiersymbole können diagnostisch verwendet werden, um herauszufinden, mit welchem bestimmten Tier sich jemand identifiziert. Sie lassen sich aber auch als ein Mittel einsetzen, um bestimmte notwendige psychologische Charakterzüge wachzurufen. Die Technik von Hanscarl Leuner zum Beispiel, einen Patienten aufzufordern, sich vorzustellen, er stehe in einer Wiese mit Waldrand und warte darauf, dass ein Tier aus dem Wald herauskommt, macht es möglich, dass die Wahl des Tieres vom Unbewussten des Patienten getroffen wird. Aus dieser Wahl können bestimmte psychologische Charakteristika vermutet werden, die im allgemeinen mit diesem Tier verbunden werden.

Anstelle des Symbols des Autos können wir für bestimmte Personen das Pferd wählen. Dies ist ein noch stärker evozierendes Symbol, denn erst das wilde Pferd, seine Zähmung, dann sein beherrschter Einsatz zeigen die richtige gefühlsmässige Beziehung zwischen Mensch und Tier: diese Stufen symbolisieren den physischen Körper und wie man ihn behandelt und beherrscht, ohne ihn zu misshandeln oder zu verdammen. Dies ist mit köstlichem Humor vom Hl. Franziskus angedeutet worden, wenn er von seinem Körper liebevoll als »Bruder Esel« spricht.

Das Thema des Symbols *Feuer* oder *Flamme* ist so verlockend und unermesslich, dass man dadurch verführt werden kann, sich in die verzauberte Welt des Symbolismus zu verstricken. Im Zusammenhang mit der Symbolverwendung ist noch sehr viel Forschungsarbeit nötig.

»Feuer« ist eines der ältesten und wirkungsvollsten Symbole. Das legt übrigens nahe, der Liste mythologischer Symbole Prometheus hinzuzufügen, der das Feuer vom Himmel stahl. Auf rein menschlicher Ebene ist es ein Symbol der Wärme, des Schutzes vor Kälte, der Verteidigung gegen wilde Tiere. Es ist auch ein Symbol für Transformationsprozesse - des Kochens, der Verwandlung und Reinigung von Rohstoffen. Deshalb ist es ein wichtiges chemisches Symbol für Transmutation und Sublimation. Weiter ist es ein Symbol der Zerstörung und Gefahr; und schliesslich ist es eines der reinsten, wenn nicht das reinste Symbol des Geistigen, sowohl des Geistes (des Spirituellen) im Menschen, der aufsteigt zum universalen Geist, als auch »des Feuers, das vom Himmel fällt«.

Ein weiteres wichtiges Symbol ist das *menschliche Herz*. Eine nützliche Art, dieses Symbol zu verwenden, ist, den Patienten aufzufordern, sich ein grosses Herz vorzustellen, grösser als er selbst, mit einer Tür darin. Dann wird er aufgefordert, die Tür zu öffnen und in das Herz hineinzugehen. Was er dort findet, ist bei jedem verschieden. Aber der tatsächliche Nutzen dieses Symbols als einer Technik ist bedingt durch die Fähigkeit des Therapeuten, damit umzugehen. Es ist eine Technik, die nicht auf mechanisch routinierte Art durchgeführt werden kann, um tatsächlich wirksam zu sein, denn der Therapeut muss Schritt für Schritt intuitiv entscheiden, was seine Aufgabe beim Führen durch den imaginativen Vorgang ist. Hier bewegt sich der Therapeut sozusagen auf Messers Schneide zwischen einer zu passiven Haltung einerseits und zu starker Beeinflussung durch hinweisen auf Bilder andererseits. Er sollte nur ein Minimum an Bildern vorschlagen, das dem Unbewussten hilft, weiteres Bildmaterial hervorzubringen.

Eine andere vielfältige Technik der Symbolverwendung benutzt das Symbol der *Tür*. Die Tür kann den Eingang zu einem neuen Leben oder Lebensabschnitt darstellen. Eine der Möglichkeiten, sie zu verwenden, ist die Aufforderung, sich eine Tür vorzustellen, eine Tür in einer hohen Mauer oder in einem Haus, je nach Situation, und sich auf dieser Tür ein Wort vorzustellen. Manchmal mag die Wahl des Wortes dem Patienten überlassen werden, besonders zu analytischen Zwecken, und hat dann symbolische Bedeutung für diesen Abschnitt der Therapie. In anderen Fällen kann das Wort vom Therapeuten vorgeschlagen werden, zum Beispiel Furcht, Sorge, Angst oder Zweifel usw., in anderen Stadien der Therapie positive Begriffe wie Hoffnung, Friede oder Liebe - die Möglichkeiten sind endlos. Der Patient wird dann gebeten, die Tür zu öffnen, und was auf der anderen Seite der Tür vorgefunden wird, hat oft sehr tiefe Bedeutung. Eine sehr gute Beschreibung der Verwendung solcher Symbole wird in dem wertvollen Artikel von Robert Gerard über »Symbolische Visualisierung« gegeben.

Eine andere Symbolgruppe ist die der *Kindheitssymbole*. Sie sind sehr interessant und können bei sinnvoller Anwendung sehr hilfreich sein, denn sie beziehen sich auf den Zustand des Patienten vor der Störung und verbinden ihn so mit seinen intakten Bereichen, die infolge der jetzigen seelischen Störung verschüttet oder überschwemmt sind. Es sollte deshalb ein Symbol sein, mit dessen Hilfe der Therapeut mit den intakten Teilen der Persönlichkeit Kontakt aufnehmen und sie hervorheben und fördern kann.

Mauz diskutiert den Einsatz von Symbolen in der Psychotherapie, um positive Gefühle hervorzubringen (*Der psychotische Mensch in der Psychotherapie*). Er verwendete Bilder aus der frühen Kindheit, die positive Gefühle hervorrufen würden, wie zum Beispiel Heiligabend und Weihnachten, ein Karussell und fliegende Luftballons, ein Umzug bei einem Fest, ein Fluss bei Sonnenaufgang, ein Kinderlied und so weiter. Er betont, dass der Therapeut diese Themen so gut wie möglich auf den Patienten beziehen sollte, indem er dessen Worte und Bilder aus seiner Biographie benutzt. Damit stellt diese Technik nicht nur den Einsatz von Symbolen, sondern ganzer Symbolszenen dar und bedeutet eine wesentliche Erweiterung der Symbolverwendung.

Hier möchte ich eine allgemeine Bemerkung zur Wirkungsweise der Symbole und den Ergebnissen anschliessen. Zusätzlich zu den eben erwähnten Symbolen, die einen öffnenden Effekt oder klärende und positiv anregende Wirkung haben, gibt es viele Symbole, die eine Brücke zwischen personaler und spiritueller (transpersonaler) Psychosynthese bilden.

In der Praxis gibt es natürlich keine scharfe Trennung, und auch bei der Verwendung der erwähnten Symbole haben bestimmte Aspekte des Verfahrens in sich selbst eine brückenbildende Wirkung. Genauer: es gibt zwei Hauptwege, um zu einer spirituellen Psychosynthese zu gelangen. Den einen könnte man den plötzlichen, dramatischen Weg nennen, wie in Fällen religiöser Konversion oder in Form von plötzlicher Erleuchtung und Erwachen, eine Technik, die im Zen-Buddhismus angewendet wird. Aber in den meisten Fällen gibt es stattdessen eine allmähliche Entwicklung der integrierten Persönlichkeit, um überbewusste Elemente einzuschliessen, ein allmähliches Sich-Annähern des personalen Ich- Bewusstseins an das spirituelle, transpersonale Selbst, von der Selbstidentität im persönlichen Sinn zur spirituellen Verwirklichung. Deshalb ist der bevorzugte und im allgemeinen zu empfehlende Weg, den zu gehen wir behilflich sind, ein allmähliches Vorwärtsgehen, das - in Therapie und Erziehung - viele Vorteile bietet.

Der Gebrauch von Symbolen setzt oft spontan eine Entwicklung in Gang, die von einer persönlichen Psychosynthese zum Beginn einer spirituellen Psychosynthese führt. Später, wenn wir uns mit der spirituellen Psychosynthese beschäftigen, werden wir von den Symbolen des Selbst sowie anderen Symbolen sprechen, die nur oder überwiegend spirituelle Bedeutung und Wirkung haben.

Grenzen und Kontraindikationen

So paradox es klingen mag - kontraindiziert oder zumindest mit grosser Vorsicht und innerhalb bestimmter Grenzen zu verwenden ist diese Technik bei Menschen, für die Symbolik den Weg des geringsten Widerstandes darstellt, die spontan - vielleicht sogar im Übermass - Symbole hervorbringen. Der Grund liegt darin, dass in diesen Fällen Symbole eine Flucht vor der Wirklichkeit darstellen, einen Ersatz für den Alltag.

Dies ist auffällig bei einer bestimmten Gruppe von Psychotikern, die, wie zum Beispiel C. G. Jung festgestellt hat, äusserst interessante kosmologische und kosmische Symbole hervorbringen, welche von grosser theoretischer Bedeutung, aber von geringem therapeutischem Wert sind. Dies gilt in einem geringeren Grad auch für viele introvertierte Neurotiker. Deshalb muss in solchen Fällen die Technik mit Umsicht eingesetzt werden; ein Symbol sollte dann stets als Brücke zur äusseren Realität verwendet werden und nicht als Möglichkeit, das Interesse und die Aufmerksamkeit in der inneren Welt der Phantasie zu halten.

Die Grenzen dieser Methode finden sich bei jenen Menschen, die das Gegenteil zu den eben erwähnten bilden. Bei diesen ist es schwierig, diese Methode anzuwenden, und sie zeigt geringe Resultate bei extrem Extravertierten oder sehr intellektuellen Menschen, die in ihrer bewussten Persönlichkeit einen objektiven Standpunkt vertreten, und wenig oder gar keinen Zugang zu ihrem Unbewussten haben. Sie mögen keine Symbole oder sind zumindest nicht davon angesprochen; sie können die vorgeschlagene Technik oder Übung mühelos automatisch durchführen, aber ihr Interesse wird nicht gefesselt.

Das Symbol führt wegen der bestehenden Trennung zwischen der bewussten Persönlichkeit zu keinem Ergebnis. Hier kann diese Technik erst in einem späteren Stadium der Behandlung versucht werden, wenn das Übermass an Extraversion ausgeglichen wurde und ein gewisser Grad von Kommunikation zwischen bewussten und unbewussten Aktivitäten hergestellt worden ist.

Ähnliches gilt auch für zwanghafte Persönlichkeiten, die oft sehr geringe symbolische Aktivität haben. Für sie kann diese Technik besonders nützlich sein, um ihre Starrheit sozusagen aufzulokkern. Aber auch hier zeigt sich nur Erfolg, wenn andere Brücken geschlagen worden sind, zum Beispiel die Förderung der unentwickelten oder schwächer ausgeprägten Funktionen von Gefühlen, Empfindungen und der Vorstellungskraft im allgemeinen, um dann erst ihre Anwendung im Bereich der Symbole anzuregen. Das gleiche gilt für Überintellektuelle, die stolz sind auf ihre verstandesmässige Klugheit; beim Gebrauch dieser Technik sind sie blockiert oder blocken ab.

Bei *Borderline-Fällen* muss diese Technik mit grosser Vorsicht eingesetzt werden. Auch scheinbar harmlose Symbole können plötzlich einen bedrohlichen Aspekt annehmen.

Dies zeigt uns ganz generell ein Problem auf, dem der Therapeut gegenübersteht, wenn er aus den vielen verfügbaren Techniken eine Wahl treffen muss. Er darf sich vom Technischen, durch theoretische Interessen oder durch ein Perfektions-Ideal nicht zu sehr ablenken lassen. Er soll nahe an der unmittelbar praktischen und humanitären Aufgabe der Therapie bleiben: nämlich dem Patienten zu helfen, eine ganzheitliche Persönlichkeit zu werden.

Kombination mit anderen Techniken

Es ist nicht notwendig, die verschiedenen Kombinationen mit anderen Techniken zu beschreiben, denn diese ergeben sich von selbst aus der Beschreibung der Übungen, in denen Symbole verwendet werden und bilden einen zentralen Teil der Übung.

Kapitel V:
Spirituelle Psychosynthese

13.1. Einleitung zur spirituellen (transpersonalen) Psychosynthese

Die vorhergehenden Kapitel beschäftigen sich mit den Techniken, die zum Erlangen einer personalen Psychosynthese führen. Dies ist für viele Patienten ein sehr wünschenswertes und recht zufriedenstellendes Ergebnis, das sie zu harmonischen Menschen macht, die mit sich selbst und mit der Gemeinschaft, zu der sie gehören und in welcher sie eine nützliche Rolle einnehmen können, in Einklang leben.

Aber es gab immer Menschen, die mit solch einem »normalen« Ergebnis nicht zufrieden waren und nicht sein konnten, wie wertvoll es auch anderen erschien. Für sie muss es eine andere Lösung geben, eine weitergespannte und höhere Art der Psychosynthese - die spirituelle oder transpersonale Psychosynthese.

In Verbindung mit dieser Materie spüren wir das Interesse von vielen Richtungen und sogar eine generelle Tendenz - oder sollen wir sagen - ein tastendes Suchen nach der Verwirklichung und dem Akzeptieren der Dimension oder Stufe des Bewusstseins, welche wir spirituell oder transpersonal nennen können.

Zunächst muss die Bedeutung des Begriffs »spirituell« (bzw. »geistig« oder »transpersonal«) geklärt werden, wie er auf den folgenden Seiten verwendet wird. Das schliesst die allgemein wichtige und nur selten klar erkannte Unterscheidung zwischen »überbewussten« Erfahrungen und dem spirituellen Selbst ein.

Da eine wissenschaftliche Methode vom Bekannten zum Unbekannten fortschreiten muss und besonders von Tatsachen und direkter Erfahrung zu der Formulierung und Interpretation dessen, was beobachtet und erfahren wurde, will ich nicht schon am Anfang versuchen, zu definieren oder zu diskutieren, was »Geist« (das Spirituelle) seinem Wesen nach sein mag, sondern werde mit spirituellen Erfahrungen und spirituellem Bewusstsein anfangen. So müssen wir zum Beispiel auch nicht das eigentliche Wesen der Elektrizität kennen, um sie in all ihren Anwendungsformen zu verwenden, genausowenig wie wir das Wesen des Menschen oder die innersten Probleme aller körperlichen oder seelischen Prozesse und Funktionen theoretisch lösen müssen, um sie für therapeutische oder pädagogische Zwecke einzusetzen.

Ich möchte mich solch »letzten« Problemen gegenüber deshalb neutral verhalten, denn unser Anliegen sind die psychologische Erfahrung und die psychologischen Tatsachen, die wir durch die Erforschung des Unbewussten finden. Dies ist eine realistische Haltung und eine im besten und wahrsten Sinne pragmatische Einstellung. Aber dieser Pragmatismus sollte auch jene Erfahrungen von Menschen einschliessen, die weitergehende und tiefere Erkenntnismöglichkeiten haben als der sogenannte Durchschnittsmensch. Mit anderen Worten: Wir sollten nicht die Erfahrung dessen, was wir »überbewusst« oder »transpersonal« nennen, ausklammern. Was von verschiedenster Seite als »spirituell« bezeichnet wurde, entspricht zu einem grossen Teil dem, was man empirisch »überbewusst« bezeichnen kann, also jene Funktionen, die im allgemeinen nicht gelebt werden.

Was Psychosynthese von anderen Versuchen, psychologische Zusammenhänge zu verstehen, unterscheidet, ist die Haltung, die sie gegenüber der Existenz eines spirituellen Selbst und des Unbewussten einnimmt. Ich halte das Spirituelle für genau so grundlegend wie den physischen Bereich des Menschen oder die instinktiven Energien. Ich versuche nicht, der Psychologie eine philosophische oder metaphysische Haltung aufzuzwingen, schliesse jedoch in die Erforschung psychologischer Fakten all jene mit ein, die in Beziehung zu einem höheren Streben im Menschen stehen können, die ihn zu einer umfassenderen Verwirklichung seiner spirituellen Natur befähigen. Alle höheren Erscheinungsformen der menschlichen Seele, wie kreative Imagination, Intuition, höhere Strebungen, Genie und so weiter sind Fakten, so wirklich und so wichtig wie die bedingten Reflexe, und deshalb der Forschung und Therapie wissenschaftlich ebenso zugänglich wie zum Beispiel die erwähnten bedingten Reflexe.

Ich gehe davon aus, dass spirituelle Impulse und Strebungen genau so fundamental sind wie sexuelle und aggressive Impulse. Sie sollten nicht auf Sublimation oder pathologische Verzerrung der sexuellen und aggressiven Bereiche der Persönlichkeit reduziert werden, obwohl in vielen neurotischen Fällen solche Elemente auch vorhanden sind.

Was sich, wie ich hoffe, im Verlauf der Jahre entwickeln wird, ist eine Wissenschaft vom Selbst, seinen Energien und Äusserungsformen, den Möglichkeiten, mit diesen Energien in Kontakt zu kommen, sie freizusetzen und für konstruktive und therapeutische Arbeit zu nützen. Im jetzigen Stadium haben wir keine wissenschaftlichen Instrumente, mit denen wir diese Energien direkt messen können. Wir müssen uns im wesentlichen auf eine phänomenologische Position stützen, indem wir uns auf die Erfahrung selbst beziehen; ich hoffe, dass die Wissenschaft dieses Problem früher oder später - vielleicht nicht zu meinen Lebzeiten - auf einer strengen »Energie«-Basis in Angriff nehmen wird. Selbst wenn die Wissenschaft in der Lage wäre, diese Energien des Menschen zu messen - einschliesslich der emotionalen, mentalen und spirituellen Energien - würde dies das Studium der praktischen Erfahrungen selbst nicht weniger wichtig machen. So wie das Studium der Neurophysiologie, der elektro-chemischen Vorgänge sehr wichtig ist, aber nicht den psychologischen Zugang der Erforschung der Empfindungen und Gefühle ersetzt, in der selben Weise sollte die Wissenschaft vom Selbst sich auf zwei Ebenen weiterentwickeln: einer in Form von Energie, die vielleicht zu genialen Physikern, den Einsteins der Zukunft führt, und der des psychologischen und erfahrungsorientierten Zugangs.

Hier sollten wir erklären, in welchem Sinne Psychosynthese gegenüber Religion und Philosophie neutral ist. »Neutral« bedeutet nun nicht »indifferent«. Religion kann auf zwei verschiedenen Ebenen betrachtet werden:

1. Die »existentielle religiöse oder spirituelle Erfahrung«, das heisst die direkte Erfahrung spiritueller Realitäten. Diese wurden von Religionsstiftern erkannt, von Mystikern, Philosophen und in verschiedenen Graden von vielen anderen Menschen.

2. Die theologischen oder metaphysischen *Formulierungen* solcher Erfahrungen und die *Institutionen*, die in verschiedenen Zeitepochen und Kulturen gegründet wurden, um den Menschen, die diese direkte Erfahrung nicht hatten, ihre Früchte und Ergebnisse zu vermitteln. Weiterhin die Methoden, Formen und Rituale, durch welche allen Menschen geholfen werden soll, indirekt an der »Offenbarung« teilzuhaben.

Aus einem anderen Blickwinkel weist der französische Philosoph Henri Bergson in seinem Buch *Die beiden Quellen der Moral und Religion* auf den Unterschied zwischen statischer und dynamischer Religion hin.

Psychosynthese bejaht die *Wirklichkeit* spiritueller Erfahrungen, das Bestehen höherer Werte und einer noetischen oder noologischen Dimension, wie Viktor Frankl den spirituellen Kern des Menschen nennt (*5). Ihre Neutralität bezieht sich *ausschliesslich* auf die zweite Ebene, die der Formulierungen und der Institutionen. Die Psychosynthese schätzt, respektiert und anerkennt sogar die Notwendigkeit solcher Formulierungen und Institutionen; ihr primäres Ziel ist jedoch, den Zugang zu direkten Erfahrungen zu öffnen.

Zunächst einmal bietet sie ihre Unterstützung jenen an, die weder religiösen Glauben noch eine klare philosophische Vorstellung haben. Jenen, die die bestehenden historischen Denkweisen nicht akzeptieren können, bietet die Psychosynthese Methoden und Techniken, die zu einer spirituellen Verwirklichung führen. Aber wer einen lebendigen Glauben hat, einer Kirche angehört oder Anhänger einer philosophischen Schule ist, hat keinen Grund, die Psychosynthese zu fürchten. Sie versucht nicht, sich in seine Haltung einzumischen oder sie zu verändern; im Gegenteil, sie kann helfen, einen besseren Gebrauch von den Methoden und Lehren der eigenen Religion zu machen.

Darüberhinaus kann die Psychosynthese zum Verständnis führen, dass dieselben Erfahrungen in verschiedenen Formulierungen und Symbolen Ausdruck finden können und so dazu verhelfen, Formulierungen, die den eigenen nicht entsprechen, zu verstehen und ihnen gegenüber aufgeschlossener zu werden.

Das kann sogar so weit gehen, dass sie die Möglichkeit einer

»Psychosynthese der Religionen« sehen; das ist nicht gleichbedeutend mit dem Schaffen einer einzigen Religion und dem Abschaffen der bestehenden, sondern bedeutet, ein Verstehen und eine Wertschätzung unter den verschiedenen religiösen Konfessionen zu entwickeln und Bereiche der Zusammenarbeit zu errichten. Die Tendenz hin zur Synthese ist bereits erkennbar und wird immer deutlicher; Psychosynthese bringt nur ihren eigenen Beitrag dazu.

Ein wichtiger Standpunkt der Psychosynthese ist, dass alle sogenannten höheren oder spirituellen Bewusstseinszustände und die parapsychologischen Erfahrungen allein deshalb Tatsachen sind, weil sie sowohl innere Realität wie äusseres Verhalten beeinflussen. Ich stimme Goethes pragmatischer Aussage zu: »Wirklichkeit ist, was wirkt«, und soweit diese Phänomene - ob sie als spirituell, mystisch oder parapsychologisch bezeichnet werden - die innere Realität und das äussere Verhalten eines Menschen verändern, sind sie real und müssen von jedem in Betracht gezogen werden, der eine wissenschaftliche Einstellung hat, aufgeschlossen ist und nicht dem verhängnisvollen Irrtum unterliegt, Wissenschaft sei auf Quantitatives beschränkt. Weder die Psychologie noch andere Wissenschaften stützen sich allein auf quantitative Messungen. Es gibt Konzepte, Erfahrungen und qualitative Realisierungen, die ebenso sicher und gut demonstrierbar und deshalb genauso wissenschaftlich sind wie qualitative Vorgehensweisen.

Aber was ist wissenschaftlich? - Grundlegend für die wissenschaftliche Methode ist systematisches Vorgehen, das heisst zuerst die Tatsachen und Erfahrungen objektiv zu beobachten und zu beschreiben und dann korrekt über ihre Bedeutung, ihr Wesen, ihre Wirkungen, Konsequenzen und eventuelle Verwendung nachzudenken. Deshalb ist derjenige ein wissenschaftlicher Geist, dessen Verstand präzise arbeitet, der alle Sophismen, alle Rationalisierungen und möglichen Fehlerquellen bei der Verstandestätigkeit vermeidet (wie zum Beispiel persönliche Ergänzungen, die Begrenzungen einer philosophischen Schule, unberechtigte Verallgemeinerungen und so weiter). Letztere gehören zu den Trugbildern, die Francis Bacon erwähnt, und die es sicher verdienen, nicht nur erforscht zu werden, sondern die man bei der wissenschaftlichen Arbeit ständig berücksichtigen sollte.

Nicht der Gegenstand macht eine Forschung wissenschaftlich, sondern die Art und Weise, mit der ein Thema behandelt wird.

Ein weiterer Faktor hat bei der wissenschaftlichen Haltung grosse Bedeutung; einige der besten Wissenschaftler haben dies entweder spontan oder gezielt eingesetzt. Ich meine das Anerkennen der schöpferischen Rolle solcher seelischer Funktionen wie der Imagination, der Intuition und Kreativität für die wissenschaftliche Forschung, bei der Erläuterung und der Koordination von Daten und ihrer Interpretation. Hier wollen wir jedoch den Gebrauch dieser Funktionen beiseite lassen und uns an Tatsachen halten, das heisst an Erfahrungen und verifizierbare Ergebnisse der Anwendung psycho-spiritueller Techniken. Wir befinden uns bis jetzt noch auf einer exploratorischen Stufe, wo wir uns einen Überblick über das Gebiet verschaffen, im Stadium einer versuchsweisen Erforschung, der Beschreibung von Ergebnissen und Berichten über die Anwendung wirksamer Methoden der Verifizierung und Weiterentwicklung. Wir sind noch nicht auf der Stufe der »Theorienbildung«. Ein grosser Teil der Forschung ist ohne jede Theorienbildung notwendig, um dem eigentlichen wissenschaftlichen Ziel und Zweck der Psychosynthese treu zu sein.

13.2. Die Erforschung des Überbewussten

Eine grundlegende Prämisse oder Annahme ist, dass es ausser jenen Teilen des Unbewussten, die ich das tiefere und mittlere Unbewusste genannt habe, einschliesslich des kollektiven Unbewussten, einen anderen grossen Bereich unseres inneren Daseins gibt, der zum grössten Teil von der Psychologie vernachlässigt wurde, obwohl sein Wesen und sein Wert für den Menschen eine hohe Qualität haben. Der Grund für ein solch merkwürdiges Vernachlässigen würde für sich selbst ein Stück interessanter Psychoanalyse bedeuten und viel Licht auf die Psychologie der Psychologen werfen. Dieser höhere Bereich war zu allen Zeiten bekannt, und in den letzten Jahrzehnten haben einige mutige Forscher damit begonnen, ihn wissenschaftlich zu erforschen und damit die Grundlage für das zu legen, was Frankl treffend »Höhenpsychologie« nannte (V.Frankl: *Der unbewusste Gott*, Amandus, Wien, 1949).

Bevor wir uns diesem Thema zuwenden, sollten wir eine klare Unterscheidung treffen, um eine häufige Verwechslung zu vermeiden, nämlich die zwischen den Bereichen des »höheren Unbewussten« (oder Überbewussten) und dem, was »Überbewusstsein« genannt wurde, besser aber »eine höhere Stufe der Bewusstheit« oder »spirituelles Bewusstsein« genannt werden sollte.

Das zeigt den wichtigen, aber selten klar erkannten Unterschied auf, der zwischen »überbewussten« Erfahrungen und dem spirituellen Selbst besteht. Inhalte des höheren Unbewussten (oder Überbewussten) können zugänglich werden, bevor ein Bewusstsein des höheren (spirituellen, transpersonalen) Selbst gegeben ist. Es gibt viele Menschen, die eine bewusste Erfahrung von Tatsachen oder Vorgängen hatten, die im allgemeinen überbewusst sind (dem höheren Unbewussten angehören), also gewöhnlich nicht in den Bereich des Bewusstseins vordringen. Diese überbewussten bzw. überpersönlichen (transpersonalen) Dimensionen können unerwartete, manchmal unerwünschte Einbrüche in das Bewusstseinsfeld bewirken, ähnlich den Einbrüchen von Impulsen oder Kräften aus den Bereichen des (persönlichen oder kollektiven) Unterbewusstseins.

Es ist notwendig, dieses überbewusste, jedoch unbewusste Material von dem zu unterscheiden, das von den tieferen Ebenen des Unterbewussten kommen kann. Es scheint, dass in einigen der extremen Fälle von Einbrüchen aus den überbewussten Ebenen das auftauchende Material fertig ausgeformt ist und wenig Verbindung mit vorhergehenden Erfahrungen hat. Es ist nicht etwas, das üblicherweise aus dem tieferen Unbewussten hervorkommt, als Ergebnis von verdrängten Inhalten, die freigesetzt werden. Es ist etwas Neues und hat wenig Beziehung zu vorhergehenden personalen Erfahrungen des Betreffenden.

Das Überbewusste unterscheidet sich also seiner Qualität nach vom Unterbewussten; allerdings gibt es auch gemeinsame Kennzeichen des gesamten (höheren und tieferen) Unbewussten. Wir können das Überbewusste als Energie ansehen, die eine höhere Schwingung hat als das Unterbewusste. Man kann sagen, dass die Psychodynamik und ihre Gesetze und teilweise die davon abgeleiteten Methoden für alle drei Ebenen des Unbewussten dieselben sind.

Der Unterschied - und er ist für das therapeutische Vorgehen sehr real - besteht in den für das Überbewusste spezifischen *Werten*. Wie ich früher schon ausführte, sind Wertungen unvermeidbar - eine Feststellung, die heute in der Psychologie zunehmend akzeptiert wird. Es wäre leicht und vielleicht amüsant zu zeigen, wie viele implizierte, unbewusste, unerkannte Wertungen in vielen der sogenannten rein objektiven und beschreibenden Abhandlungen von Psychologen enthalten sind. Mir scheint es wissenschaftlicher, zuzugestehen, dass die Funktion der Wertung eine natürliche, notwendige und nützliche Aktivität der menschlichen Psyche ist.

Bei der genaueren Betrachtung der Werte, die das *Überbewusste* charakterisieren und die sich von jenen des tieferen und mittleren Unbewussten unterscheiden, beginnen wir mit der Untersuchung von spontanen Phänomenen und schreiten dann zu jenen fort, die experimentell erfasst, hervorgebracht oder aktiviert werden können.

Die spontanen Manifestationen werden von einer Minderheit von Menschen veranschaulicht, die wir normalerweise als »Genies« bezeichnen. Diese sind üblicherweise selten, aber die Seltenheit eines Phänomens ist kein Beweis gegen sein Vorhandensein. Das Auftreten eines Kometen zum Beispiel ist im Vergleich zur ständigen Anwesenheit der Sterne und Galaxien sehr selten, und doch sind Kometen genauso kosmische Tatsachen wie ein ständig vorhandener Stern. Das Studium des Genies kann zu einem wissenschaftlichen Verständnis des Überbewussten führen.

Interessant und wichtig ist die Unterscheidung zwischen zwei Gruppen von Genies. Es gibt natürlich Zwischenstadien, aber aus Gründen der Klarheit möchte ich die beiden unterscheidbaren Hauptgruppen beschreiben:

1. *Die erste Gruppe* ist die der *Universalgenies*, die eine umfassende expansive Selbstverwirklichung, eine vielfältige überlegene Fä-

higkeit zeigen und Beweise ihrer Grösse erbracht haben durch kreative Tätigkeit auf verschiedenen Gebieten. Pythagoras, Platon, Dante, Leonardo da Vinci, Einstein und andere sind herausragende Beispiele. Diese Genies haben eine mehr oder weniger ständige Selbstverwirklichung erreicht mit einer Vielfalt von Ausdrucksmöglichkeiten. Sie haben ein inneres und äusseres Gleichgewicht erlangt. Das untenstehende Diagramm III veranschaulicht diese Situation.

Diagramm III

1. Das tiefere Unbewusste
2. Das mittlere Unbewusste
3. Das höhere Unbewusste oder Überbewusste
4. Das Bewusstseinsfeld
5. Das »Ich« oder bewusste Selbst
6. Das höhere (transpersonale) Selbst
7. Das kollektive Unbewusste

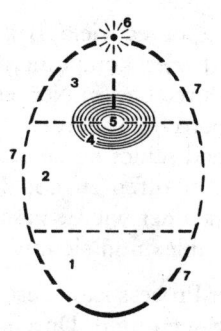

Das Unterbewusste wird durch (1) und (2) dargestellt, wobei (1) das tiefere Unbewusste und (2) das mittlere Unbewusste (2) bezeichnet. Der obere Teil (3) stellt das Überbewusste dar. Es ist durchaus möglich, auch wenn wir dafür im Augenblick noch keinen wissenschaftlichen Beweis haben, dass die verschiedenen unbewussten Ebenen verschiedenen Energiefeldern entsprechen, die sich gegenseitig durchdringen, was man jedoch in einem zweidimensionalen Diagramm kaum darstellen kann.

Die Stellung von (4) und (5) im Diagramm zeigt, dass das bewusste personale Zentrum zu einem gewissen Grad angehoben ist und die Grenze zwischen Unterbewusstem und Überbewusstem erreicht hat, so dass der Bereich des Bewusstseins zu einem gewissen Grad in die überbewusste Ebene eingedrungen ist. Dieser Zustand ist nicht absolut konstant, aber recht stabil im selben Ausmass, in dem das Bewusstsein des »normalen« ausgeglichenen Menschen als stabil bezeichnet werden kann.

2. *Die zweite Gruppe* von Genies umfasst diejenigen, die *eine aussergewöhnliche Begabung* auf einem bestimmten Gebiet haben. Durch diese Begabung bringen sie Werke hervor (zum Beispiel in der Kunst, Literatur oder Musik), die von aussergewöhnlich hoher Qualität sind, die Persönlichkeit dieser Genies ist jedoch nicht überdurchschnittlich; in manchen Fällen ist sie sogar unterdurchschnittlich im Sinne von schlecht angepasst, in vieler Hinsicht unreif und auf einer Stufe der Persönlichkeitsentwicklung verblieben, die manchmal einem Heranwachsenden entspricht.

Dazu gibt es viele Beispiele; eines der Herausragendsten ist Mozart, der komponierte oder, um wissenschaftlich genau zu sein, durch dessen Nervensystem eine Fülle ausgezeichneter Musik übertragen wurde, als er erst wenige Jahre alt war, und der während seines kurzen Lebens Musik von hoher Qualität schuf, wobei er offen zugab, dass er nicht wisse, woher diese Musik komme oder wie sie geschaffen wurde, - dass er sie »in sich höre oder fühle« und sie nur niederschreiben müsse.

Dieser Prozess kann beschrieben werden als ein Hinabsteigen, ein Eindringen und Durchdringen oder »In-Besitz-Nehmen« des Bewusstseinsfeldes durch die Wirkung psychischer Funktionen, die auf einer Ebene ausserhalb und über der normalen bewussten Persönlichkeit aktiv sind.

Diese zweite Gruppe von genialer Produktivität wird durch das Diagramm IV auf Seite 227 veranschaulicht:

Die Sterne (8) auf der Ebene (3) zeigen einzelne Aktivitäten (zum Beispiel kreative literarische oder musikalische Tätigkeit), die ihr Ergebnis in den Bereich des normalen Bewusstseins der Persönlichkeit projizieren, in ein Gebiet, das auf dieser Ebene bleibt. Die Projektion geschieht in das »Ich« oder personale Selbst, das praktisch unverändert bleibt und lediglich die neuen und uner-

Diagramm IV

1. Das tiefere Unbewusste
2. Das mittlere Unbewusste
3. Das höhere Unbewusste
   oder Überbewusste
4. Das Bewusstseinsfeld
5. Das »Ich« oder bewusste Selbst
6. Das höhere (transpersonale) Selbst
7. Das kollektive Unbewusste
8. Inhalte des Überbewussten

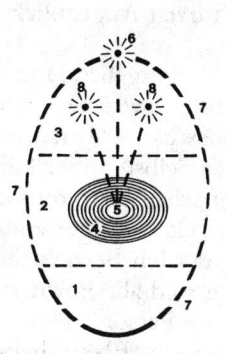

warteten Inhalte oder Ergebnisse von dem, was in ihm arbeitet, aufnimmt, auch wenn es manchmal davon überrascht und verwirrt wird.

Es gibt Menschen, die zeitweise - entweder spontan oder durch ständige innere Übung in Gebet oder Meditation - ihr Bewusstsein in einer bestimmten Richtung entsprechend ihrer Art nach oben lenken können und sich dergestalt auf überbewusste Ebenen hin entwickeln; sie kommen dem spirituellen Selbst manchmal sehr nahe. Aber dies ist ein vorübergehender Zustand, der nicht lange andauert, und oft fallen diese Menschen nach solch intensiven inneren Erlebnissen wieder auf die gewohnte Ebene zurück.

Auch während einer intensiven Konzentration auf abstrakte oder philosophische Gedanken kann das vorkommen, wie es hervorragende Mathematiker, Physiker usw. erleben, und in solchen Augenblicken erhalten sie oft intuitive blitzartige Einsichten, die sie dann in verständliche mathematische Begriffe umzusetzen versuchen.

Zum selben allgemeinen Erfahrungsbereich gehören zwei andere Arten der Erfahrung: ästhetische Erlebnisse, die auf ihrem Höhepunkt eine Art Ekstase und überbewusste Verwirklichung auslösen können, und jene in Augenblicken der Gefahr, wie im Krieg oder bei bestimmten Phasen des Bergsteigens, die den Menschen - statt ihn vor Furcht zu lähmen - zu mutigen Handlungen antreiben. Dies wurde als eine »Erhöhung des Daseins« erfahren und beschrieben, als eine überbewusste Erfahrung für den kurzen Augenblick, den die Situation andauert.

Das Vorhergehende unterstreicht und erklärt indirekt den Unterschied zwischen dem allmählichen Sich-Bewusst-Werden überbewusster Erfahrungsebenen und Erfahrungen der spirituellen Selbst-Verwirklichung. Selbst-Verwirklichung in diesem spezifischen, klarumrissenen Sinn bedeutet eine kurzzeitige, nur mehr oder weniger andauernde Identifikation oder Verschmelzung des Ich-Bewusstseins mit dem spirituellen Selbst. In diesen Fällen sind alle Bewusstseinsinhalte geschwunden, ebenso alles, was die Persönlichkeit darstellt, gleich ob diese sich auf einer »normalen« Ebene befindet oder ob sie eine höhere Synthese erfahren hat, also überbewusste oder spirituelle Ebenen des Lebens als Erfahrung mit einschliesst; es gibt dann nur die reine, intensive Erfahrung des Selbst. Dies wurde schon im Zusammenhang mit der Disidentifikationsübung beschrieben.

13.3. Symbole der spirituellen (transpersonalen) Psychosynthese

Wir kommen jetzt zu den spezifischen Anwendungsformen der Technik der Symbolverwendung mit dem Ziel der Verwirklichung des spirituellen Selbst. Dieser Prozess ist notwendigerweise ein indirekter, denn jedes Symbol stellt lediglich einen Vermittler dar. Dazu sind Symbole besonders geeignet und für manche Menschen notwendig, denn es ist sehr schwierig, einen Bewusstseinszustand direkt zu erkennen, der dem gewöhnlichen Bewusstsein - wenn auch fälschlicherweise - abstrakt erscheint, dem es an fassbaren Qualitäten mangelt. Dies ist ein Paradoxon, denn das spirituelle Selbst ist in Wirklichkeit die stärkste Realität, das eigentliche Wesen unseres Seins. Gerade wegen dieser Schwierigkeit ist die Zuhilfenahme von Symbolen besonders angezeigt.

Es gibt zwei Hauptgruppen von Symbolen, die dazu verwendet werden können, auf das spirituelle Selbst hinzuweisen oder es zu evozieren.

1. *Die erste Gruppe* setzt sich aus *abstrakten oder geometrischen Symbolen und Natur-Symbolen* zusammen. Das wichtigste ist das Symbol der »Sonne«; ihm ähnelt der Stern sowie die Flamme eines Feuers. Ein weiteres wichtiges Natursymbole ist die »Rose«, die zum Beispiel von den persischen Mystikern und den Minnesängern des Mittelalters sowie von Dante in seiner *Göttlichen Komödie* verwendet wurde. Im Fernen Osten, besonders in Indien, wird anstelle der Rose oft die »Lotusblume« als spirituelles Symbol verwendet, manchmal als Lotusblüte mit einem Juwel in der Mitte.

Abstrakte geometrische Symbole werden häufig mit dem Symbol der Sonne und/oder eines Sternes kombiniert; zum Beispiel die Visualisierung eines gleichschenkligen Dreiecks, das die drei Aspekte der Persönlichkeit repräsentiert - physisch, emotional, mental - und über der Spitze des Dreiecks mit einem Strahlenkranz eine Sonne oder ein Stern, das Selbst symbolisierend. Dies ist ein sehr geeignetes Symbol, um den Prozess zu veranschaulichen, in welchem das spirituelle Selbst auf die wiederhergestellte oder neugebildete Persönlichkeit einwirkt und sie durchdringt.

2. *Die zweite Gruppe* von Symbolen für das Erreichen des spirituellen Selbst hat mehr oder weniger personifizierten Charakter. In dieser Gruppe finden wir zum Beispiel Engel, den »Inneren Christus« (im mystischen Sinn), den »inneren Krieger«, den »alten Weisen« und den »inneren Meister« oder Lehrer. Das letzte Symbol, der innere Lehrer, ist besonders nützlich, denn es ist Instrument einer wichtigen und nützlichen Technik zur Herstellung einer Beziehung zwischen dem persönlichen und dem spirituellen Selbst. Es handelt sich dabei um die Technik des inneren Dialogs.

Die Auswahl der Symbole wird natürlich von dem jeweiligen philosophischen und religiösen - oder nicht-religiösen - Hintergrund bestimmt. Religiöse Symbole wie zum Beispiel der Innere Christus wären bedeutungslos für einen Atheisten oder Agnostiker. In solchen Fällen wäre ein Symbol wie der innere Lehrer oder ein bestimmtes Natur- oder geometrisches Symbol angezeigt.

13.4. Die Technik des Dialogs

Bei der Einführung dieser Technik wird der Patient aufgefordert, sich vorzustellen, er sei in einer schwierigen Lage, habe ein persönliches oder zwischenmenschliches Problem, von dem er den Eindruck hat, es könne nicht mit den üblichen rationalen Mitteln der bewussten Persönlichkeit gelöst werden. Wir weisen dann auf folgendes hin: wenn es einen weisen Mann gäbe, einen Lehrer, der die spirituelle und psychologische Kompetenz hätte, das Problem mit ihm zu besprechen und ihm die richtige Antwort zu geben, dann würde er sicher beträchtliche Mühe auf sich nehmen, ein Gespräch mit diesem Lehrer zu erlangen und seinen weisen Rat zu erhalten. Der Patient stimmt dem gewöhnlich zu und wir erklären ihm dann, dass es einen weisen Lehrer in ihm selbst gibt – sein spirituelles Selbst, das sein Problem, seine Krise, seine Verwirrung schon kennt. Auch wenn er keine äussere Reise unternehmen muss, um den Lehrer zu erreichen, so ist es doch notwendig, eine innere Reise durchzuführen, genauer gesagt einen Aufstieg zu den verschiedenen Ebenen der bewussten und überbewussten Psyche zu machen, um sich diesem inneren Lehrer zu nähern, das Problem zu äussern und zum vorgestellten Lehrer zu sprechen, als sei er eine lebendige Person, und wie in einer alltäglichen Unterhaltung auf seine Antwort zu warten.

Manchmal kommt die Antwort sofort und spontan; sie wird klar empfangen und kommt mit Autorität und ohne jeden Zweifel. Das geschieht jedoch nur in den günstigeren Fällen, denn manchmal scheint es überhaupt keine Antwort zu geben. Dies sollte kein Grund zur Entmutigung sein, manchmal verspätet sich die Antwort und kommt in einem unerwarteten Moment, wenn man nicht danach sucht und vielleicht mit anderen Angelegenheiten beschäftigt ist – eine Bedingung, die das Empfangen von Mitteilungen zu erleichtern scheint, denn Erwartung und Anspannung können ein Hindernis für die Aufnahmefähigkeit darstellen.

Es gibt auch indirektere und verwirrendere Möglichkeiten, Antwort auf das Problem zu bekommen. Der Prozess oder Ablauf dieser Übermittlung ist schwer verständlich, und für viele ist sein Vorhandensein nicht erkennbar oder akzeptierbar. Er umfasst die gesamte Gestalt eines Menschenlebens und das subtile unbewusste Wechselspiel mit seiner Umgebung. Es ist jedoch nicht notwendig, den Mechanismus des Übermittelns zu kennen - manchmal wird die Antwort anscheinend spontan durch eine dritte Person oder durch ein Buch oder andere Lektüre oder durch die Entwicklung der Umstände selbst gegeben. Das sollte nicht allzusehr überraschen und mag anzeigen, dass erleuchtende Eindrücke oder psychische Kommunikation uns fortwährend erreichen, auch wenn sie nicht bewusst gesucht werden. Wir sind es, die die vielen und unterschiedlichen »Signale« nicht erkennen. Jedoch hilft es uns, eine Frage zu formulieren und uns in einem Zustand allgemeiner Erwartung zu befinden, das aufzunehmen und zu erkennen, was sonst verborgen bliebe.

Bei dieser Technik des inneren Dialogs sollten wir die Betonung auf den Dialog selbst legen, mehr als auf den »Lehrer«; die Erfahrung zeigt, dass für den Betreffenden *die Antwort* oder *der Dialog* von Interesse ist und *nicht* der Weg oder die Mittel, ihn zu erreichen.

Hier möchte ich Martin Buber erwähnen, der ausführlich über die Wichtigkeit des Dialogs geschrieben hat, sowohl des »vertikalen« Dialogs mit Gott als auch des »horizontalen« Dialogs zwischen Menschen. Er betont ganz richtig den Unterschied zwischen menschlichen und in gewissem Sinne spirituellen Beziehungen und solchen, die zwischen dem »Ich« und dem »Es« hergestellt werden, wobei unter dem »Es« alles das verstanden wird, was objektiv, natürlich, technisch oder mental ist, und er zeigt auf, dass eine grosse Verfehlung des modernen Menschen darin besteht, seinen Mitmenschen als »Es« zu behandeln und nicht als »Du«. Darin hat Buber völlig recht, und er hat auf einen sehr wichtigen Mangel der heutigen Beziehungen hingewiesen. Ich muss jedoch anmerken, dass Buber - wie es häufig geschieht, da es eine Eigenschaft des menschlichen Wesens ist - manchmal übertreibt und die Dialogsituation überbetont, indem er so weit geht zu behaupten, dass diese Beziehung die wahre und einzige Realität sei, dass es keine Realität im Individuum alleine noch auch in Gott alleine gebe, dass die Beziehung der primäre Faktor sei und dass man weder sich selbst noch Gott von der lebendigen Beziehung abtrennen könne. Er macht die Beziehung zur Realität, und die beiden Teilnehmer am Dialog werden relativ und nebensächlich. Darin geht er meiner Meinung nach zu weit. Das Wahre an dieser Überzeichnung ist, dass im realen Leben immer eine Beziehung gegenwärtig ist, ob sie bemerkt wird oder nicht, ob bewusst oder unbewusst. Das Individuum ist niemals völlig allein und Gott (oder die spirituelle Wirklichkeit) ist niemals nur rein transzendent, sondern immer in einer lebendigen Beziehung mit der manifestierten Welt. Das ist nicht dasselbe wie die Behauptung, die Beziehung *sei* die Realität.

Von den personifizierten Symbolen des spirituellen Selbst verwenden wir das des »Inneren Christus«, wenn jemand den christlichen Symbolen relativ offen gegenübersteht, und berücksichtigen dabei zugleich die allgemeine Regel, so viel wie möglich die eigene Terminologie des Patienten in bezug auf den gesamten Bereich seiner Glaubenseinstellungen und Vorlieben zu verwenden. Wie schon erwähnt ist es bei Atheisten möglich, abstrakte, geometrische oder Natur-Symbole zu verwenden oder das des inneren Lehrers, ohne eine mühsame Diskussion darüber anzufangen, ob es eine Gottheit gibt oder nicht. Heutzutage ist es in der überwiegenden Zahl der Fälle besser, sich an den empirischen Zugang zu den Techniken und an die tatsächlichen Ergebnisse zu halten und im Rahmen einer Therapie jede philosophische oder religiöse Frage auszuschalten.

Von frommen Christen, die eine gewisse Neigung zum Mystischen haben, wird das Symbol des »Inneren Christus« bereitwillig aufgenommen. Häufig ist es ihnen keineswegs neu, da viele christliche Mystiker oder Schriftsteller es verwendet haben, und man lenkt die Aufmerksamkeit des Patienten nur auf die spezifische Verwendung des Symbols in Verbindung mit seiner eigenen spirituellen Psychosynthese. Bei vielen Menschen bedeutet das ein Wiederaufnehmen und Erneuern einer früheren Erfahrung.

Man kann noch ergänzen, dass die Vorstellung des Inneren Christus bei vielen Christen nicht immer klar umrissen ist. Es gibt bei ihnen eine gewisse Verwirrung zwischen dem »Inneren Christus« im engeren Sinn einer Personifikation des Selbst und dem »biblischen Christus« als dem Weltvorbild und Sohn Gottes, der sich von innen an ihre Seelen wendet. Bei diesen Menschen ist es aus praktischen Gründen nicht immer notwendig und auch nicht ratsam, die Unterscheidung scharf zu ziehen. Wenn das Symbol seine Wirkung hat, ist das die Hauptsache.

In Verbindung damit lenken wir die Aufmerksamkeit auf das berühmte Werk *Die Nachfolge Christi* (De imitatione Christi), das Thomas von Kempen zugeschrieben wird. Ohne zu versuchen, irgendeine religiöse oder theologische Meinung oder ein Urteil darüber abzugeben, scheinen die ersten drei Bücher der »Nachfolge Christi« vom rein psychologischen Standpunkt aus deutlich ein Dialog zwischen einer suchenden Persönlichkeit und dem Selbst als dem Inneren Christus zu sein.

Man sollte nicht vergessen, dass bei der spirituellen Psychosynthese die mystische Erfahrung kein Ziel an sich ist, es vielmehr um den sehr praktischen Zweck geht, mehr Kreativität zu gewinnen und eine grössere Fähigkeit auf einem bestimmten Gebiet zu erreichen.

Einige semantische Beobachtungen zu »mystisch« scheinen hier nützlich. Dieses Wort wird sowohl in positiver als auch in negativer Bedeutung sehr ungenau verwendet. »Mystisch« im guten und wirklich religiösen Sinn bedeutet die Vereinigung der Liebe mit Gott, ein Zustand spiritueller Ekstase, begleitet von Seligkeit, Selbstvergessenheit und dem Vergessen aller äusseren Realität und Umgebung. Dies ist die mystische Erfahrung als solche, aber sie ist begrenzt, und was immer sie für einen Wert haben mag, so ist es nur eine Stufe oder eine Episode, nicht nur bei der spirituellen Psychosynthese, sondern auch in der Entwicklung des wahren, vollkommenen Christen. Viele christliche Lehrer haben mit Recht darauf hingewiesen, dass das mystische Erlebnis nicht ein Ziel in sich selbst ist, sondern dass der Mensch aus ihm die Energie, den Enthusiasmus und den Anreiz ziehen muss, um zurück in die Welt zu kommen und Gott und seinen Mitmenschen zu dienen. So hat die mystische Erfahrung zwar einen positiven Wert, ist aber kein Ziel in sich selbst, sondern nur Teil der Erfahrung eines spirituellen Lebens.

Es gibt viele Wege zu einem lebendigen Kontakt mit dem Selbst, die überhaupt keine mystische Qualität haben, wenn mystisch in dem erwähnten Sinn verstanden wird. Der Dialog zwischen dem spirituellen Selbst und der Persönlichkeit kann ohne jede emotionale Erhöhung verlaufen. Er kann sich auf einer verstandesmässigen Ebene abspielen, in gewisser Weise unpersönlich, objektiv und deshalb unemotional. Dies sollte man bedenken, besonders bei der Behandlung von Patienten, die keine orthodoxe religiöse Überzeugung oder Zugehörigkeit haben.

13.5. Übungen zur spirituellen (transpersonalen) Psychosynthese

Ich stelle hier drei Übungen vor, von denen jede verschiedene Techniken umfasst, und die sich in der Praxis sowohl in der Therapie als auch bei der Selbstverwirklichung. als besonders wirkungsvoll erwiesen haben. Es sind:

1. Übung zur Gralssage
2. Übung« nach Dantes »Göttlicher Komödie«
3. Übung zum Erblühen einer Rose

1. Übung zur Gralslegende

Diese Übung kann einzeln durchgeführt werden, sie ist aber besonders wirkungsvoll als Gruppenübung für eine Psychosynthese innerhalb einer Gruppe. Ich werde deshalb ihre Verwendung in der Gruppe aufzeigen.

Bei jedem Treffen - im allgemeinen wöchentlich - beschreibt der Gruppenleiter oder Therapeut eine Reihe von Symbolen und ihre jeweilige Bedeutung, die im Text zu Wagners Opern »Lohengrin«, »Parsifal« und verschiedenen Büchern über die Grals- legende und die Gralsritter zu finden sind. Jedesmal, wenn ein Symbol beschrieben und seine Bedeutung erklärt wird, werden

Ausschnitte aus Wagners Musik gespielt, die zum Thema passen. Danach wird die Gruppe aufgefordert, über das Symbol zu meditieren, um seine Bedeutung zu erfassen.

Jedes Mitglied wird aufgefordert, das Symbol zu introjizieren, sich mit ihm zu identifizieren. So geht es beim ersten Gruppentreffen zum Beispiel um die Identifikation mit »Titurel« und in der Folge mit jedem der Charaktere in den folgenden symbolischen Szenen der Oper. Die Gruppenmitglieder werden auch ermutigt, mit diesem Symbol praktische Experimente in ihrem täglichen Leben zu machen, es sich immer zu vergegenwärtigen und darauf zu achten, wieviel davon sie in ihrem täglichen Leben einbringen können. Sie werden auch aufgefordert, Vorstellungen oder Erfahrungen, die sie im Zusammenhang mit dem Symbol hatten, aufzuschreiben und beim nächsten Treffen in die Gruppendiskussion mit einzubringen.

Dies ist ein relativ neues Experiment in der Verwendung von Symbolen, das ein lebhaftes Interesse am gesamten Vorgehen anzuregen vermag. Ich schlage vor, die folgenden Symbolreihen während einer Gruppenübung vorzustellen:

1. Woche:
Titurel, als Symbol eines Menschen, der unzufrieden ist mit all den Sorgen der Existenz und der sich deshalb entscheidet, die Welt, mit der er identifiziert war, zu verlassen. Er macht sich auf, um den Gipfel eines Berges zu besteigen und tut dies beharrlich und mutig, bis er den Gipfel erreicht.

Dies ist die Anwendung der Technik des Aufsteigens. Sie kann interpretiert (und angewendet) werden als der Aufstieg des Bewusstseinszentrums von der gewöhnlichen Ebene der Bewusstheit zu immer höheren Ebenen, danach strebend, überbewusste Bereiche zu erreichen und sich dem spirituellen Selbst zu nähern. In einem umfassenderen Sinn bedeutet es den gesamten Prozess des Aufsteigens im Verlauf der Therapie oder der Phase der Selbstverwirklichung.

2. Woche:
Die Nachtwache. Titurel verbringt die Nacht im Gebet auf dem Gipfel des Berges und bittet um Inspiration. Sein Knien unter dem Himmel ist ein Symbol der Anrufung.

Hier handelt es sich um den Einsatz der Techniken der Konzentration, Versenkung, Anrufung und Stille - der höheren, aktiven Introversion.

3. Woche:
Die Antwort auf Titurels Anrufung. Ein Lichtpunkt erscheint am Himmel, dann eine Schar Engel. Während dieses Symbol der Gruppe vorgestellt wird, kann die Ouvertüre zu »Lohengrin« gespielt werden. Ein Engel bringt den Kelch (den Gral der Legende, das Symbol der Liebe) und einer den Speer (das Symbol der Macht und des Willens).

In einem allgemeineren Sinn ist der Kelch ein wohlbekanntes Symbol für den weiblichen, der Speer für den männlichen Aspekt, und es ist bedeutungsvoll, dass der Engel Titurel beide Symbolgegenstände bringt und damit andeutet, dass er - und später die anderen Ritter - von beiden Gebrauch machen muss. So wird symbolisiert, dass sie eine Synthese von Liebe und Willen in sich selbst herstellen müssen.

4. Woche:
Die Gründung des Ritterordens; Titurel findet und wählt seine Mitarbeiter und bildet die Gruppe.

Dies ist ein Symbol für interindividuelle Psychosynthese. In Zusammenarbeit bauen die Ritter die Burg und den Tempel. Auch hier wieder steht die Burg für den Aspekt der Kraft und ist Symbol der Macht, während der Tempel ein Symbol für den religiösen Aspekt der Liebe und Weisheit ist, der Platz der Kommunion mit dem Geist, dem spirituellen Selbst. In der Legende wird die Burg gebaut, um das gesamte Gebiet rund um den Wohnort der Ritter gegen feindliche Angriffe zu verteidigen. Kelch und Speer werden hingegen im Tempel aufbewahrt, wo die Ritter auch ihre Zeremonien abhalten. Die Burg repräsentiert den menschlichen Aspekt und den Kontakt mit der äusseren Welt, der Tempel stellt das innere Leben und die Quelle der Inspiration für die äussere Aktivitäten dar.

5. Woche:
Das Leben der Gruppe von Rittern in der Gemeinschaft, die sie geschaffen haben; das erfolgreiche Funktionieren des Ordens, der die

Gruppen-Psychosynthese symbolisiert, Bruderschaft, Freundschaft, Gruppenzusammenarbeit.

Dass Gruppenharmonie und -zusammenarbeit ein äusserst schwieriges Unterfangen ist - nicht nur wegen der verschiedenen Individualitäten und dem möglichen Zusammenprall psychologischer Typen und Temperamente, sondern auch wegen störender Einflüsse von aussen -, wird von Wagner sehr dramatisch und wirkungsvoll in seinem »Parisfal« zum Ausdruck gebracht.

Hier baut der Zauberer Klingsor, der wegen seiner moralischen Unwürdigkeit aus dem Orden ausgestossen worden war, eine andere Burg nicht weit entfernt vom Gralstempel. Da er zornig ist über seine Zurückweisung, versucht er das Werk der Gralsritter zu zerstören und macht Kundry zu seinem Werkzeug. Er weist sie an, die Gralsritter in Versuchung zu führen, besonders Titurel, der an dieser Stelle der Legende das Oberhaupt des Ordens ist. Titurel erliegt Kundrys Versuchung, und Klingsor bringt ihm eine Wunde bei, die nicht heilen wird. Titurel ist daran gehindert, seine Aufgaben als Oberhaupt des Ordens zu erfüllen, nämlich das Ritual durchzuführen.

6. Woche:
Die Mission des Gralsordens in der Welt. Die Bitte der Menschen von der Ebene um Hilfe; das Hinabsteigen der Ritter vom Berg in die Ebene, um des selbstlosen Zieles willen, der Menschheit zu dienen.

Dieser Appell aus der Ebene ist das Hauptthema von Wagners »Lohengrin«. Elsa, ungerechterweise ihres Königtums von Brabant beraubt, betet zu Gott und bittet um Hilfe. Die Bitte erreicht die Gralsburg und Lohengrin steigt hinab in die Ebene, um ihr zu helfen und es gelingt ihm schliesslich, sie wieder in ihr Königreich einzusetzen. Das Hinabsteigen in die Ebene stellt ein sehr wichtiges Prinzip der spirituellen Psychosynthese dar, nämlich, dass die Verwirklichung des spirituellen Selbst nicht zum Zwecke des Zurückziehens geschieht, sondern mit dem Ziel, fähig zu sein, einen wirksameren Dienst in der menschlichen Welt leisten zu können. Dies ist ein wichtiger Punkt, der immer wieder hervorgehoben werden muss. Es gibt keine Teilung, keine Trennung zwischen innerem und äusserem, zwischen spirituellem und weltlichem Leben. In der Psychosynthese sollte ein dynamisches Ausbalancieren von beidem gegeben sein, eine weise Hin- und Herbewegung.

7. *Woche:*
Die Ritter kehren, nachdem sie ihre Mission des Dienstes in der Welt erfüllt haben, zur Burg zurück und finden sich in ihren rituellen Zermonien zusammen. Bei der Zeremonie erscheint eine weisse Taube und der Speer schwebt über dem Kelch.

Dies ist symbolisch für das erneute Anfüllen mit spiritueller Energie, das periodisch notwendig ist für einen wirksameren Dienst. Die Gralsritter kommunizieren als Gruppe. Nachdem sie für das kommende Jahr des Dienstes mit neuer Energie »aufgeladen« worden sind, nehmen sie wieder Abschied und lassen eine Kerngruppe zurück, die immer in der Burg bleibt und dort die Aufgaben des Gemeinschaftslebens erfüllt.

2. Übung zu Dantes Göttlicher Komödie

Dantes *Göttliche Komödie* ist sicherlich ein einmaliges Zeugnis menschlichen Genies, das in bestimmter Hinsicht nur mit Goethes *Faust* vergleichbar ist. Einer der einzigartigen Züge ist, dass Dante ganz bewusst Symbolik eingesetzt hat, denn in seiner theoretischen Abhandlung *Il Convivio* (Das Gastmahl) beschreibt er klar, dass es vier verschiedene Bedeutungen der *Göttlichen Komödie* gibt. Die erste ist die wörtliche Bedeutung. Die zweite ist allegorisch, das heisst symbolisch, jedoch mit Symbolen menschlicher und poetischer Art. Er gibt dafür ein Beispiel aus der Mythologie. Die dritte Bedeutung ist die moralische, die auf einer höheren Ebene liegt als die allegorische. Aber es gibt eine vierte und noch höhere Bedeutung, die er »anagogisch«, das heisst »nach oben führend« nennt.

Die zentrale symbolische Bedeutung der *Göttlichen Komödie* ist ein wundervolles Bild einer vollständigen Psychosynthese. Der erste Teil - die Pilgerfahrt durch die Hölle - steht für die analytische Untersuchung des tieferen Unbewussten. Der zweite Teil - der Aufstieg auf den Berg des Purgatoriums - beschreibt den

Prozess der moralischen Reinigung und des allmählichen Ansteigens der Bewusstseinsebene durch Verwendung aktiver Techniken. Der dritte Teil - der Besuch im Paradies oder Himmel - schildert in unübertroffener Weise die verschiedenen Stadien überbewusster Verwirklichung bis hin zur abschliessenden Vision des Universalen Geistes, von Gott selbst, in dem Liebe und Wille verschmelzen.

Dies ist der wesentliche Gehalt, aber es gibt auch eine Fülle weiterer Symbolik. Zum Beispiel: Zu Beginn befindet sich Dante in einem dunklen Wald und ist verzweifelt. Dann sieht er einen von der Sonne beschienenen Hügel und trifft den römischen Dichter Vergil, der in der Dichtung die menschliche Vernunft symbolisiert. Dante schickt sich an, den Hügel zu ersteigen, aber drei wilde Tiere, die das unerlöste Unbewusste darstellen, versperren den Weg.

Vergil erklärt ihm dann, dass er den Hügel nicht direkt besteigen kann, sondern zuerst die Pilgerfahrt durch die Hölle antreten, das heisst eine Tiefenanalyse durchmachen muss und er führt Dante auf diesen Pilgerpfad, hilft ihm und ermutigt ihn und erklärt ihm die verschiedenen Phasen des Prozesses. Vergil begleitet Dante während des ganzen Aufstiegs auf den Berg des Purgatoriums. Als Dante den Gipfel erreicht hat, verschwindet Vergil, das heisst die menschliche Vernunft hat ihre Funktion erfüllt und kann nicht mehr weiter gehen.

Dann wird Beatrice, die die göttliche Weisheit repräsentiert, zur Führerin, und nur sie ist in der Lage, ihn in die Bereiche des Überbewussten zu führen. Das Hauptthema oder Leitmotiv von Dantes *Göttlicher Komödie* ist das eines anfänglichen Abstiegs und eines doppelten Aufstiegs - der Aufstieg auf den Berg des Purgatoriums und durch die verschiedenen Himmel des Paradieses. Dies zeigt interessante Parallelen zu einer modernen Methode der Psychotherapie, die auf der gleichen Thematik des Abstiegs und Aufstiegs beruht, nämlich des »gelenkten Tagtraums« (rêve éveillé) von Desoille. Bei dieser Methode soll der Patient sich vorstellen, wie er auf den Gipfel eines Berges steigt - und in manchen Fällen auch weiter hinauf in den Himmel, wobei vorgestellte Hilfsmittel benutzt werden wie zum Beispiel ein Lichtstrahl oder eine Wolke.

Er wird auch aufgefordert, sich ein Hinabsteigen in die Tiefe des Meeres vorzustellen oder in eine Höhle, die tief in der Erde liegt. Desoille fand, dass die Bilder, die während des Abstiegs hervorgerufen werden, mit der nicht annehmbaren oder bedrohlichen Macht des Unbewussten in Beziehung stehen und auch mit bestimmten Komplexen und Bildern, die mit Elternfiguren zu tun haben können, mit welchen negative Emotionen verbunden sind. Im Gegensatz dazu werden beim Aufstieg auf den Berg positive und konstruktive Gefühle hervorgerufen. Auch Gefühle der Liebe und der Weisheit werden oft durch diese Technik hervorgerufen.

Sie wird auch als Methode der Sublimation angesehen, da es möglich ist, Bilder, auf die man in der Tiefe der Erde oder des Meeres gestossen ist, symbolisch an die Oberfläche zu bringen, sie zu betrachten und dann mit dem Besteigen des Berges fortzufahren. Ein Beispiel ist die Fallgeschichte, die von Robert Gerard berichtet wird, in der sein Patient auf dem Meeresgrund einem Tintenfisch begegnete, der ihn zu verschlingen drohte. Der Patient wurde aufgefordert, sich vorzustellen, wie er sich an die Oberfläche bewegt und den Tintenfisch mit sich nimmt. Beim Erreichen der Oberfläche verwandelte sich der Tintenfisch zur Überraschung des Patienten in das Gesicht seiner Mutter. Der Patient war so in der Lage, unmittelbar zu erleben, wie verschlingend und besitzergreifend seine Mutter war, die ihn auf diese Weise mit Identitätsverlust bedrohte.

Nun wurde, was nicht in allen Fällen möglich ist, der Patient aufgefordert, den Berg in Begleitung seiner Mutter zu ersteigen. Während er immer höher mit ihr stieg, begann er sie in einem anderen Licht zu sehen, als ein menschliches Wesen mit eigenen Rechten, als eine Person, die Qualitäten und Grenzen hat und die unter schwierigen Umständen gekämpft hat. Sie war nicht länger bedrohlich für ihn. Beim Erreichen des Gipfels empfand er das erste Mal ein tiefes Mitgefühl für seine Mutter. Diese Erfahrung trug zu einer deutlichen Verbesserung seines affektiven Lebens bei.

Wenn wir uns wieder Dantes *Göttlicher Komödie* und der auf ihr basierenden Übung zuwenden, sollten wir betonen, dass sie nur mit geeigneten Personen durchgeführt werden sollte, das heisst bei ausreichendem kulturellem Hintergrund und geistigem Weitblick. Solche Patienten fordern wir auf, die Dichtung sorgfältig im Lichte der vier Bedeutungen und ihrer Symbolik zu lesen und zu versuchen, sich mit Dante zu identifizieren. Wir fordern sie auf, regelmässig zu berichten und die Ergebnisse zu besprechen, und wir ermutigen sie, nach Erklärungen der tieferen Bedeutung zu fragen. Für diejenigen, die diese schwierige Aufgabe nicht selbst in Angriff nehmen können, mag es nötig sein, die Dichtung in die verschiedenen Stufen des Abstiegs und des Aufstiegs zu unterteilen, die dann abwechselnd eingesetzt werden können.

Diese Übung kann auch als Gruppenübung verwendet werden und diese Methode wird wahrscheinlich an Bedeutung zunehmen, wenn die allgemeinen Prinzipien und Grundübungen der Psychosynthese bekannter und allgemeiner angewendet werden.

3. Übung zum Erblühen einer Rose

Die Blume wurde im Osten und Westen als ein Symbol für die Seele, für das spirituelle Selbst, das Göttliche angesehen und eingesetzt. China übernahm das Bild der »Goldenen Blüte«, während Indien und Tibet den Lotus wählten (im Aussehen ähnlich einer Wasserlilie), der seine Wurzeln in der Erde hat, den Stiel im Wasser und die Blütenblätter in der Luft, wo er sich unter den Sonnenstrahlen öffnet. In Persien und Europa wurde die Rose vielfach verwendet. Beispiele können in den *Rosenromanen* der Troubadoure gefunden werden, der mystischen Rose, die von Dante im *Paradies* (Canto XXIII) vorzüglich beschrieben wird, und der Rose als Zentrum des Kreuzes, die das Symbol mancher religiöser Orden darstellt. Gewöhnlich ist es die bereits offene Blume, die als Symbol des Geistes dient, und obwohl dies eine statische Wiedergabe ist, kann ihre Visualisierung sehr stimulierend und evozierend sein. Aber noch wirkungsvoller für das Anregen psycho-spiritueller Prozesse ist die dynamische Visualisierung einer Blume, das heisst ihr Übergang und ihre Entwicklung von einer geschlossenen Knospe zur vollgeöffneten Blüte.

Solch ein dynamisches Symbol, das die Vorstellung von Entwicklung vermittelt, entspricht einer tiefen Realität, einem grundlegenden Lebensgesetz, das sowohl die Funktion des menschlichen Geistes beherrscht als auch den Prozess der Natur.

Unser spirituelles Sein, das Selbst, unser wesentlichster und realster Teil, ist verhüllt, begrenzt und »eingeschlossen« erstens durch den physischen Körper mit seinen Sinneseindrücken, dann durch die Vielfalt der Gefühle und verschiedenen Impulse (Furcht, Wünsche, Anziehung und Abstossung) und schliesslich durch rastlose Aktivität des Verstandes. Die Befreiung des Bewusstseins von den Fesseln ist eine unabdingbare Vorbedingung für die Enthüllung des spirituellen Zentrums. Die Instanz, das zu erreichen - und dies gilt für die Natur wie für das Reich des Geistigen - ist die wundervolle und geheimnisvolle Tätigkeit der inneren (biologischen und psychologischen) Vitalität oder »Lebendigkeit«, die mit unwiderstehlichem Druck *von innen* her arbeitet. Deshalb wurde dem Prinzip des *Wachstums*, der *Entwicklung*, der *Evolution* in Psychologie und Pädagogik so viel Aufmerksamkeit geschenkt und dieses Prinzip wird in Zukunft zunehmend angewendet werden. Es ist die Begründung einer der wirksamsten Methoden der Psychosynthese und bildet die Grundlagen der folgenden Übung.

Vorgehensweise

Ich gebe die Übung hier so wieder, wie sie einem einzelnen Patienten oder einer Gruppe vorgestellt werden kann:

Wir stellen uns vor, dass wir einen Rosenstrauch betrachten. Wir sehen vor uns einen Stiel mit Blättern und einer Rosenknospe. Die Knospe ist grün, denn die Kelchblätter sind geschlossen, aber ganz an der Spitze kann man einen rosenfarbenen Punkt sehen. Wir wollen uns das lebhaft vorstellen, indem wir das Bild in den Mittelpunkt unseres Bewusstseins rücken.

Jetzt beginnt eine langsame Bewegung. Die Kelchblätter beginnen, sich ganz allmählich zu entfalten, drehen ihre Spitzen nach aussen und enthüllen rosenfarbene Blütenblätter, die noch geschlossen sind. Die Kelchblätter öffnen sich weiterhin, bis wir die ganze zarte Knospe sehen können.

Nun öffnen sich langsam die Blütenblätter, bis eine voll aufgeblühte, entfaltete Rose zu sehen ist. Wir versuchen, ihren charakteristischen und unverwechselbaren Duft in uns aufzunehmen;

so zart, süss und lieblich. Wir riechen ihn mit grosser Freude. (Vielleicht erinnert man sich daran, dass die religiöse Sprache häufig den Geruch als Symbol eingesetzt hat, zum Beispiel »der Geruch der Heiligkeit«, auch wird bei vielen religiösen Zeremonien Räucherwerk verwendet.)

Erweitern wir jetzt unsere Visualisierung und schliessen den ganzen Rosenstrauch ein. Wir stellen uns die Lebenskraft vor, die von den Wurzeln zu der Blume aufsteigt und den Vorgang des Öffnens bewirkt.

Schliesslich wollen wir uns mit der Rose selbst identifizieren oder genauer, wir wollen sie in uns hineinnehmen. Symbolisch sind wir diese Blume, diese Rose. Dasselbe Leben, welches das Universum belebt und das Wunder der Rose bewirkt hat, bringt in uns ein ähnliches, sogar grösseres Wunder hervor - das Erwecken und die Entfaltung unseres spirituellen Seins und das, was davon ausstrahlt.

Durch diese Übung können wir wirksam das innere »Blühen« unterstützen.

Anmerkungen zur Übung

Die Ergebnisse bei Patienten waren je nach Fall sehr unterschiedlich; aber manchmal standen sie in keinem Verhältnis zur Einfachheit der Übung. Bei manchen Patienten hat sich eine wirkliche Selbstverwirklichung entfaltet und ein Erwecken von latenten inneren Qualitäten, die sicherlich den Heilungsprozess beschleunigten.

Die Wirksamkeit der Übung hängt von der Fähigkeit ab, die Rose zu introjizieren, das Gefühl dieses lebendigen Symbols zu erfahren, so dass es kreativ in uns arbeitet. Es besteht eine tiefe Übereinstimmung zwischen dem Prozess der Entfaltung einer Pflanze und dem, was in unserem Inneren geschieht. Hier könnte man, was bei vielen Patienten hilfreich ist, ausführlich über das Geheimnis der Selbstverwirklichung sprechen, über Aktualisierung und die Betrachtungsweise der »gewöhnlichen« Persönlichkeit als »Samenkorn« dessen, was man werden kann. Es gibt auch Elemente des Widerstandes, des Zweifels, des Schwankens und so weiter; deshalb wird der Patient ermutigt, frei von seinen spontanen Reaktionen zu berichten und dann werden diese wieder und wieder analysiert, bis sie aufgelöst sind und das Blühen und Entfalten sich frei und ungehindert ereignen kann.

Es gibt andere Übungen, analog den drei beschriebenen, die eine Abfolge von Bildern einschliessen und verschiedene Techniken miteinander verbinden, zum Beispiel die Übung der Visualisierung und Introjektion des *Weizenzyklus*: von der winzigen Saat über all die Zwischenstufen bis hin zu einem Laib Brot; zum Beispiel das Pflügen und Düngen des Bodens, das Aussähen der Saat; die Wirkung der Sonne und des Regens; die Saat wächst zu einer Pflanze heran, reift, blüht und bildet das Korn; das Reifen, Ernten, Lagern und Mahlen des Korns und schliesslich die Zubereitung des Brotes, das als Nahrung in organische Substanz umgewandelt wird, um den menschlichen Körper zu erhalten.

Eine weitere Übung basiert auf dem Wachstum von Samen, der von Bäumen stammt. Sein Wachstum und Reifungsprozess gehört auch zu dieser Reihe von symbolischen Übungen.

Der Symbolgehalt dieser Übungen ist offensichtlich, und sie können mit ihrer ganzen Bedeutung eingesetzt werden, die sie für den Prozess der Psychosynthese haben. Sie eignen sich für eher objektive und praktische Menschen. Sie verhelfen auch dazu, die Symbolik in der Natur und in natürlichen Prozessen zu entdecken.

Ich möchte hier noch ein allgemeines Wort der Vorsicht äussern über die individuelle Bedeutung, die Symbole für verschiedene Menschen haben.

Symbole können und sollten nicht einheitlich interpretiert werden. Das selbe Symbol kann für verschiedene Menschen verschiedene und sogar gegensätzliche Dinge bedeuten. Das gilt besonders für Patienten mit schweren seelischen Störungen. Ich möchte deshalb wiederholt warnen vor ungerechtfertigten Verallgemeinerungen sowie vor Interpretationen, die auf in der Vorstellung des Therapeuten festgelegten Bedeutungen bestimmter Symbole beruhen.

14. Techniken für den Gebrauch der Intuition

Ich gehe hier davon aus, dass Intuition als unabhängige und spezifische psychologische Funktion existiert. Sie wurde von C. G. Jung als irrationale Funktion bezeichnet; mit seinen eigenen Worten: »Dieser Begriff kennzeichnet nicht etwas im Gegensatz zur Vernunft, sondern etwas, das ausserhalb des Bereiches der Vernunft liegt.«

Wir werden Intuition vor allem in bezug auf ihre kognitive Funktion betrachten, als seelisches Organ oder Mittel, die Wirklichkeit zu erfassen. Es ist eine synthetische Funktion in dem Sinn, dass sie die Gesamtheit einer gegebenen Situation oder psychologischen Realität erfasst. Sie geht nicht wie der analytische Verstand von den Teilen zum Ganzen, sondern erfasst die Gesamtheit direkt in ihrer lebendigen Existenz. Da sie eine normale Funktion der menschlichen Psyche ist, wird sie vor allem dadurch aktiviert, dass verschiedene Hindernisse ausgeschaltet werden, die ihre Aktivität behindern.

Intuition ist eine der am wenigsten erkannten und geschätzten Funktionen und deshalb eine der unterdrücktesten oder unterentwickeltsten. Sie wird unterdrückt durch einen Mechanismus, der dem der Verdrängung unbewusster Impulse gleicht, aber im allgemeinen ist die Motivation eine andere. Unterdrückung der Intuition geschieht durch Nicht-Erkennen, Abwertung, Vernachlässigung oder Mangel an Verbindung mit anderen seelischen Funktionen. Was den letzten Punkt angeht, so schliesst ein kognitiver Prozess nicht nur die Funktion der Intuition als solche ein, sondern auch ihre intelligente Aufnahme, Interpretation und Eingliederung in das bisherige Wissen.

Es ist notwendig, eine klare Unterscheidung zwischen dem, was man »alltägliche Intuition« nennen könnte und der »spirituellen Intuition« zu treffen. So liegt Intuition, wie sie von Bergson beschrieben wird, überwiegend auf den persönlichen Ebenen, während Intuition, wie Plotin sie beschreibt, rein spirituell ist. Nach Jung ist Intuition auf beiden Ebenen angesiedelt. Hier werden wir die Jungsche Haltung einnehmen und von Intuition im wesentlichen als einer Funktion sprechen, die auf verschiedenen Ebenen aktiv sein und deshalb verschiedene Aspekte annehmen kann, aber dennoch im wesentlichen dieselbe bleibt.

Ziel

Ziel bei der Aktivierung der Intuition ist, dem Menschen eine wertvolle Funktion zugänglich zu machen, die im allgemeinen latent und ungenutzt bleibt, wodurch die Persönlichkeit in ihrer Entwicklung unvollständig bleibt. Ein anderer Zweck ist, ein Instrument zu schaffen, mit dessen Hilfe man die Realität erkennen und sich ihr nähern kann, sowie ein Mittel zur Verbesserung der zwischenmenschlichen Beziehungen durch intuitives Verstehen anderer Menschen. Weiter soll bei der Unterscheidung zwischen echter und falscher, bezw. angeblicher Intuition geholfen werden. Letztere stellt lediglich sentimentale Verallgemeinerungen oder diffuse imaginative Vorstellungen dar.

Prinzip

Wie bei jeder anderen Funktion ist Intuition eine seelische Erfahrung. Jeder, der empfindet, hat auch Gefühle. Er erfährt Empfindung und Gefühl als unmittelbaren Inhalt seines Bewusstseins und fragt nicht nach einem Beweis seiner Existenz oder Realität. Dasselbe gilt auch für die Funktion des Denkens. Es gibt Menschen von einfacher psychologischer Entwicklung, die nie im eigentlichen Sinne »denken«; und dennoch gibt es das Denken. Dieselbe Beweisführung gilt für Intuition. Jeder, der intuitiv ist und die Intuition spontan und natürlich anwendet, erfährt, was sie ist, ohne dass er eine Erklärung oder einen Nachweis braucht.

Die wesentliche Unterscheidung zwischen Erkennen mit Hilfe von Intuition und Erkennen mittels Denk- oder Gefühlsfunktionen sind die folgenden Charakteristiken der Intuition: sie ist unmittelbar und direkt, nicht wie das Denken mittelbar und fortschreitend. Sie ist synthetisch und ganzheitlich, bewirkt also ein sofortiges Erfassen des Ganzen - man könnte auch sagen einer »Gestalt« -, und nicht ein Erfassen verschiedener Teile, die später zusammengesetzt werden, um daraus erst ein Ganzes zu bilden. Intuition in ihrer reinsten Erscheinungsform erfolgt ohne jede emotionale Reaktion in der üblichen Bedeutung dessen, was Emotionen ausmacht, nämlich einer herzlichen Reaktion der Persönlichkeit, im allgemeinen entweder positiv oder negativ gegenüber dem wahrgenommenen Objekt. Intuition, wie auch andere seelische Funktionen, kann durch Aufmerksamkeit und Interesse aktiviert werden. Aufmerksamkeit hat eine nährende Kraft. Sie hat auch eine konzentrierende, ja sogar evokative Kraft. Aufmerksamkeit schliesst auch Wertschätzung, das heisst Wertung, mit ein.

Vorgehensweise

Der erste Schritt ist vorbereitend und hat verneinenden Charakter: die vorübergehende Kontrolle oder Ausschaltung anderer Funktionen aus dem Bewusstseinsfeld, die im allgemeinen spontane und ungehinderte Aktivität haben. Ständig drängen Empfindungen von aussen oder aus dem Körper ins Bewusstsein, ebenso emotionale Reaktionen, und oft ist der Verstand überaktiv und undiszipliniert. All dies behindert, füllt das Bewusstseinsfeld und macht das Aufnehmen oder Erkennen von Intuitionen unmöglich oder schwierig. Deshalb ist eine Art »seelischer Reinigung« des Bewusstseinsfeldes nötig, um bildhaft ausgedrückt - sicherzustellen, dass der Projektionsschirm klar und weiss ist. Das ermöglicht, das Bewusstsein jener Wahrheit oder jenem Teilbereich der Wirklichkeit zu öffnen oder danach zu greifen, mit dem man für die Lösung eines menschlichen oder unpersönlichen Erkenntnisproblems in Kontakt zu kommen versucht.

Dann ist die zweite Stufe möglich, in der man ruhig auf das Ergebnis der Annäherung wartet, dieses Sich-Näherns, das in erfolgreichen Fällen zu einem Kontakt und sogar einer Identifikation mit der Erfahrung von Wirklichkeit oder Wahrheit wird, nach der man gesucht hat.

In diesem Prozess betonen wir die notwendige Kooperation des Willens. Bei jeder Technik gibt es einen »deus ex machina«, und das ist der Wille. Genau wie im ersten Teil das Beruhigen oder Reinigen des Bewusstseins eine bewusste und aktive Handlung des Willens ist, so ist der Wille im zweiten Teil, dem des entspannten und ruhigen Wartens, weiterhin tätig, wenn auch in subtilerer Weise, mehr im Hintergrund. Das ist so, weil der Wille weiterhin gebraucht wird, um eine Haltung des Entspanntseins und der Ruhe zu erhalten, die nicht nur rein passiv ist; metaphorisch gesehen steht er als Wächter an der Tür des Bewusstseins, um Eindringlinge fernzuhalten.

Um den Unterschied zwischen dem Willensvorgang im ersten und zweiten Stadium noch genauer zu klären, könnten wir sagen, dass im ersten Stadium der Wille das, was den Bewusstseinsraum besetzt hält, aktiv entfernt, während er auf der zweiten Stufe nur Wache an der Tür hält, damit kein ungebetener Eindringling eintreten kann.

Eine Charakteristik der Intuition ist, dass sie flüchtig ist und merkwürdigerweise sehr leicht vergessen wird, trotz der Tatsache, dass sie sehr lebendig ist, wenn sie ins Bewusstsein eintritt und der Betreffende dann jeweils nicht annimmt, dass er die intuitiven Wahrnehmungen leicht vergessen könnte. Man kann solche Intuitionen mit einem verirrten Vogel vergleichen, der in ein Zimmer fliegt, schnell eine Runde dreht und nach wenigen Sekunden wieder aus dem Fenster fliegt. Die praktische Schlussfolgerung aus dieser Flüchtigkeit ist, unsere Intuitionen sofort niederzuschreiben, umso mehr, wenn wir an die verzerrende Wirkung der Zeit auf alle unseren Erinnerungen denken. Auch entspricht es einem korrekten wissenschaftlichen Vorgehen, die Intuition sofort genau niederzuschreiben, um sie später nachprüfen zu können.

Als Vorbereitung für die Verwendung der Technik mit Patienten ist zunächst eine Bestandsaufnahme nötig, in der wir den Patienten fragen, ob er jemals schon Intuitionen hatte und wenn ja, ob er sie verlässlich fand oder nicht; weiter wie die Reaktionen auf seine Intuitionen waren, das heisst, ob er sie überschätzt oder sich wegen seiner angeblichen intuitiven Fähigkeiten überlegen fühlte. Je nach der Reaktion des Patienten wird der Einstieg entsprechend verändert. Wenn die Tatsache oder Möglichkeit der Intuition bezweifelt wird, muss ihr Wert betont und müssen Beispiele gegeben werden. Im Fall der Überbewertung muss der Unterschied zwischen Intuition und »Ahnungen« oder Flucht in die Phantasie erklärt und betont werden.

Wenn der Patient in einem frühen Stadium der Therapie intuitive Erlebnisse erzählt, kann dieses Thema sofort aufgenommen werden. Zeigt er dagegen keine Hinweise intuitiver Aktivität, so ist es besser, das Behandeln dieser recht subtilen und schwierigen Angelegenheit aufzuschieben, bis die Behandlung es verlangt, meist in einem recht späten Stadium.

Indikationen und Anwendungsbereich

Die allgemeine Anwendung gilt für Fälle, wo der Patient nach Verstehen im umfassendsten psychologischen Sinne sucht. Nur durch Intuition kommt man zu einem echten Verstehen der eigenen Person und anderer.

Ein allgemeiner Anwendungsbereich ergibt sich bei der Wertung, denn verlässliche Wertung ist häufig das Ergebnis intuitiver Wahrnehmung (des Wesens oder Ziels einer Person, einer Handlung oder einer Situation). Dann muss, wie bei jeder anderen Form der Intuition, diese Wertung mit Hilfe anderer Funktionen, wie zum Beispiel der kritischen Analyse, überprüft und untersucht werden.

Ein anderer grosser Anwendungsbereich liegt auf wissenschaftlichem Gebiet. Auch dort kann Intuition dazu verwendet werden, sich der Wahrheit auf synthetische Weise zu nähern, einer Wahrheit, die umfassenden oder allgemeinen Wert hat - wie zum Beispiel ein Prinzip oder Gesetz.

Was spezifische Indikationen angeht, so ist da zuerst der Psychotherapeut selbst. Ich kann mir keinen echten und erfolgreichen Therapeuten vorstellen, der nicht die Fähigkeit der Intuition entwickelt hat und sie einsetzt. Aus diesem Grund sollte dieser Technik bei jeder Lehr-Psychosynthese besondere Aufmerksamkeit geschenkt werden. Natürlich gilt dies für Erzieher nicht weniger als für Therapeuten. Was die Erziehung angeht, so haben Kinder und Heranwachsende häufig eine sehr aktive Intuition, da sie nicht kontrolliert und gestört wird durch die Überaktivität anderer Funktionen. Deshalb sollte bei der Erziehung Intuition auf einer frühen Stufe behandelt werden.

Am dringendsten bedürfen intellektuelle Menschen der Aktivierung der Intuition; das heisst diejenigen, die einen aktiven oder überaktiven Verstand haben, ganz besonders jedoch Menschen, die sich mit ihrem Verstand identifizieren und stolz sind auf ihre Intelligenz. Sie haben häufig eine sehr einseitige Entwicklung durchgemacht und benötigen ganz allgemein eine Aktivierung auch der anderen Funktionen, die - wie erwähnt - sehr häufig unterentwickelt bleiben. Sogar die Empfindungsfunktionen können von Intellektualität beeinträchtigt sein, und die Gefühlsfunktion wird manchmal verschämt unterdrückt, wobei der Wille praktisch nicht existent ist, ein Mangel, den wir übrigens bei den meisten Menschen finden.

Im Gegensatz dazu gibt es oft Fälle - besonders bei Frauen - wo die Intuition zwar aktiv ist, aber in einer »rohen« und undifferenzierten Art und Weise. In solchen Fällen wäre die Indikation, sie zu verfeinern, zu klären und von heterogenen Elementen zu trennen.

Grenzen und Kontraindikationen

Eine Begrenzung, die auch auf alle anderen Techniken und den Einsatz aller anderen Funktionen zutrifft, ist, dass der isolierte Einsatz jeder beliebigen Funktion nur zu begrenzten und einseitigen Ergebnissen führen kann. Nur durch Zusammenarbeit und synthetische Verwendung aller menschlichen Funktionen kann im Denken oder Handeln Erfolg erzielt werden. Deshalb sollte Intuition, so wertvoll sie auch sein mag, gleichzeitig mit anderen seelischen Funktionen verwendet werden.

Kontraindikationen sind gegeben, wenn jemand zu sehr dazu neigt, von Ahnungen erfasst und beeindruckt zu werden, von illusionären Arten angeblicher Erkenntnis, und wenn die Verstandesfähigkeiten nicht ausreichen, die feine Fähigkeit zu entwickeln, zwischen wahren und falschen Intuitionen zu unterscheiden. In solchen Fällen sollte die Entwicklung der Intuition auf einen Zeitpunkt verschoben werden, wo die anderen komplementären und ergänzenden Funktionen entwickelt worden sind. Hier kommt natürlich die Notwendigkeit hinzu, fähig zu sein, die Verlässlichkeit einer Intuition einzuschätzen und zu wissen, wie man das tun kann.

Kombination mit anderen Techniken

Die wichtigste Kombination ist die von Intuition mit einer kontrollierten mentalen Aktivität und mentalem Unterscheidungsvermögen. Um eine Analogie zu verwenden: es ist eine notwendige und schwierige Ehe, oft stürmisch und manchmal mit Scheidung endend. Viele Menschen ziehen eine solche Verbindung nicht einmal in Betracht; sie sind zufrieden, entweder nur die Intuition oder nur den Intellekt zu gebrauchen. Aber auch wenn der Versuch einer Verbindung unternommen wird, gibt es verschiedene Schwierigkeiten. Manchmal ist ein »Partner« zu herrisch, wertet den anderen ab und hält ihn in Abhängigkeit mit all den Schattenseiten von Unterdrückung und offener oder versteckter Rebellion. In anderen Fällen gibt es ein Schwanken, einen Kampf zwischen den beiden, bei dem zeitweise der eine oder andere überhand gewinnt. Viele Intellektuelle sind beunruhigt, wenn eine Intuition in ihren Gedankenablauf eindringt. Sie sind misstrauisch und behandeln sie sehr vorsichtig; bewusst oder unbewusst unterdrücken sie sie in den meisten Fällen.

Um es direkter zu formulieren: bei der richtigen Beziehung zwischen Intuition und Verstand ist Intuition der kreative Zugang zur Wirklichkeit. Intellekt hat erstens die wertvolle und notwendige Funktion, die Ergebnisse der Intuition zu interpretieren, das heisst zu übersetzen, in akzeptable verstandesmässige Begriffe zu verbalisieren; zweitens, ihre Verlässlichkeit zu prüfen und drittens, sie in den Bereich des schon akzeptierten Wissens einzupassen und aufzunehmen. Diese Funktionen sind die rechtmässige Aktivität des Verstandes, ohne dass er versucht, sich Funktionen anzumassen, die nicht in seinen Bereich gehören. Ein wirklich gutes Zusammenspiel zwischen beiden kann harmonisch in einem aufeinanderfolgenden Rhythmus stattfinden: intuitive Einsicht, Interpretation, weitere Einsicht und ihre Interpretation und so weiter.

Eine der Techniken, die hier eine Rolle spielen, ist die Anwendung des Willens, um die Gefühle in einem ruhigen Zustand zu halten. Besonders günstig für die Aufnahmebereitschaft gegenüber Intuitionen ist, wenn man in einem Zustand emotionaler Ruhe und nicht übermässig gefühlsmässig beteiligt ist. Dafür kann die Übung der Disidentifikation hilfreich sein, ebenso die folgende Übung, die dem Evozieren heiterer Gelassenheit dient.

15. Übung zur Erzielung heiterer Gelassenheit

1. Nimm die körperliche Haltung der Gelassenheit an; entspanne alle Muskeln und baue nervöse Spannungen ab; atme langsam und rhythmisch; bringe mit einem Lächeln heitere Gelassenheit auf deinem Gesicht zum Ausdruck (Man kann dabei entweder in einen Spiegel schauen oder sich mit diesem Ausdruck bildhaft vorstellen).

2. *Denke über heitere Gelassenheit nach*; erkenne ihren Wert, ihren Nutzen, besonders in unserem hektischen modernen Leben. Preise sie, verlange nach ihr.

3. *Evoziere heitere Gelassenheit* und innere Klarheit direkt; versuche sie zu fühlen mit Hilfe der Wiederholung des Wortes oder eines passenden Satzes, einer suggestiven Redewendung oder eines Mottos, zum Beispiel: »Sowohl Handeln als auch Nicht-Handeln haben in mir Raum; mein Körper ist bewegt, mein Verstand ruhig, meine Seele ist klar wie ein Gebirgssee.«

4. Stell dir Situationen vor, die dich aufregen oder irritieren. Sieh dich zum Beispiel mitten in einer aufgeregten Menge, in Anwesenheit einer feindseligen Person, einem schwierigen Problem gegenüberstehend, der Verpflichtung, viele Dinge schnell zu erledigen - sieh und fühle dich jedoch trotzdem ruhig und heiter.

5. Verpflichte dich, während des ganzen Tages heiter und gelassen zu sein; was auch immer geschieht, ein lebendiges Beispiel heiterer Ruhe zu sein und Gelassenheit auszustrahlen.

* * * *

ANMERKUNG:
Mit der selben Vorgehensweise kann jede andere seelische Qualität entwickelt und hervorgerufen werden, wie Mut, Entscheidungskraft, Geduld und so weiter.

Kapitel VI:
Interpersonale Psychosynthese

16. Techniken der interpersonalen Beziehung

Ziel

Das Ziel dieser Technik ist, den Patienten zu befähigen, anderen Menschen gegenüber die richtige innere Haltung zu erlangen und beabsichtigte Handlungen, die sich auf andere beziehen, erfolgreich auszuführen.

Dies geschieht in zwei Stufen: die erste ist, bewusste oder unbewusste Hindernisse auszuräumen, die eine Verwirklichung jener inneren Haltung blockieren. Das schliesst die Entwicklung von wünschenswerten Haltungen nicht nur anderen Menschen, sondern auch sich selbst gegenüber ein. Das zweite Stadium ist ein allmähliches Einüben von Leichtigkeit in zwischenmenschlichen Beziehungen.

Prinzip

Das Prinzip der ersten Stufe, die Beseitigung von Hindernissen, gleicht dem Prinzip der Technik der Katharsis. Die Eliminierung geschieht durch den Ausdruck emotionaler Spannungen, die im Unbewussten und/oder im Bewusstsein existieren. Dies mag etwas mehr als einfache Katharsis einschliessen, nämlich das Verstehen negativer Gefühle und so weiter.

Das Prinzip der zweiten Stufe ist das der kreativen Wirkung imaginativer Visualisierung und der Evokation positiver Bilder. Diese schaffen ein »Vorbild« und erwecken Impulse für erfolgreiche Handlungen.

Vorgehensweise

Die Vorgehensweise kann am besten durch die Beschreibung der Anwendung dieser Technik bei einem einfacheren Fall erklärt werden, das heisst, wie sie eine Handlung und ihre Durchführung vorbereitet und ermöglicht, die schwierig scheint und Furcht und Angst hervorruft.

Zunächst soll der Patient möglichst genau und ausführlich eine verbale Beschreibung der durchzuführenden Handlung geben. Nehmen wir als Beispiel eine mündliche Prüfung. Der Student wird aufgefordert, das Gebäude und den Raum zu beschreiben, wo das Examen stattfinden wird, und viele Einzelheiten über den Prüfer zu geben, über das Thema der Prüfung, die möglichen Fragen und so weiter.

Nachdem der Patient diese Beschreibung gegeben hat, wird er aufgefordert, sich bequem hinzulegen. Dann wird mit Unterstützung des Therapeuten eine Entspannungsübung durchgeführt Ist die Entspannung erreicht, wiederholt der Therapeut die Beschreibung der Prüfung, zusammen mit der Instruktion, sich die Szene lebhaft vorzustellen, so als würde er tatsächlich an ihr teilnehmen. Weiter soll der Patient seine Reaktionen ohne irgendeine Hemmung frei hervorkommen lassen, das heisst die Reaktionen, die durch das imaginative Durchleben der Prüfung hervorgerufen werden, wie zum Beispiel die subjektiven emotionalen Zustände, die begleitenden psychosomatischen Reaktionen wie Zittern, Schwitzen und so weiter. Dies wirkt als Katharsis.

Dieses Vorgehen muss in weiteren Sitzungen wiederholt werden. Häufig sind die Reaktionen in der zweiten Sitzung noch genauso intensiv wie in der ersten, aber mit dem Wiederholen werden sie immer weniger stark, bis sie spontan verschwinden oder sehr schwach werden. Das schliesst das erste Stadium der Technik ab, das man »imaginative Desensibilisierung« nennen könnte; jetzt ist der Zeitpunkt gekommen, wo der Patient ermutigt werden kann, sich der vorher gefürchteten Prüfung zu stellen.

Dieses zweite Stadium können wir »Visualisierung der erwünschten Haltung und erfolgreichen Durchführung« nennen. Dies geschieht jedoch häufig von selbst, denn bei den letzten Wiederholungen des ersten Stadiums fühlt der Patient vielleicht spontan, dass er schon die richtige Haltung erlangt hat, das heisst in seiner Vorstellung kann er jetzt die Prüfung ruhig, zuversichtlich und ohne irgendwelche emotionalen Reaktionen erleben. Wenn sich das spontan einstellt, ist es ein Beweis, dass die negativen Gefühle wirklich beseitigt wurden.

Diese Vorgehensweise mit ihren zwei Stufen kann modifiziert oder an andere Situationen angepasst werden, wie zum Beispiel die Beziehungen mit Eltern oder Vorgesetzten, die vielleicht nicht gerade Furcht, aber doch Ärger und Aggressivität hervorrufen können.

Es ist besonders nützlich, wenn der Patient sich verschiedene Arten von interpersonalen Beziehungen vorstellt mit Eltern, Personen des anderen Geschlechts und so weiter. Dabei soll sich der Patient auf eine Couch legen, um das freie Hervorkommen der verschiedensten Emotionen zu ermöglichen. Erst nachdem dies in einer Folge von Sitzungen wiederholt erfahren wurde, fordern wir den Patienten auf, eine sitzende Haltung einzunehmen und sich die erwünschte Haltung und Beziehung genauer vorzustellen.

Ein Beispiel dafür ist das Folgende: Es geht um eine Patientin, die Schwierigkeiten in ihrer Beziehung zu den Eltern hat. Ich veranlasse sie, sich vergangene Szenen mit ihnen vorzustellen und erneut zu durchleben und zum ersten Mal in ihrem Erwachsenendasein erfuhr sie voll den Zorn und Hass, den sie zu jenen lang zurückliegenden Ereignissen hatte. Erst nachdem diese wiederholt in der Vorstellung durchlebt worden waren, gingen wir zur nächsten Stufe über und sie stellte sich die mögliche »Haltung der Liebe« ihren Eltern gegenüber vor.

Es gibt viele Menschen, die scheinbar normal und seelisch gesund sind, sich dennoch in Beziehung zu anderen Menschen unbehaglich fühlen und deshalb eine Distanz zwischen sich und andere legen. Auch hier ist es notwendig, dass sie noch einmal die oft unbewussten Ängste und andere feindliche Gefühle durchleben, die Grundlage der Schwierigkeiten in ihren persönlichen Beziehungen sind, bevor sie sich in enger vertrauter Beziehung von Wärme und Zuneigung mit anderen Menschen erleben können.

Indikationen und Anwendungsbereich

Indikation und Anwendungsbereich ergeben sich aus dem bisher Gesagten. Sie sind sehr weitläufig und umfassen drei Hauptgruppen von Situationen:

1. Das Ausführen schwieriger oder gefürchteter Handlungen.

2. Die Verwirklichung harmonischer zwischenmenschlicher Beziehungen und anderer komplexerer Arten sozialen Verhaltens.

3. Die Entwicklung von Bewusstheit der Einstellung zu sich selbst und ihre Veränderung zu konstruktiveren und realistischeren Haltungen.

Die Wirkungen dieser Technik sind sehr günstig. Die Menschen empfinden oft ein neues und freudiges Gefühl von Freiheit, von Unabhängigkeit und Beherrschung von Situationen, Aufgaben und Beziehungen.

Grenzen und Kontraindikationen

Es gibt eigentlich keine bestimmten und ernsthaften Kontraindikationen, vorausgesetzt, der Therapeut sorgt im Stadium des freien Hervorkommens von Reaktionen aus dem Unbewussten dafür, dass die bewusste Persönlichkeit des Patienten nicht von einem unkontrollierten Einströmen anderer unbewusster verdrängter Inhalte überschwemmt wird, die durch dieses Öffnen freigesetzt werden können. Solche unbewussten Inhalte haben ihren Ursprung in den tieferen Schichten des Unbewussten, dem sogenannten »kollektiven Unbewussten«. Wie C. G. Jung aufgezeigt hat, kann das eine wirkliche Gefahr sein, und viele Therapeuten konnten dies aus ihrer therapeutischen Erfahrung bestätigen.

Der beste Schutz gegen diese Gefahr, besonders bei Grenzfällen zur Psychose, liegt darin, die Technik erst nach einer Konsolidierung der bewussten Persönlichkeit einzusetzen und erst nachdem der Patient eine Bewusstheit der Gesetze und Abläufe des seelischen Lebens erlangt hat.

Es ist auch möglich - wie von Desoille in seiner Technik des »gelenkten Tagtraums« beschrieben -, dass der Therapeut bestimmte schützende Bilder suggeriert. Er kann auch weniger bedrohliche Bilder einführen, wenn er den Eindruck hat, dass der Patient vielleicht durch unbewusstes Material überwältigt werden könnte.

Kombination mit anderen Techniken

Diese Technik lässt sich gut mit allen analytischen Vorgehensweisen kombinieren oder im Wechsel einsetzen, zum Beispiel mit der Katharsis. Sie steht auch in engem Zusammenhang mit der imaginativen Evokation eines idealen Vorbilds und ist in gewissem Sinne vorbereitend dafür.

17. Anmerkungen zur Technik Henri Baruks für die Beziehung zwischen Therapeut und Patient.

In seinem *Lehrbuch der Psychiatrie* beschreibt Henri Baruk seine Haupttechnik bei der Behandlung psychiatrischer und psychoneurotischer Patienten. Er betont eine Reihe von Techniken, die die Haltung des Therapeuten betreffen, seine Vorbereitung und seine Beziehung zu seinen Patienten.

Die erste und allgemeine Aufgabe des Therapeuten ist, den umfassenden Einfluss zu erkennen, den seine Persönlichkeit - oder vielmehr er als menschliches Wesen - auf den Patienten ausübt. Dies geschieht spontan, natürlich und unvermeidlich, aber er geht dann von diesem spontanen und unbewussten Einfluss zu einem zunehmend bewussteren und direkteren über. Darüber hinaus eliminiert er jene Aspekte des Einflusses, die nachteilig sein oder ein Hindernis bei der Behandlung darstellen könnten und verstärkt oder entwickelt bestimmte mögliche Einflüsse, die bei der Behandlung konstruktiv und hilfreich sind. Dieser Punkt wurde auch von anderen Therapeuten behandelt, zum Beispiel von Alfonse Maeder und dem deutschen Psychotherapeuten Tochtermann (*Der Arzt als Arznei*).

Baruks spezifische Technik basiert auf seiner Auffassung, dass bei jeder Erkrankung, einschliesslich psychiatrischer Fälle, ein Aspekt ist, der unberührt bleibt und dessen Kennzeichen moralisches Gewissen ist. In mehreren seiner Bücher hat er Beweise für die Realität seiner Auffassung geliefert. Baruk wendet sich in seiner Therapie den gesunden Aspekten des Patienten zu, besonders seinem moralischen Gewissen. Er setzt dieses Vorgehen mit einem selbst geschaffenen Wort gleich: »Chitamnie«, das »die Methode des Vertrauens« bedeutet, nämlich dem Patienten zu vertrauen.

Dies war und ist für mich von besonderem Interesse, denn viele Jahre habe ich eine ähnliche Technik verwendet, zu der ich unabhängig von Baruk gekommen bin. Mein Schwerpunkt liegt jedoch nicht so sehr auf dem moralischen Gewissen, sondern besteht darin, sich an den gesunden Teil des Patienten zu wenden, mit dem gleichen Geist des Vertrauens, der Zuversicht und Wertschätzung, die Baruk erwähnt. Meine Erfahrung, dem Patienten zu vertrauen und ihm Vertrauen entgegenzubringen, hat sehr erfreuliche Ergebnisse gehabt, besonders in ernsten Situationen, wie zum Beispiel bei Selbstmordversuchen. In solchen Fällen versucht man, sich abzusichern und den Patienten in eine Institution einzuweisen. Im Gegensatz dazu habe ich jedoch den Patienten dann so angesprochen:

"Sie wissen um den ernsten Charakter Ihrer Handlung. Als Arzt müsste ich Sie zu Ihrem eigenen Schutz in eine Institution einweisen. Es gibt jedoch eine Alternative, die ich Ihnen anbieten möchte: wenn Sie mir Ihr Versprechen geben, für einen festgesetzten Zeitraum (im allgemeinen sage ich einen Monat, in schwierigeren Fällen eine Woche) keinen weiteren Selbstmordversuch zu begehen, bin ich bereit, mit Ihnen eine intensive psychotherapeutische Behandlung zu beginnen. Seien Sie sich der ernsten Konsequenzen für Sie selbst und indirekt für mich klar. Wenn Sie also das Gefühl haben, genügend Kontrolle zu haben, um mir aufrichtig Ihr Wort zu geben, in diesem Zeitraum keinen Selbstmordversuch mehr zu unternehmen, dann bin ich bereit, dieses Risiko auf mich zu nehmen. Am Ende dieses Zeitraums werden Sie genug über Psychotherapie und die allgemeinen Möglichkeiten dieser Behandlung wissen, um selbst beurteilen zu können, ob Sie bereit und gewillt sind, weiterzumachen und Ihr Versprechen zu erneuern oder, wenn nicht, freiwillig in eine Institution zu gehen. Dort kann meine Behandlung fortgesetzt werden, aber Sie werden äusseren Schutz gegen Ihre selbstzerstörerische Impulse haben."

In jedem Fall, in dem ich diese Methode angewendet habe, waren die Ergebnisse positiv. Die Behandlung war jeweils natürlich sehr intensiv, und die Sitzungen fanden täglich oder alle zwei Tage statt.

Die psychotherapeutische Beziehung ist grundlegend für die Psychotherapie, und wir haben dieses Thema nur gestreift. Es erfordert ein intensives Studium und die Entwicklung einer Reihe von Techniken, die dem Therapeuten bei der Entfaltung eines angemessenen inneren Handelns helfen würden. Dabei ist die Persönlichkeit des Therapeuten einer der wichtigsten Faktoren.

Auch Carl R. Rogers betont die Bedeutung des Vertrauens in die Fähigkeit des Patienten, positive und konstruktive Kräfte zu mobilisieren, an die sich Rogers wendet. Ich stimme jedoch mit ihm in seinem nicht-direktiven Ansatz nicht in allem überein, da ich den Eindruck habe, dass aktive Techniken notwendig sind, wenn der Therapeut mit mehr als nur einfachen Beratungssituationen konfrontiert ist. Ich meine, dass die Rolle des aktiven Beraters eine normale konstruktive Rolle in zwischenmenschlichen Beziehungen ist. Sie sollte mehr jener eines »weise führenden Vaters« entsprechen, der durch Vorbild und das Beantworten von spontanen Fragen Vertrauen und Respekt gewonnen hat. Die Rolle des Vaters ist es, die Führung so zu gestalten, dass Versuche und Irrtümer oder sogar ernste Fehler vermieden werden können, um so den Weg zur angestrebten Selbstausrichtung und Selbstverwirklichung zu verkürzen und leichter zu machen.

Wenn wir noch einmal auf die Methoden von Henri Baruk Bezug nehmen, so können wir beobachten, dass der moralische Sinn oder das Gewissen eines der direkten Kennzeichen des spirituellen Selbst sind, wenn auch nicht das einzige. Ich glaube deshalb, dass der Therapeut, wenn er sich an die bessere und höhere Natur des Patienten wendet, wohl den moralischen Aspekt voll berücksichtigt, sich aber nicht auf dieses moralische Gefühl beschränken sollte, sondern erkennen, dass auch die anderen Aspekte und Aktivitäten einer spirituellen und überbewussten Natur anzusprechen sind.

Eine Grenze für diese Technik besteht bei Psychosen und psychiatrischen Fällen. Dies wird deutlich bei Baruks Beschreibung bestimmter Fälle und den Auswirkungen seiner Technik. Sie erfordert ein hohes Mass an Geduld, Aufmerksamkeit und Interesse auf Seiten des Therapeuten, aber auch viel Zeit.

Deshalb ist es notwendig, dass nicht nur der Therapeut diese Haltung des Vertrauens annimmt, sondern auch alle anderen, die im Verlauf der Behandlung mit diesem Patienten umgehen. Auch sie sollten angewiesen werden, diese Haltung einzunehmen, um nicht wieder zunichte zu machen, was der Therapeut zu erreichen versucht. Darüberhinaus sollten sie aufgefordert werden, aktiv mit ihm zusammenzuarbeiten, eine Atmosphäre des Vertrauens um den Patienten zu schaffen. Deshalb ist die Zeit, die der Therapeut aufwendet, die Familienmitglieder und Krankenschwestern oder Pfleger zu unterweisen, gut angewendet. Das Training von Krankenschwestern und Hilfskräften dient dann allen Patienten, mit denen der Therapeut im weiteren Verlauf zu tun haben wird. Dies wird zunehmend anerkannt, besonders in Amerika unter dem Begriff »therapeutische Gemeinschaft«.

Es gibt einen Punkt, der vielleicht der Klärung bedarf, nämlich dass es verschiedene Ebenen des moralischen Gewissens gibt, und dass es sehr wichtig ist, zwischen ihnen zu unterscheiden. Auf der einen Seite ist das moralische Gewissen, das Freud ausführlich unter der Bezeichnung »Über-Ich« erörtert hat; es ist zu einem grossen Teil aus elterlichen Ge- und Verboten introjiziert. Diese Art von Gewissen besteht sozusagen auf der Ebene der Persönlichkeit und es ist stark mit der Furcht vor Konsequenzen, etwas falsch zu machen, verknüpft. Ihm haftet eine Rigidität an, eine fast kindliche Art von »Schwarz-Weiss-Moral«.

Im Gegensatz dazu ist das moralische Gewissen, das dem spirituellen Selbst entspringt, eine weise, liebevolle Art eines moralischen Gewissens; es ist nicht streng und folgt in gewissem Ausmass dem Prinzip, das in den Worten von Christus so gut ausgedrückt ist: »Liebe deinen Nächsten wie dich selbst.« Das bedeutet: Liebe dich selbst mit einem echten Wissen und Verstehen der

Probleme der Persönlichkeit. Deshalb ist diese Art des Gewissens nicht rigide, und indem sie über bestimmte Verhaltensregeln hinausgeht, hat sie eine gewisse Qualität von Universalität der Werte.

Diese Unterscheidung ist sehr wichtig, und man muss sie sich gut vergegenwärtigen, um repressiven Moralismus zu vermeiden, gegen den die Psychoanalyse und die ganze moderne Welt reagiert haben, manchmal auf heftige und extreme Weise. Man kann jedoch in der Persönlichkeit die elementare Manifestation einer höheren, wahren, echten spirituellen Moral finden, die von Baruk mit Recht herausgestellt wurde. Es ist der Gerechtigkeitssinn. Baruk sagt, dass sogar bei sehr stark beeinträchtigten Patienten ein Sinn für Gerechtigkeit weiterbesteht.

Viele gewalttätige Patienten sind voller Zorn über wirkliche oder angebliche Ungerechtigkeit, die ihnen zugefügt wurde, auch wenn sie nur ganz geringfügig gewesen ist, weil sie symbolisch für die Ungerechtigkeit steht, die ihnen in ihrer Vergangenheit gesamthaft zugefügt wurde. Baruk untersucht bei solchen Patienten besonders eingehend diesen Punkt von Ungerechtigkeit oder Unrecht, mit - wie es scheint - sehr guten Ergebnissen. Er hat dieses Thema intensiv studiert und einen Test für den Gerechtigkeitssinn entwickelt, den er - mit einem hebräischen Wort - »Tsedek-Test« nennt.

18. Einige allgemeine Anmerkungen zu den einzelnen Techniken

Ich möchte wiederholen, was zu Beginn gesagt wurde, dass dies nur einleitende Bemerkungen zu den Techniken der Psychosynthese sind, erste Annäherungen, die in der Praxis eingesetzt und geprüft werden sollten. Ich freue mich über jeden Kommentar, Bericht, jede Verfeinerung, Ergänzung und Erfahrungen mit bestimmten Fällen und werde jede Mitarbeit dieser Art herzlich willkommen heissen.

Ich wurde gefragt, ob ich Statistiken liefern könne, die die Ergebnisse der Anwendung dieser Techniken erfassen. Ich bin der

Meinung, dass es schwierig wäre und von zweifelhaftem Wert, Statistiken dieser Art zusammenzutragen, und zwar aus folgenden Gründen:

1. Die Behandlung jedes Patienten erfordert eine Kombination und ein Verändern von Techniken entsprechend spezifischen Merkmalen und Bedürfnissen jedes Einzelnen.

2. Jeder Patient wird eher vom Standpunkt seiner spezifischen individuellen Konstitution und Situation aus betrachtet, befragt und behandelt, denn als Mitglied einer bestimmten Gruppe.

Mit anderen Worten, wie anfangs aufgezeigt wurde, ziele ich mehr darauf ab, eine *Einschätzung* durchzuführen als Standard-Diagnosen zu stellen. Wir finden beim selben Patienten oft Symptome, die allgemein unter verschiedenen psychiatrischen Bezeichnungen eingeordnet werden, wie die unterschiedliche Kombination von psychosomatischen Störungen, neurotischen Symptomen, sexuellen Schwierigkeiten und so weiter.

Die besten Ergebnisse wurden bei der Heilung von psychosomatischen Störungen und Phobien erreicht. Eine andere Tatsache, die ich bestätigt fand, ist, dass der Erfolg einer Behandlung viel mehr mit dem Grad der aktiven Zusammenarbeit von Seiten des Patienten positiv korreliert als mit der Art und Intensität seiner Symptome. Das erklärt das paradoxe Ergebnis, dass in manchen Fällen ernsthaftere Beschwerden auf eine Behandlung stärker ansprechen als weniger ernsthafte. Das erstere mag im Patienten einen stärkeren Anreiz hervorbringen, die Forderungen, die eine Behandlung mit sich bringt, zu akzeptieren und auf sie einzugehen.

Aus diesem Grund habe ich den Eindruck, dass Forschung nutzbringend auf ein intensives Studium und die Behandlung einer vergleichsweise kleinen Zahl von Fällen gerichtet werden könnte - deren Ergebnis detaillierte und gründlich erörterte Fallgeschichten wären - als auf eine mehr allgemeine Behandlung einer grossen Zahl von Fällen, die für statistische Zwecke benötigt werden.

Therapeuten dürften es interessant und bereichernd finden, selbst mit diesen Techniken zu experimentieren, vor oder gleichzeitig mit deren Einsatz in ihrer Praxis oder - modifiziert und darauf abgestimmt - bei der Erziehung. Es gibt viele Techniken, die hier nicht erörtert werden konnten, aber es besteht die Hoffnung, dass es in den kommenden Jahren möglich sein wird, weitere Techniken vorzustellen.

Darüber hinaus gibt es noch die grosse Aufgabe, anhand von Fällen zu illustrieren, wie verschiedene Techniken in bestimmten therapeutischen Situationen angewendet werden. Ich habe jedoch den Eindruck, dass es auf dieser Stufe wichtiger ist, die Grundstruktur einiger fundamentaler Techniken vorzustellen als zu sehr ins Detail zu gehen.

3. TEIL: ANHANG

Das Katathyme Bild-Erleben

Der vorliegende Artikel basiert auf einem unpublizierten Manuskript von **Hanscarl Leuner**, M.D. Psychiatrische Universitätsklinik Göttingen, sowie **H.J.Kornadt**, Ph.D., Psychologisches Institut der Universität Würzburg, Westdeutschland. Übersetzung ins Englische, Herausgabe und Ergänzungen durch **W. Swartley**, Ph.D., Self Analysis Institute von Philadelphia, Pa.; die Übersetzung ins Deutsche machte **Werner Stephan**, Lic. Phil., Thalwil.

(Anmerkung des Übersetzers: Der englische Originaltitel »Initiated Symbol Projection« (ISP) wurde übersetzt mit dem im Deutschen bekannteren und auch von H.Leuner gebrauchten Ausdruck »Katathymes Bilderleben«, abgekürzt jeweils mit KBE.)

Das Katathyme Bild-Erleben ist sowohl eine psycho-diagnostische wie auch eine psycho-therapeutische Technik. Das Folgende behandelt lediglich eine Diskussion der diagnostischen Aspekte dieser neuen Technik. Entwickelt wurde diese Methode in Westdeutschland seit 1948 zuerst als eine therapeutische Technik, wonach sich erst in jüngerer Zeit aufgrund der therapeutischen Erfolge allmählich standardisierte diagnostische Vorgehensweisen herauskristallisiert haben. Die ersten sorgfältig kontrollierten experimentellen Studien, die im Folgenden dargestellt werden, vergleichen die Technik des KBE mit anderen diagnostischen Methoden, um die speziellen Vorteile des KBE besser erfassen zu können. Die Resultate sind jedoch sowohl für die psycho-diagnostische wie auch die therapeutische Situation anwendbar und bieten uns einen verbesserten Weg, kontrollierte Daten über das psychologische Funktionieren des noch immer wenig bekannten Unbewussten zu erhalten.

Historischer Rückblick

Das KBE hat entwicklungsmässig drei wichtige Wurzeln:

1) als psycho-therapeutische Technik,
2) als projektiv-diagnostische Technik und
3) als phänomenologische Beschreibung von psychologischen Prozessen.

1) Die therapeutische Technik.

Gemäss Ernest Jones entdeckte Josef Breuer die Technik der Katharsis in der Arbeit mit seiner berühmten Patientin Anna O. Breuer beobachtete nämlich, dass sich seine Patientin wie erlöst fühlte, wenn er sie unter Auto- oder therapeutisch induzierter Hypnose unangenehme Ereignisse des Tages oder *erschreckende Halluzinationen* wiedererleben liess. Therapeutisch gesehen kann das KBE ebenfalls als eine kathartische Methode angesehen werden, auch wenn im KBE kaum oder nur leichte Hypnose angewendet wird. Man könnte deshalb das KBE auch eine »symbolische Katharsis« nennen, hervorgerufen durch psychologische Erlebnisse während der induzierten Visualisation im Zusammenhang mit den Fantasien und Halluzinationen anstelle der durch das Gedächtnis unterdrückten realen Inhalte. Weitere dem KBE ähnliche kathartische Techniken sind die noch älteren Methoden von Silberer, L. Frank und K. Tuczek.

Freud wandte sich allerdings bald ab von der Technik der Hypno-Katharsis, da es ihm nicht möglich war, alle seine Patienten zu hypnotisieren (zumindest bis zu jenem tiefen Grade, den er erreichen zu müssen glaubte). Später kam er zum Schluss, dass die Hypnose eine erfolgreiche Übertragung und die Analyse des Widerstandes verhindere, beides zwei Grundpfeiler in seiner späteren Behandlungsmethode. Deshalb entwickelte er die Technik der »freien Assoziation«, die er später eine »konzentrative Technik« nannte. Er bat seine Patienten, sich auf ein Symptom zu konzentrieren und - sofern sich keine entsprechende Erinnerung einstellte - presste seine Hand auf die Stirne der Patienten mit der Suggestion, dass sich nun Gedanken einstellen würden. Das KBE unterscheidet sich von dieser Suggestionstechnik dadurch, dass durch das »symbolische Erleben« weniger bedrohliche Situationen gebraucht werden als es die unterdrückten Erlebnisinhalte oder direkt hervorgerufenen Symptome sein können.

Freuds Technik der Freien Assoziation und die Traumanalyse ähneln dem KBE jedoch darin, dass sie ebenfalls diagnostische und therapeutische Technik zugleich sind. Freud wandte sich der Traumanalyse auch deswegen vermehrt zu, weil sie das diagnostisch und therapeutisch oberflächliche »Kreisdenken« während der Freien Assoziation vermied. Gegenüber der Traumanalyse hat das KBE zwei entscheidende Vorteile:

1) Die Unabhängigkeit vom nicht kontrollierbaren Erscheinen der Träume, und

2) das Wegfallen der Schwierigkeit - oder sogar Unmöglichkeit - einer vollständigen Analyse und Übertragung in unsere bewusste Sprache dessen, was Erich Fromm »die vergessene Sprache« der Träume nannte. Das KBE erlaubt nämlich eine beinahe willkürliche Übertragung der traumähnlichen Erlebnisse in unser Bewusstsein. Das KBE bricht auch insofern radikal mit der analytischen Technik, als dass sie zwar einige analytische Methoden gebraucht, im Grossen und Ganzen jedoch in der Diagnostik und Therapie *nicht-analytisch* bleibt. Die klinische Erfahrung hat gezeigt, dass für eine sinnvolle Diagnose oder auch therapeutische Effektivität in vielen Fällen das »symbolische Erleben« während des KBE eine weitere Analyse überflüssig macht.

Freud entdeckte, dass Träume gewisse allgemeingültige Themen aufweisen wie etwa das »Inzest-Motiv«, was bei der Interpretation der Trauminhalte sehr hilfreich war. Trotzdem widersteht die Traumanalyse einer wissenschaftlichen, vor allem experimentellen, Kontrolle. Das KBE bietet uns hier eine neue, einfache Methode, die Gültigkeit von Freuds Konzeption der universellen Traumsymbole nachzuprüfen.

Nachdem C. G. Jung das Interesse an seinem Assoziations-Test, der geschichtlich gesehen einen wichtigen Platz in der Entwicklung von projektiven psycho-diagnostischen Tests einnimmt, verloren hatte, wandte auch er sich dem Problem der Traumanalyse zu, indem er versuchte, diese allgemeingültigen Symbolinhalte, die er Archetypen nannte, genauer zu erfassen. In Bezug auf eine wissenschaftliche Kontrollierbarkeit seiner Trauminterpretationen liess Jungs Arbeit mit seinen vielen Bezügen auf die alchemistische und mythologische Literatur jedoch viel zu wünschen übrig, speziell was die experimentelle Überprüfbarkeit seiner Archetypen-Theorie angeht.

Jung betonte die Wichtigkeit der Analyse von *Traumserien*. Seine Weltanschauung unterschied sich von der Freuds in einigen wesentlichen Punkten. Freuds Psychoanalyse ist charakterisiert durch eine mehr reduktive Betrachtungsweise hinsichtlich der jeweiligen persönlichen Vergangenheit und instinktiven Gegebenheiten seiner Patienten, die in den verschiedenen Perioden von Freuds Denken manchmal mehr, manchmal weniger mit der Sexualität in Zusammenhang gebracht wurde. Jungs Analyse hingegen ist mehr psycho-*synthetisch*, indem sie versucht, den Menschen mehr aus der Sicht seiner grundlegenden Motivationen und hinsichtlich einer Integration der jeweiligen psychologischen Komponenten zu verstehen. Mehrere von Jungs Ideen sind grundlegend für den Gebrauch des KBE als eine therapeutische Methode, wie zum Beispiel die Methoden der »Konfrontation« oder der »Vereinigung symbolischer Gegensätze«. Auch war für Jung die Analyse nicht ganz so wichtig und letztes Ziel wie für Freud. Jung war weitgehend damit zufrieden, wenn er seine Patienten zu einem »grossen Traum« führen konnte, den er, sofern der therapeutische Effekt offensichtlich war, unanalysiert liess.

Seine Technik der »Aktiven Imagination« hat Jung nur andeutungsweise beschrieben. Sie ist dem KBE sehr ähnlich, wenngleich er seine Patienten aufforderte, eher alleine als in der Gegenwart eines Psychologen zu visualisieren. Jung schien die Anwesenheit der psychologischen Präsenz während der »Aktiven Imagination« zu fürchten, da diese die essentielle Spontaneität und den Wert der Visualisation gefährden könnte. Experimente mit dem KBE haben jedoch das Gegenteil ergeben, sofern der Psychologe geschickt genug ist, den Patienten zu ermutigen und in seinen Visualisationen zu führen, indem er ihm hilfreiche Symbole anbietet, wenn seine Fantasie austrocknet oder allzu erschreckend wird.

Unter den wenigen systematischen Vorläufern des KBE ist das *Autogene Training* von J.H. Schultz zu nennen, das oft mit dem KBE direkt kombiniert wird. Das KBE steht vor allem mit den Oberstufen des »Autogenen Trainings« in naher Verbindung, welche jedoch von Schultz und seinen Nachfolgern nur sehr verschwommen beschrieben worden ist. Die ersten zwei Symbole von Carl Happichs geschichtlich gesehen wichtiger Technik der meditativen Psychotherapie finden auch im KBE Verwendung. Die Betonung der nach *unten* gerichteten Symbole gegenüber den von Happich nach *oben* gerichteten Visualisationssymbole wurde der Technik des »Wachträumens« (Rêve éveillé) von Robert Desoille entnommen.

2) *Die projektiv-diagnostische Technik*

Jungs Assoziations-Test von 1906 führte zum ersten Mal zu einer experimentellen Kontrollierbarkeit im Bereiche der Tiefenpsychologie. Seine standardisierten Listen der Schlüsselworte war ein früher Versuch einer experimentellen Kontrolle von Freuds Freier Assoziationstechnik und kann als die frühe Form eines Projektionstestes angesehen werden. Unglücklicherweise wird die Gültigkeit von Jungs Test beschränkt durch die spezielle Natur der Freien Assoziation, die - wie es sich mit der Zeit gezeigt hat - nur eine beschränkte diagnostische Gültigkeit hat.

Jungs Test regte Rorschach an, seinen nach ihm benannten Test zu schaffen. Die Antworten auf seine Klecksbilder haben bereits eine grössere diagnostische Gültigkeit. Jedoch obwohl Rorschach und seine Nachfolger versucht haben, eine wissenschaftliche Kontrollierbarkeit der Antworten auf die zehn standardisierten Tintenklecksbilder einzuführen, bleiben die Interpretationen der Rorschach-Protokolle in einigen wichtigen Aspekten subjektiv beschränkt.

Andere Projektionstests wurden entwickelt wie der *»Thematic Apperception Test«* (TAT) oder Rosenzweigs *»Bilder-Frustrations-Test«*; jeder Test nahm für sich in Anspruch, die Beschränkungen früherer Test zu überwinden. Die Schwierigkeit bestand jedoch darin, einen Test zu ersinnen, welcher zwar bedeutsame Inhalte aus den Tiefenschichten der Persönlichkeit hervorrufen konnte, andererseits jedoch eine wissenschaftliche Kontrolle und experimentelle Verifizierung der Testantworten zuliess.

Das KBE verringert zwei der hauptsächlichsten Beschränkungen der bisher existierenden Projektionstests. Erstens ist die typische Spontaneität, die der psychodynamischen Organisation zugrunde liegt, weniger »gedämpft« durch die wissenschaftliche Interpretation der Testresultate. Zweitens und noch wichtiger ist, dass der Psychologe aktiver am Test teilnehmen kann und den schnellen Fluss der diagnostisch wichtigen Manifestationen beeinflussen kann, ohne jedoch die grundlegende Gültigkeit der Testantworten zu beeinträchtigen.

So gesehen kann man sagen, dass die Position, die das KBE einnimmt, etwa in der Mitte liegt zwischen dem stark strukturierten TAT und dem wenig strukturierten Rorschach-Test. Andererseits kann man jedoch auch sagen, dass die Symbol-Vorgaben durch das KBE inhaltlich betrachtet wenig strukturiert sind, was sogar eine grössere Vielfalt an Projektionen erlaubt als beim Rorschach-Test. Gemessen an der Vielfalt, »Tiefe« und offensichtlichen Signifikanz der hervorgerufenen Antworten rangiert das KBE weit über allen anderen Projektionstests.

Das KBE bietet zwei verfeinerte Methoden an, den diagnostischen Wert zu überprüfen. Die erste könnte man die *Methode der übereinstimmenden Projektionen* nennen, die meistens verwendet wird, um die Gültigkeit der Interpretationen von Projektionstests zu überprüfen. Dabei wird ein Projektionstest einer Gruppe von Personen vorgelegt, die alle an derselben Krankheit leiden, wonach man nach einer Übereinstimmung in deren Antworten sucht. Oder aber man lässt den Test von derselben Person nochmals machen, nachdem sich in deren Krankheitsbild eine spezifische Verbesserung oder auch Verschlechterung zeigt, wonach man nach Übereinstimmungen sucht zwischen den Veränderungen der Persönlichkeit und den Antworten im Test vor und nach der Veränderung.

Selbst wenn man die Methode der Übereinstimmung verwendet, um die Gültigkeit der Diagnose nur abzuschätzen, hat das KBE mehrere Vorteile gegenüber den meisten anderen Projektionstests. Erstens erlaubt der wenig strukturierte Charakter der Symbol-Stimuli regelmässige Nachuntersuchungen, die auch feine Veränderungen während einer Therapie enthüllen. Zweitens sind die Stimuli, welche die Projektionen hervorrufen, lebendige Symbolbilder gegenüber den Testbildern des TAT oder den Tintenklecksen, weshalb die projektiven Antworten ebenfalls lebendige Reaktionen sind gegenüber diesen Symbolen, was die »Tiefe« der Diagnose auf jene psychologische Ebene verlagert, auf welcher eine psychologische Behandlung am effektivsten ist. Wenn Freuds und Jungs Beobachtungen der grundlegenden symbolischen Motive unter den unbewussten Manifestationen richtig sind, dann stellen diese Symbole eine ausgezeichnete Grundlage dar für eine sinnvolle diagnostische Kategorisierung, die um ein Mehrfaches besser ist als es der TAT oder Roschachtest anbieten können. Es ist bemerkenswert, dass man in der Therapie bisher einen so grossen Gebrauch von Symbolen gemacht hat, jedoch so wenige Methoden entwickelt hat, diese Symbole auch bei den diagnostischen Techniken anzuwenden.

Die zweite Art, die diagnostische Relevanz zu überprüfen, könnte man den *Hinweis auf eine angezeigte Therapiemethode* nennen. Diese Methode ist bei keiner anderen der diagnostischen Techniken so direkt anwendbar wie beim KBE. Die grosse Beschränkung der meisten psycho-diagnostischen Techniken ist die, dass die rohen Testresultate zuerst mittels einer wissenschaftlichen Terminologie interpretiert werden müssen, die dann wiederum rückübersetzt werden müssen in eine therapeutische Anweisung. Den Wert und die Notwendigkeit eines solchen Prozesses, der mehrere Zwischenschritte beinhaltet zwischen Diagnose und Therapie, steht wohl ausserhalb jeder Diskussion. Idealerweise weist eine Diagnose ohne jeden Zwischenschritt direkt auf die richtige Therapie hin. Da das KBE nun sowohl eine diagnostische wie auch eine therapeutische Technik ist, bietet es die seltene Gelegenheit, eine Diagnose direkt in einer *symbolischen Terminologie* zu erhalten, welche unmittelbar auf der symbolischen Ebene in den therapeutischen Prozess eingebracht werden kann. Die klinische Erfahrung hat gezeigt, dass die Quelle der meisten psychologischen Fehlfunktionen auf einer kindlichen oder primitiven, meist weitgehend vor-bewussten Stufe liegt. Auf dieser Stufe jedoch besteht das Denken weitestgehend aus einer »Symbolsprache«, weshalb die ungelösten Kindheitskonflikte auch am besten und leichtesten mit dieser Symbolsprache ausgedrückt und *behandelt* werden sollten.

3) Die phänomenologische Beschreibung psychologischer Prozesse.

Die visualisierten Erlebnisse, die durch die neue Technik hervorgerufen werden, enthalten dieselben phänomenologischen Charakteristiken wie die sogenannten *subjektiven Anschauungsbil-*

der, die V. von Urbantschitch beschrieb, und die sogenannten *eidetischen Phänomene*, die E.R. Jaensch und seine Gefolgsleute studiert haben. Die Beziehung zwischen den eidetischen Erlebnissen und den Traummechanismen, die Freud beschrieb, wurde schon von Paul Schilder 1926 beschrieben, ebenso von Bibring-Lehner, und sogar schon von Jaensch selbst. O. Kroh sagte, dass die Möglichkeit der Beobachtung von inneren Erlebnissen durch die eidetische Methode einen wichtigen neuen Zugang zur Tiefenpsychologie erlaube. Das *Bildstreifen-Denken*, welches Ernst Kretschmer beschrieb, ist ebenfalls ein dem KBE verwandtes Phänomen.

Der Testverlauf

Die Versuchsperson sitzt in einem bequemen Stuhl oder auf einer Couch und wird gebeten, die Augen zu schliessen. Danach folgen einige Entspannungsübungen gleich welcher Art. In den meisten Fällen genügt es, wenn die beiden ersten Stufen des *Autogenen Trainings* von J. H. Schultz erreicht werden (1 - Suggestion der körperlichen Schwere, die eine muskuläre Entspannung hervorruft; sowie 2 - Suggestion von körperlicher Wärme, welche eine vaskuläre Entspannung bewirkt). Auch ein leichter hypnoider Zustand kann hilfreich sein. Tiefes und regelmässiges Atmen ähnlich der vierten Stufe von Schultzs Autogenem Training werden ebenfalls gefördert.

Dann, in einem psychologischen Zustand, der charakterisiert ist durch ein erniedrigtes Wahrnehmungsvermögen der äusseren Welt, einem reduzierten Kritikvermögen sowie eingeschränkter Selbst-Kontrolle, wird die Versuchsperson gebeten, eine standardisierte Serie von zwölf Symbol-Motiven zu visualisieren. So wird die Versuchsperson zum Beispiel zuerst gebeten: "Versuchen Sie, sich auf einer Wiese vorzustellen".

Solche unbestimmte, unspezifische Symbol-Stimuli wirken wie »Kristallisationszentren« von bestimmten Typen von Visualisationen, die sich von einfachen inneren Bildern, Tagträumen oder Fantasien unterscheiden. In der Phänomenologie der medizinischen Psychologie sind sie ähnlich wie die sogenannten »hypnagogischen Visionen«. Solche »Visionen« unterscheiden sich von ähnlichen anderen Phänomenen; erstens in der Klarheit von

Form und Inhalt, welche eine exakte Beschreibung erlauben. Zweitens haben solche Visualisationen eine Art »Eigenleben«, welches weitestgehend bestimmt wird durch das subjektive Unbewusste, auch wenn die bewusste Kontrolle nie ganz aufhört. Diese Art von Visualisation wurde auch *autochthon* genannt, was auf die Unabhängigkeit von der bewussten Kontrolle hinweist. Leuner selbst hat sie *katathyme Visualisationen* genannt. Der Ausdruck stammt von H. W. Maier und wurde auch von E. Bleuler und E. Kretschmer gebraucht, um die Zusammenhänge von affektiven und somatischen Reaktionen zu beschreiben. Daraus leitet sich der deutsche Ausdruck *Experimentelles katathymes Bild-Erleben* ab, der eben als KBE (oder manchmal auch EkB) abgekürzt wird.

Solche induzierten Visionen enthalten sinnvolle Symbole analog den Traumsymbolen. Die Symbole, die beim KBE auftauchen, unterscheiden sich jedoch von denjenigen der Träume durch ihre verhältnismässige Einfachheit und Klarheit des Inhalts. Ebenso sind sekundäre Einflüsse wie zum Beispiel die körperliche Anspannung, die Tiefe des Schlafs etc. ebenfalls stark reduziert im Vergleich mit den Einflüssen auf die Nachtträume. Und das Wichtigste ist, dass relevante psycho-dynamische Einflüsse gewöhnlich viel klarer in die Visualisationen hineinprojiziert werden als dies bei Nachtträumen der Fall ist.

Trotz der beispiellosen Freiheit der Projektionsmöglichkeiten in die induzierten Visionsmotive erlaubt die Methode eine standardisierte experimentelle Kontrolle. Einen allgemeinen Überblick zu den zwölf Motiven, die die Versuchsperson mündlich vermittelt erhält, wird im Folgenden dargestellt werden, zusammen mit einigen kurzen Hinweisen bezüglich ihrer Wichtigkeit. Die zwölf Motive wurden gemäss klinischer Erfahrung pragmatisch ausgewählt in ähnlicher Weise, wie Rorschach seine Klecksbilder gewählt hat.

I. Die Wiese

Die Wiese ist auch bei Happichs Technik das erste Symbol und hat sich als guter Anfang für weitere Visualisationen erwiesen. Das Symbol der Wiese dient als eine Art »psychologischer Paradiesgarten Eden«, das heisst, ein gutes Beginnen einer (psychologischen) Entwicklung aufgrund einer sündhaften Tat. Die Wiese wird sowohl von Erwachsenen wie von Kindern gut akzeptiert als leichter Beginn für weitere Visionen. Sie bildet ein neutrales oder positives Zentrum für die Entwicklung weiterer Visualisationen selbst bei Leuten, die in einer Stadt aufgewachsen sind. Die Wiese suggeriert eine Rückkehr zur Natur und einen frischen Neubeginn. Viele Versuchspersonen visualisieren zuerst eine Wiese, die sie auch im äusseren Leben schon gesehen haben. Nun werden sie aufgefordert, durch die Wiese zu gehen und mit Worten zu beschreiben, was sie sehen und erleben. Sie werden angeregt, immer weiter durch die Wiese zu gehen und ihre Erlebnisse zu beschreiben, bis sie auf einen unbekannten Teil oder auch auf eine neue Wiese gelangen, die sie in der äusseren Welt noch nicht gesehen haben. In eine unbekannte Wiese kann leichter und freier projiziert werden. Wenn die Versuchsperson nicht fähig ist, eine unbekannte Wiese zu finden, so wird sie durch ein neues Motiv veranlasst, eine unbekannte Gegend zu finden, wo spontane und diagnostisch bedeutsamere Projektionen stattfinden können.

Diagnostisch gesehen sind die Länge und grüne Farbe des Grases, das in der Visualisation erscheint, wichtig; ebenso die Helligkeit und Wärme des Sonnenlichtes; auch scheint die allgemeine Beschaffenheit des Grases ein guter Anzeiger zu sein für die »allgemeine psychologische Gesundheit« der Versuchsperson. Niedriges, kurz geschnittenes Gras ist oft ein Zeichen für eine ungesunde psychische Haltung; zum Beispiel eine überintellektuelle Haltung auf Kosten einer vollen emotionalen Ausdrucksfähigkeit. Einige Personen scheinen so weit von ihrem inneren Leben abgetrennt zu sein, dass sie nur noch fähig sind, eine Wüste zu visualisieren. Diese müssen dazu ermutigt werden, ihre Suche nach Leben fortzusetzen und unter jeden Stein zu sehen, ob es dort nicht einen Grashalm gibt. (Ein weiteres Beispiel, das bereits in die »Symbol-Therapie« übergeht, besteht darin, den Patienten zu ermutigen, nach Wasser zu suchen, mit welchem die Wüste bewässert werden soll, bis etwas Gras wächst.)

II. Einen Berg besteigen

Dies ist ebenfalls Happichs zweites Motiv. Der Aufstieg auf einen Berg bedeutet auch eine »psychologische Aufwärtsbewegung« in einen symbolischen Raum. Der fundamentale Unterschied zwischen Visualisationen, die hinauf oder hinunter führen, wurde von Desoille nachdrücklich betont. Gemäss klinischem wie auch experimentellem Befund, wie dies im letzten Teil dieses Artikels nochmals näher ausgeführt wird, bedeutet die Höhe des zu besteigenden Berges das Mass der Bestrebungen dessen, was der Berg für die Versuchsperson symbolisiert.

Die Art von Hindernissen, welche den Aufstieg blockieren oder behindern, wird von den meisten Versuchspersonen spontan visualisiert und drückt als eine Art »Selbstdiagnose« die psychologischen Hindernisse aus, die das eigene psychologische Wachstum blockieren.

Oft visualisieren Versuchspersonen nur einen kleinen Hügel, den sie vielleicht in der äusseren Welt einmal erklettert haben. In diesem Fall wird sie gebeten, sich von der Spitze des Hügels aus nach einem anderen, höheren Berg umzusehen. Wenn mehrere solcher Berge gesehen werden, so bittet man sie, den höchsten der Berge zu besteigen.

III. Dem Lauf eines Flusses folgen

Die Menge des Wassers, die im visualisierten Fluss dahinströmt, ist ein Anzeiger für die gesamte psychische Energie (Libido), die durch die psychische Struktur der Versuchsperson fliesst. Die Tiefe und Breite des Stromes hat einen engen Bezug zu den üblichen Bezeichnungen einer Person als »tief«, »seicht«, »weitherzig« oder »engstirnig«. Hindernisse, die den Flusslauf blockieren, symbolisieren Konflikte und Komplexe, die eine Versuchsperson - wenigstens unbewusst - wahrnimmt und die den freien Ausdruck der psychischen Energie stören. Turbulenzen im Flusslauf sind ein Hinweis auf den Grad an Störungen, die die Versuchsperson wahrnimmt. Die Klarheit oder der Verschmutzungsgrad des Wassers stellt weiterhin einen Hinweis dar für die Bewusstheit der Versuchsperson in bezug auf die eigene libidinöse Energie.

IV. Ein Haus besuchen

Das visualisierte Haus ist ein Symbol für das Selbst der Versuchsperson. Je fantastischer das Haus ist, desto klarer ist die Symbolik. Oft erforscht eine Versuchsperson jedoch auch ein Haus, mit dem sie schon von der äusseren Welt her vertraut sind. Hier bittet man die Versuchsperson, nach dem Besuch des ersten Hauses ein zweites, unbekanntes Gebäude aufzusuchen. Umfang und Grösse des Hauses wie auch die Beziehung der einzelnen Räume untereinander symbolisieren die einzelnen Bestandteile oder Funktionsweisen der Persönlichkeitsteile und deren Beziehung zueinander.

V. Das Idealbild der Persönlichkeit

Die Versuchsperson wird gebeten, auf den ersten Namen einer gleichgeschlechtlichen Person zu »hören«, der ihnen einfällt. Dann wird sie gebeten, sich diese Person vorzustellen. In der Regel besitzt die vorgestellte Person all jene Eigenschaften, die die Versuchsperson glaubt, entwickeln zu müssen oder zu können. Oft visualisiert die Versuchsperson genau das Gegenteil der eigenen Persönlichkeit, die eine Synthese der verschiedensten Qualitäten repräsentiert, die eine Versuchsperson zu entwickeln wünscht, was zu einem augenfälligen Ziel der Therapie werden kann.

VI. Unbewusste Gefühlsbeziehungen symbolisiert durch Tiere

Auf der Wiese - oder noch besser an einem anderen symbolischen Ort - werden die Eltern, eventuelle Geschwister, (Ehe-)Partner etc. vorgeladen. Um jedoch die affektive Beziehung klarer erkennen zu können, bittet man die Versuchsperson, sich zum Beispiel die Mutter nicht körperlich, sondern als eine Kuh zu visualisieren, was sich in den meisten Fällen sowohl klinisch wie experimentell als ein sehr gutes Symbol für die Mutterfigur erwiesen hat. Die meisten Menschen können ihre wahren emotionalen Beziehungen zum Vater auch gut in die Form und das Verhalten eines Elefanten oder Stieres hineinprojizieren. Die Drohgebärden eines Elefanten oder Stieres wie auch Konflikte unter den Tieren sind ebenfalls offensichtliche Hinweise.

VII. Unbewusste Haltungen gegenüber der Sexualität.

A: Für Männer: Die Versuchsperson wird gebeten, sich einen Rosenbusch vorzustellen. Die Üppigkeit seines Wuchses, der Reichtum an Farben, der Grad, bis zu welchem die Blüten offen sind oder sich gerade öffnen, sind alles bewiesenermassen Symbole für die psycho-sexuelle Entwicklung des Mannes, ebenso wie die Fähigkeit, eine der vorgestellten Rosen zu pflücken, ohne selbst gestochen zu werden von den Dornen.

B: Für Frauen: Frauen werden gebeten, sich vorzustellen, wie sie soeben eine lange und mühsame Wanderung durch eine Landschaft unternommen hätten und sich nun auf dem Heimweg befänden. Nun werden sie gebeten, sich vorzustellen, wie hinter ihnen sich ein Auto nähert, welches anhält und der Fahrer nun frägt, ob er sie nach Hause mitnehmen soll. Das Geschlecht und die Erscheinungsweise des Fahrers oder der Fahrerin wie auch die Farbe und Grösse des Autos haben sich bei der Beurteilung der weiblichen sexuellen Entwicklung als äusserst signifikant erwiesen. Speziell signifikant hat sich erwiesen, wenn Zeichen des Widerstandes auftreten, wie zum Beispiel, wenn zwar die Strasse gesehen wird, jedoch kein Auto erscheint, oder sich dieses beim Einsteigen in Luft auflöst.

VIII. Ein Wasserteich in einem Sumpf

Die Versuchsperson wird gebeten, sich einen Teich in einem Sumpf vorzustellen (oder auf einer Wiese, wenn die Visualisation zu erschreckend wird). Sie wird gebeten, die spiegelnde Oberfläche dieses Teiches zu betrachten. Oftmals erscheint nun ein schreckliches Tier aus dem Teich. Oder oft kommt auch eine seltsame Gestalt des anderen Geschlechtes aus dem Teich, für gewöhnlich eine Abwandlung eines nackten Menschen, der eine drohende Erscheinungsweise annimmt, wie auch die Abwandlung einer ätherischen Erscheinung einer Frau. Solche Gestalten weisen auf Störungen in der sexuellen Sphäre hin, manchmal mit repressiven und regressiven Tendenzen.

IX. Vor einer Höhle auf das Erscheinen einer Gestalt warten
Die Versuchsperson wird gebeten, im Dunklen hinter einem Baum vor einer Höhle auf das Erscheinen von etwas zu warten. In den meisten Fällen erscheint eine wirkliche oder auch mythologische Gestalt, wie zum Beispiel ein Elternteil, ein Freund, ein Drachentöter, eine Gottheit oder ein Riese; auch alle Arten von Tieren von mehr oder weniger aggressiver Natur können erscheinen. Solche Gestalten sind oft unterdrückte Projektionen in symbolhafter Form von noch unentwickelten Bereichen der Persönlichkeit.

X. Der Ausbruch eines Vulkanes

Ein guter Hinweis auf die Menge und Art von Energie, die eine Versuchsperson in sich aufgestaut hat, bildet die Heftigkeit eines Vulkanausbruches wie auch die Fähigkeit, den Beginn dieses Ausbruches wahrzunehmen. Die Schwierigkeit, mit der eine Person ihre inneren Spannungen lösen kann, und die Art und Weise, wie sie dies tut, wird durch einen Vulkanausbruch gut symbolisiert.

XI. Der Löwe

Das Verhalten eines Löwen während einer Visualisation dient als ein guter Anzeiger für die Fähigkeit einer Versuchsperson, sich selbst auszudrücken. Der Löwe kann dann in der Visualisation auch mit all jenen Menschen konfrontiert werden, die die Versuchsperson im äusseren Leben kennt. Der Löwe kann dabei über diese Menschen herfallen und sie fressen, oder sich zu deren Füssen legen, was beides Hinweise dafür sind, wie die Versuchsperson diesen Leuten im Leben begegnet.

XII. Ein altes Bilderbuch

Die Versuchsperson wird gebeten, sich den Keller eines Hauses vorzustellen, wo sie in der Erde des Bodens ein Loch graben soll. Man bittet sie, hier nach einem vergrabenen Buch zu suchen, einem Buch mit vielen Bildern. Wenn das Buch gefunden worden ist, so soll sie einige der darin enthaltenen Bilder beschreiben. Dieses Symbol gibt der Versuchsperson die Gelegenheit,

Inhalte mit freier Wahl hineinzuprojizieren. Meistens haben diese Bilder eine Beziehung zu den Erlebnissen während der ersten elf Motive und geben nun Gelegenheit, bisher Ungesagtes auszusprechen, zu kompensieren oder aufzulösen.

Experimenteller Vergleich mit anderen diagnostischen Techniken

Für die Untersuchung wurden dreissig Versuchspersonen getestet, von denen die meisten Studenten an einer Deutschen Universität waren. Unter anderem wurde dabei das KBE mit anderen diagnostischen Techniken verglichen. Die Persönlichkeit wurde mittels drei Projektionstests erfasst: dem *»TAT«* (alle zwanzig Bilder), Rosenzweigs *»Bilder-Frustrations-Test«* und Jungs *»Assoziationstest«*. Zusätzlich wurde in Einzelstudien die persönliche Lebensgeschichte, die emotionalen Beziehungen, Interessen, Konflikte etc. erfasst. Für die Erfassung wurden für jede Versuchsperson etwa acht Stunden verwendet.

Die dreissig Versuchspersonen wurden unter standardisierten Bedingungen und in einer gleichbleibenden Reihenfolge mit den zwölf Motiven des KBE konfrontiert. Jede Versuchsperson musste einhundert standardisierte Fragen während des Testes beantworten und eine Bewertung von neunzehn Punkten erfasste die grundlegenden Parameter jeder Versuchsperson, wie die Haltung gegenüber den Eltern, die psychosexuelle Entwicklung, der Grad der Aggression, die Art der inneren Bestrebungen und so weiter.

Ich möchte hier weder das ganze statistische Material noch die detaillierten weiteren Informationen anführen, sondern vielmehr an einigen Beispielen die Folgerungen inbezug auf das KBE darstellen.

Zum Beispiel lässt sich auf eine gute Art und Weise demonstrieren:

A) der Grad der inneren Bestrebungen aufgrund (1) der persönlichen Lebensgeschichte und (2) der Antwort im »TAT«, wie auch
B) (1) der Höhe und (2) Zugänglichkeit der Spitze eines vorgestellten Berges (dem Standardmotiv Nr. 2 im KBE).

Ein Beispiel dafür sind die Antworten von zwei Versuchspersonen mit sowohl einem sehr niedrigen und einem sehr hohen Grad inneren Erfolgsstrebens:

Versuchsperson Nr. 1 - Niedriger Grad an inneren Bestrebungen

Persönliche Lebensgeschichte: Die Versuchsperson ist eine 19jährige junge Frau, die ihren Vater kaum gekannt hat. Sie fühlte sich von ihrer Mutter abgelehnt und meinte, diese hätte ihren Bruder bevorzugt. Ihre durchaus vernünftigen Forderungen wurden durch die Mutter abgelehnt mit der Bemerkung: "Bring zuerst einmal gute schulische Leistungen nach Hause!" Trotz eines I.Q. von 115 versagte sie in der Schule. Sie gab sich jedoch selbst auf und führte ein enttäuschtes Leben als ein Hausmädchen. Ihre vordergründigen Wünsche betrafen das Essen und den Wunsch, »in Frieden gelassen zu werden«.

Die Antworten im TAT: Ihre Antwort auf das erste Bild im TAT lautete: "Dies ist ein sehr begabter junger Mann. Jedoch wird sein musisches Talent zu Hause nicht geschätzt. Seine Eltern wollen ihm die Violinstunden nicht bezahlen. So liebt er es, alleine für sich zu musizieren. Wenn jedoch jemand kommt oder er seine Musik jemandem vorspielen soll, dann fühlt er sich gehemmt und kann es nicht. Und so sitzt er meist alleine und denkt darüber nach, wie alles anders gewesen wäre, wenn die Leute, und vor allem die Eltern, ihn mehr verstanden hätten mit seiner Musik. Es schaut so aus, wie wenn er ohne seine Musik keine Freude hätte an seiner Arbeit."

Andere TAT-Antworten enthielten eine weitere Geschichte über »nicht erfolgreiche Anstrengungen«, und vier weitere Geschichten handelten davon, wie Fähigkeiten zu einer Pflicht wurden oder andere negative Sichtweisen. Drei andere Geschichten handelten vom »Verzicht auf alle Wünsche« und der Sinnlosigkeit des Lebens.

Schlussfolgerung: Wenn man alle Informationen zusammenfasst, so erhält man das Bild einer jungen Frau, die ein »ein tiefes Niveau« an Erfolgsstreben aufweist.

Die Antworten im KBE: Ihre Antwort zum Motiv des Berges war: "Der Berg steht auf einer Wiese. Ein Zick-Zack-Pfad führt hinauf. Er ist ungefähr fünfzig Meter hoch, eigentlich nur ein Hügel. Ein runder Hügel mit einer flachen Spitze. Zuerst sieht man einige Büsche, die den Pfad säumen, dann geht der Pfad weiter wie eine gewundene Strasse. Da ist auch eine Bank. Dann kann man noch etwas höher gehen. Einige weitere Büsche. Dann kommen Bäume. Dann ist man auf der Spitze. (Frage: War es schwierig?) Ja, ziemlich steil. Da sind Steinbrocken im Weg und Baumwurzeln. Und auf der Spitze gibt es noch eine Bank."

Verglichen mit Erlebnissen von anderen Versuchspersonen war ihr Berg »extrem niedrig« und der Aufstieg »einfach«.

Versuchsperson Nr. 2 - Hoher Grad an inneren Bestrebungen

Persönliche Lebensgeschichte: Die zweite Versuchsperson ist eine 31jährige Frau mit hohen ehrgeizigen Zielen, jedoch litt sie an tiefen Zweifeln darüber, ob sie diese auch erreichen könnte. Sie kam aus einer Familie mit sozialem Status und legte grossen Wert darauf, »sozial aufzusteigen«. Sie fühlte, dass sie schon als Kind mit grossen Erwartungen überhäuft wurde. Sie wurde eine Lehrerin, war jedoch mit dieser sozialen Stellung und dem bisher Erreichten nicht zufrieden. Sie konnte ihr letztes Ziel, irgendetwas aussergewöhnliches auf dem literarischen Gebiet zu schaffen, nicht erreichen wegen ihrer viel zu hohen Selbst-Kritik. Mit dreissig Jahren begann sie unter grösster Selbstaufopferung noch zu studieren. Auf diese Weise hoffte sie, einen speziell hohen kulturellen und wissenschaftlichen Lebensstandard zu erreichen.

TAT-Antworten: Ihre Antwort zum ersten Bild war: "Der sieht aus wie Menuhin, als er noch ein Knabe war. Dies ist ein junger

Knabe, der den Wunsch hat, ein grosser Violinist zu werden. Er bekam die Violine als ein Geschenk, und nun übt er fleissig. Aber er merkt, dass Kunst etwas sehr Beschwerliches ist, und dass er von seinem Ziel noch weit entfernt ist. Er fragt sich, ob es eigentlich sinnvoll sei, diesen Weg zu gehen. Er hat Fantasien darüber, wie es wäre, wenn... Aber dem Versagen muss man entgegentreten."

Drei weitere TAT-Geschichten handelten vom »Erfolgsstreben«, zwei andere davon, was im Leben noch alles zu vollenden sei.

Schlussfolgerung: Es ist leicht ersichtlich, dass das Erfolgsstreben dieser Frau »sehr hoch« ist.

Die Antworten im KBE: Sie sagte: "Der Berg ist 2000 Meter hoch. Er hat einen sehr steilen Abhang und eine sehr scharfe Spitze. Wenn ich darauf stehe, dann muss ich einen Fuss vor den anderen setzen, wie auf der Spitze eines Daches. Ich muss die Hände benutzen, um mir selbst zu helfen. Jetzt gleite ich aus - doch ich finde das Gleichgewicht wieder. Ich sitze ab und stosse mich stufenweise vorwärts. Der Grat ist scharf wie ein Rasiermesser. Nun bleibe ich hängen. Es geht nicht weiter. Nun komme ich wieder ein wenig weiter. Ich gleite wieder aus. Oben kann ich mich wieder aufrichten. Nun bin ich fast auf dem Gipfel. Ich muss mich selbst vorwärtsstossen bis auf den Gipfel. Auf dem Gipfel ist es sehr eng."

Verglichen mit anderen Versuchspersonen kletterte die junge Frau »höher« und »steiler« hinauf als die meisten anderen Menschen.

* * * *

Schlussfolgerungen

Dies ist nicht der Ort, um mehr als einen Hinweis auf die Natur dieses neuen Projektionstests vorzustellen wie das ganze experimentelle Vorgehen, das dieser Studie zugrunde liegt, oder alle Daten aufzuführen, die gesammelt wurden. Hier scheint lediglich wertvoll, einige Hinweise und Schlussfolgerungen vorzustellen, die die Natur dieses neuen Projektionstests etwas klären.

Es erscheint klar, dass:

1.) Die Vorgabe von gewissen Symbolmotiven bei gewissen Menschen zu diagnostisch sinnvollen Projektionen führt.

2.) Die Wahl von diagnostisch fruchtbaren Symbolmotiven für die Vorgabe sich pragmatisch ableiten lässt von klinischen Erfahrungen.

3.) Eine Diagnose, basierend auf den Antworten von Versuchspersonen aufgrund einer Serie von standardisierten Symbolmotiven, experimentell überprüft werden kann.

4.) Das KBE gegenüber anderen existierenden diagnostischen Tests einige Vorteile aufweist, wie zum Beispiel:
   a) Die grosse Freiheit, die eine Versuchsperson hat, nachdem das Symbolmotiv vorgegeben wurde. Sie ist in ihren Projektionen weniger eingeschränkt als zum Beispiel bei der Vorgabe von Bildern, Tintenklecksen etc., wobei die Kontrolle über die Interpretation trotzdem gewahrt bleibt.
   b) Die Projektionen auf die Symbolmotive geschehen von einer tieferen Ebene der Persönlichkeit aus als bei den meisten der projektiven Tests. Gerade weil der Bereich der Persönlichkeit, von dem aus die Projektionen geschehen, so grundlegend ist, sind die Folgerungen, die man daraus gewinnt, 1) offensichtlicher, 2) diagnostisch sinnvoll, 3) können sie experimentell mit mehr Sicherheit überprüft werden, und 4) können sie ohne die Zwischenschritte von Analyse und Interpretation direkt in die Therapie eingebracht werden.

* * * *

Die meditativen Verfahren in der Psychotherapie

von Wolfgang Kretschmer

(aus: Zeitschrift für Psychotherapie und medizinische Psychologie 1/1951, S. 105-113. Die hier wiedergegebene Fassung wurde vom Verfasser überarbeitet.)

Wer meditative Methoden anwenden will, muss selber meditieren können. Hierzu bietet das Buch von J. H. Schultz *»Das autogene Training«* eine treffliche Anleitung. Es sei aber gleich darauf hingewiesen, dass im allgemeinen bei der Meditation, wie auch sonst bei der Psychotherapie, das Prinzip der persönlichen Einweihung gilt. Ein Literaturstudium allein genügt selten. Ausserdem hat das individuelle Üben grosse Gefahren. Die in der Unterstufe und insbesondere in der Oberstufe von J. H. Schultz beschriebenen Aufgaben sind echte Meditationsübungen. In der Oberstufe wird nach der allgemeinen Körperentspannung das bildhafte Vorstellungsvermögen geübt, in dem zunächst Farben und dann auch Gegenstände imaginiert werden. In dem Bemühen, abstrakte Begriffe, eigene Gefühle, bekannte Menschen, schliesslich auch höhere sittliche Fragen in Bildern oder bildhaften Szenen visuell darzustellen, wird der Seele die Möglichkeit gegeben, eigene unbewusste Tendenzen symbolisch sichtbar zu machen. Im Traum geschieht es ja in ähnlicher Weise. Nur bekommt man in der Meditation die Antwort des Unbewussten auf systematisch gezielte Weise und wohl auch schneller.

Aber gerade bei Schultz ergibt sich besonders dringend die Frage der Endführung der Meditation. Er sieht diese Frage wohl. Da sie aber im Grunde eine religiöse oder zum mindesten dem Religiösen verwandt ist, will er sie nicht berühren und muss sich deshalb auf die Herausarbeitung der »existentiellen Grundwerte« beschränken. Dies heisst: Der Meditierende soll nach einer allgemeinen vernünftigen Weltanschauung nach Selbsterkenntnis und Freiheit, innerer Harmonie und lebendiger Produktivität streben. Im besten Falle kommt ein dem Nirwana ähnliches Phänomen der Beglückung und Befriedigung zustande. Aber vielleicht verschweigt uns Schultz auch entscheidende Erfahrungen, die noch weiter gehen, und die ja bei den unbegrenzten Verlaufsmöglichkeiten der Mediation grundsätzlich erwartet werden dürfen.

In der Methode von Carl Happich, der Internist in Darmstadt war, begegnen wir der Meditation in ihrer reinsten systematischen Form, aber auch in ihrer menschlichen Spannweite. Sie beginnt mit der Physiologie und endet mit der Religion. Happich hat sie entwickelt aus der literarischen und praktischen Kenntnis der orientalischen Systeme, deren Weisheit er zu verbinden wusste mit den Erfahrungen der modernen Tiefenpsychologie. Er ist literarisch kaum hervorgetreten und hat seine Grundprinzipien nur in zwei kleinen Arbeiten (*6) dargestellt. Ausserdem liegt noch eine kleine »Anleitung zur Meditation« vor, die religiöse Symbole betrifft (*7). Leider gelang ihm der Plan, seine Lebenserfahrung in grösserem wissenschaftlichen Rahmen zu vermitteln, nicht mehr. Seine Bedeutung liegt also hauptsächlich in der praktischen Arbeit, deren Methodik er fast ausschliesslich an Theologen weitergegeben hat, da kein Mediziner dafür Interesse zeigte.

Happich hält den psychologischen Ort des sogenannten »Bildbewusstseins«, das sozusagen zwischen Bewusstsein und Unbewusstem liegt, für die Ausgangsbasis aller schöpferischen Leistungen und damit auch des Heilungsprozesses. Es ist dies die seelische Ebene des Bildhaften oder, allgemein gesagt, des sinnenhaften Erlebens, in welcher sich auch das kollektive Unbewusste aussprechen kann. In der Aktivierung des Bildvorstellungsvermögens sieht also Happich wie J. H. Schultz den Ansatzpunkt der Meditation und ihrer therapeutischen Möglichkeiten.

Wie wird nun praktisch vorgegangen? Voraussetzung ist, wie immer, die körperliche Gelöstheit, die systematisch nach Schultz oder direkt durch Aufforderung erreicht wird. Happich legt dann noch grossen Wert auf die Atmung, die ja ein Gradmesser der affektiven Verfassung ist und dementsprechend bei den Erlebnissen in der Meditation sich verändern kann. *Er fordert also vor und während der Sitzung immer wieder zu ruhigem, gelöstem Atmen auf.* Manche Menschen müssen dies erst durch vorausgehende Atemübungen lernen.

Sind diese körperlichen Voraussetzungen geschaffen, so beginnt die erste Übung, die sogenannte *Wiesen-Meditation*. Der Meditierende muss sich entsprechend den Worten des Übungsleiters bildhaft vorstellen, er verlasse seinen Platz, gehe durch die Stadt, über Feld zu einer Wiese mit frischem Gras und Blumen, an deren Anblick er sich erfreuen soll.

Dann wird er auf die gleiche Weise im Geiste auf seinen Platz zurückgeführt, öffnet die Augen, um zu erzählen, was er erlebt hat. Wird diese Aufgabe befriedigend gelöst, was gewöhnlich eine Reihe von Sitzungen erfordert, so kommt die *Berg-Meditation*.

Der Meditierende wird, wie das erstemal, in die Landschaft hinausgeführt und soll dann langsam einen Berg ersteigen. Er kommt dabei durch einen Wald und erreicht schliesslich den Gipfel, von wo aus er das weite Land betrachtet.

Schliesslich wird als dritte Stufe die *Kapellen-Meditation* durchgeführt. Dabei kommt der Meditierende schliesslich durch einen Hain und erreicht eine Kapelle, in die er eintritt, und wo er eine Zeitlang verweilt. Gelegentlich liess auch Happich den Patienten sich vorstellen, er sitze auf einer Bank bei einem alten Brunnen und lausche dem Rauschen des Wassers.

Was soll nun dies alles? Wer mit der Traumsymbolik vertraut ist, erkennt sofort, dass die drei zentralen Gegenstände (Wiese, Berg und Kapelle), zu denen der Meditierende hingeführt wird, einen urtümlichen Ausdruckswert haben, obgleich sie im alltäglichen Leben etwas ganz gewöhnliches sind und uns keineswegs zu besonders tiefen Erkenntnissen zu verhelfen brauchen.

Wohl gemerkt aber, in der meditativen Versenkung, wenn sie eine gewisse Tiefe erreicht hat, enthüllen alle betrachteten Dinge ihren Symbol- und Wertcharakter. Sie sind keine gewöhnlichen Gegenstände mehr. Wenn also der Meditierende auf die Wiese geht, so wird er nicht bloss das erleben, was er auch sonst im gleichen Falle erlebt hat. Vielmehr wird die Wiese als Symbol die hyponoischen Schichten provozieren, konstellieren. Sie wird die ihr entsprechenden Emotionen usw. wachrufen. Das Individuum muss real Stellung nehmen zu dem ganz ursprünglichen Gehalt des Symbols Wiese. Die Wiese nun, das ist ja auch unabhängig von der Traumerfahrung einleuchtend, veranschaulicht die jugendlich-mütterliche Natur mit ihrer Heiterkeit und ihrem Wohlwollen, im Gegensatz zum Walde, der auch das Dämonische verkörpert. Sie ist blühender Lebensursprung, der in die Zukunft weist. Sie ist Kindheitsraum. Lässt sich der Mensch von diesem Bild ergreifen, so macht er eine Regression durch zu dem kindlich-ursprünglichen Bereich seiner Seele. Nicht zu etwaigen sexuellen Träumen seiner Kindheit, nicht zu einem »Sumpf«, der auch eine sprechende Symbolik haben kann, sondern zu dem positiv schöpferischen Boden.

Jeder gesunde Mensch hat nun in seiner Seele eine Entsprechung dieser Wiese. Das heisst einen wirkungsmächtigen, kindlichen, schöpferischen Bereich. Ist er krank, so kann dieser Bereich seine positive Wirkungsmöglichkeit verlieren. Wird nämlich dieser archetypische Bereich der Seele durch das Bildsymbol der Wiese angesprochen, so wird diese Wiese selbst zum Anziehungspunkt, zum Kristallisationspunkt für alle Bildsymbole, die zu ihrer Sphäre gehören. Diese sich ankristallisierenden Gestalten sind aber unmittelbarer Ausdruck der Einstellung des Individuums zu diesem elementar-wichtigen Bezirk seiner Seele. Der gesunde Mensch wird etwa das wohltuende Erlebnis einer blühenden Frühlingswiese haben. Er wird sie bevölkert sehen mit Kindern oder mit einer angenehmen Frauengestalt. Er wird vielleicht Blumen pflücken und so weiter. Hier entspricht also das angebotene Bild unmittelbar der seelischen Verfassung.

Beim kranken Menschen kann es geschehen, dass die Vorstellung einer frischen Wiese gar nicht zustande kommt, dass er sie gar nicht findet. Oder die Wiese ist verwelkt, oder sie ist tatsächlich ein Sumpf. Oder es spuken allerlei störende negative Symbolgestalten herum, usw. Man bekommt so zunächst einen diagnostischen Ertrag, der dann in einen therapeutischen umgewandelt werden muss. Dies geschieht dadurch, dass die Übung so lange wiederholt wird, bis das angeschnittene Grundproblem gelöst ist und die Meditation normal verläuft. Allerdings kann auch eine analytische Besprechung der Frage unterstützend wirken.

Mit der Bergbesteigung wird dem Meditierenden nicht nur allgemein eine Leistung zugemutet, so dass er sich bewähren muss.

Das Aufsteigen hat in dieser psychischen Sphäre stets den Sinn der Sublimierung, der Vergeistigung oder besser gesagt der Humanisierung. Es geht hier um einen echten Vorgang des Transzendierens. Der Mensch wird geprüft auf seine Fähigkeit, sich empor zu entwickeln, den Standpunkt der Freiheit zu gewinnen, eben den »Gipfel« menschlichen Seins zu erreichen. Das Durchschreiten des Waldes gibt noch die Möglichkeit, sich mit der dunklen, geheimnisvollen Seite der Natur auseinanderzusetzen.

Mit der Kapelle betritt der Mensch den innersten Raum seiner Seele, wo sich ihm die Frage stellt, wie er sich zur Transzendenz schlechthin verhält. Wenn es gelingt, den Symbolgehalt der Kapelle wirklich zu erfassen, so können hier zentrale menschliche Probleme aufbrechen, aber auch ihrer Lösung zugeführt werden. Happich ist der Meinung, dass die religiose Funktion ein ganz intimer und nicht zu übersehender Faktor im menschlichen Leben ist und dass der Mensch, wenn er wirklich gesund und frei werden will, irgendwann und irgendwie zu dieser Frage Stellung nehmen muss. So kann man auch nicht an der Tatsache vorbeigehen, dass die besondere Wirksamkeit der Therapie Happichs seiner religiösen Haltung zu verdanken war. Er pflegte eine christliche Meditation.

Dass es sich bei den Grundmeditationen um echte psychologisch begründete Prinzipien handelt, ist durch die Arbeit der Jungschen Schule bestätigt. Es sind gezeichnete Traumbilder veröffentlicht, wo man in einer Landschaft einen Berg sieht. Auf dem Berg steht eine Kirche. Ein solches Bild wertet der Psychologe als Hinweis auf den Abschluss des Individuationsweges, als Symbol der erreichten Vergeistigung. In der Meditation wird nun nicht, wie in der Traumarbeit, gewartet, bis diese Bilder spontan erscheinen, sondern der Patient muss sich so lange mit ihnen beschäftigen, bis er die volle Übereinstimmung mit ihnen gefunden hat.

Als höhere Stufe hat Happich die Zeichenmeditation eingeführt. Das Zeichensymbol ist sozusagen eine Kondensation, eine Abstraktion von vielen Vorstellungsbildern, die in einem gemeinsamen Ursinn zusammengefasst sind. In der Betrachtung des Zeichens werden diese Bilder frei. Hier soll aber keine möglichst umfangreiche Phantasieproduktion angeregt werden, sondern das Denken bzw. Erleben des Meditierenden kreist streng um den zentralen Sinngehalt. Schliesslich soll er sich mit dem Zeichen identifizieren, um sich den Sinngehalt wirklich anzueignen. Die Zeichen sind eigentlich nicht zur Therapie, sondern zur Förderung der höheren Persönlichkeitsentwicklung da. Was bei der Zeichenmeditation erlebt werden kann, lesen wir in Goethes *Faust* im Anfangsmonolog: Faust erblickt das Zeichen des Makrokosmos.

Eine noch abstraktere Form ist die Wortmeditation. Hier wird der zentrale menschliche Gehalt eines Wortes oder eines Spruches meditativ entfaltet und angeeignet, wobei auch die entsprechenden Bilder auftauchen können. Zeichen und Wortmeditationen sind für die religiöse Erziehung von grosser Wichtigkeit.

Happich verficht das gesunde Prinzip des Gleichgewichtes zwischen rationaler und irrationaler Tätigkeit auf dem Meditationswege. Vor der Meditation soll der zu betrachtende Gegenstand gedanklich durchdrungen, nach der Meditation der Erlebnisertrag gedanklich ausgewertet werden.

Es sollen aber auch keine Bilder oder Zeichen meditiert werden, die erfahrungsgemäss negative Emotionen anregen, wie zum Beispiel die Schlange oder der Skorpion. Die meditierenden Zeichen und Bilder sollen durch die jahrtausendalte Erfahrung der weisesten Menschen geläutert und bewährt sein, so wie dies bei vielen ägyptischen, indischen und germanischen Symbolen, aber auch bei den Heiligenbildern der griechischen Kirche der Fall ist. Erst dann können sie Ausdruck sein der positiven transzendenten Mächte, welche die Seele des Menschen ordnen und verwandeln wollen.

1929 hat Carl Gustav Jung eine besondere Form des Symbolumgangs unter der Bezeichnung »Aktive Imagination« beschrieben und empfohlen. Die Patienten sollen sich Ausschnitte aus Schlafträumen oder allgemeine symbolische Bilder in Ruhe innerlich vorstellen und sich entfalten lassen. Darüber gibt es in der Jungschen Schule allerdings kaum Berichte (*8).

Der französische Psychologe Robert Desoille hat eine der originellsten imaginativen Methoden geschaffen, den »Gelenkten Wachtraum« (*9). Hier handelt es sich um ein systematisches tiefenpsychologisches Vorgehen, das Phantasie und Gefühl unmittelbar frisch erreicht. Desoille liess die Patienten in gelockertem Zustand archetypisch-biographisch bedeutsame Grundthemen vor dem inneren Auge ausmalen, und sie sollten dabei auch in beliebiger Form aufsteigen oder absteigen: Ergreifen eines Degens, Umgang mit einer Vase; Abstieg ins Meer; Begegnung mit Drachen; Besuch einer Hexe oder eines Zauberers; Erleben des Dornröschenmärchens. Der Therapeut greift je nach Lage schonend oder abhärtend in den dramatischen Gang ein, besonders beim Auftauchen angsteinflössender Figuren. Er gibt nur die Richtung des Weges und eventuell Hilfsmittel an, der Phantasie des Patienten Visualisationsmöglichkeiten zu liefern. Die individuelle Ausgestaltung ist also das Wesentliche. Durch den Aufstieg werden Willenseinsatz und Fähigkeit der werthaften geistigen Gesamterfassung des menschlichen Lebens geprüft und geübt, durch den Abstieg die Begegnung mit der elementaren Triebwelt. Es geschieht also psychisch das, was Goethe poetisch beschreibt als den Weg »vom Himmel durch die Welt zur Hölle«, das heisst der ganze seelische Bereich der hohen und tiefen Strebungen soll durchmessen werden. Wichtig ist die Erfahrung der mythisch-archetypischen Grundmächte des Daseins, von denen die lebensgeschichtlichen Ereignisse und aktuellen Konflikte erst das rechte Licht empfangen. Vor dem überpersönlichen Hintergrund schwindet die Angst und wird die Freiheit gewonnen. Die triebhaften seelischen Kräfte gehen in einen schöpferischen Prozess ein und finden im besten Fall eine harmonische Ordnung in den spezifisch menschlichen Lebensbereichen, das heisst konsequentermassen den ästhetischen, ethischen und religiösen. Das religiöse Gefühl ist für Desoille die höchste seelische Instanz, eine Funktion von grosser Aktivität.

Die Methode erfordert grosse Symbolkenntnis und psychologische Einfühlung. Sie ist diagnostisch und therapeutisch zugleich, wobei durch Selbstbegegnung in symbolischen Bildern und im Auf- und Absteigen transzendierend die Entwicklung von Wille und Gefühl angeregt wird. Auch die verstehende Selbstbesinnung kommt dadurch ergänzend zu ihrem Recht, dass Patient und Therapeut den Wachtraum jeweils später besprechen.

Das einfache und anspruchsvolle Prinzip weist auf ein ernstes Problem hin. Wer Menschen zur Höhe der Vergeistigung führen will, muss selbst den Weg der Vergeistigung kennen. Der werdende Arzt wird aber heute nur dazu ausgebildet, hinabzusteigen zur Triebsphäre und zu den körperlichen Elementen. Wo findet er die Mittel und Ziele des Aufsteigens, die »anagogischen Hilfen?«

»Die Tiefenentspannung und das Bildern« nennt Walter Frederking seine psychotherapeutische Methode, die er in der Zeitschrift »Psyche« 1948, Heft 2, skizziert. Hier haben wir die anarchistische bzw. unsystematischste Form meditativer Behandlung vor uns, was aber gar nichts über ihren Wert besagt.

Auch Frederking will von den Zufälligkeiten und Launen des Traumgeschehens unabhängig werden und das Unbewusste zur spontanen Produktion anregen. Er lässt zu diesem Zwecke den Patienten sich progressiv körperlich entspannen und dabei laufend seine Empfindungen schildern. Man könnte auch sagen, er lässt ihn einfach phantasieren. Es kommt dann über unklare optische Erscheinungen bald zu fortlaufenden bildhaften Produktionen in der Art des Bildstreifendenkens. Das Bilderleben bekommt schliesslich symbolischen Bedeutungsgehalt wie im Traum und läuft szenisch ab, wobei der Patient Dichter und Akteur in einem ist. Er begegnet so den Inhalten des persönlichen und bis zu einem gewissen Grade auch des kollektiven Unbewussten und setzt sich ganz direkt und dramatisch mit seinen seelischen Problemen auseinander. Man könnte auch sagen, er steigt persönlich in den Hades hinab und überwindet die feindlichen Dämonen. In dieser Begegnung mit sich selbst vollzieht sich auch spontan die Heilung, welche sich in verschiedenen Wandlungssymbolen bekundet. Frederking meint: »Im Traume und Bildern wird der Mensch in jene Sphäre hineingeführt, in der die gestaltende seelische Kraft sich unmittelbar auswirkt und ihn daher tiefgreifend zu verwandeln vermag.«

Hier wird also fast alles auf die autonomen Heilkräfte der Seele gesetzt. Auch diese Methode arbeitet ausschliesslich irrational. Frederking weiss aber, wie alle Menschen, die in dieser Sphäre arbeiten, dass seine Gegenwart keineswegs gleichgültig ist. Es ist weniger wichtig, dass er gelegentlich erklärend oder deutend in den Heilverlauf eingreift. Aber er weiss, dass der Patient nur in seiner Gegenwart die optimale Bilderschau erlebt. Obgleich hier der Therapeut sich im wesentlichen passiv verhält und nichtformend eingreift, ist doch der Patient in seinem seelischen Kraftfeld und empfängt vielleicht von da aus richtende oder gestaltende Impulse.

Friedrich Mauz hat unter dem Titel »*Der psychotische Mensch in der Psychotherapie*« (Archiv f. Psychiatrie, 1948) eine Behandlungsform beschrieben, die zwar keine Meditation in strengem Sinne ist, aber doch viele gemeinsame Züge mit ihr trägt. Gerade bei Psychotikern wären die bisher erwähnten Verfahren sehr gefährlich und deshalb verwerflich. Dementsprechend ist die Mauzsche Methode eine stark abgeschwächte Meditation, in der das Unbewusste ganz vorsichtig angefasst und zu produktiven Leistungen veranlasst werden soll.

Irgendwelche technischen Vorbereitungen erwähnt Mauz nicht. Die Behandlung, welche mit Rücksicht auf die Bahnung bedingter Reflexe täglich genau zur selben Zeit stattfinden soll, entwikkelt sich unmittelbar aus dem Gespräch. Dieses Gespräch ist zunächst nur ein Monolog des Arztes, der den Patienten in plastischer und sympathiegetragener Schilderung Bilder aus der Kindheit malt: Das Erlebnis der Prozession, des Weihnachtsfestes in der Familie, eines Kinderliedes und so weiter. Das Bild muss zum Patienten passen und intuitiv gewählt werden als »lösendes Bild«. Es soll die erstarrte Affektivität des Psychotikers auflockern und beleben, so dass dann später ein echtes Gespräch zustande kommen kann.

Mauz zielt, wie auch sonst die Meditation, auf die emotionelle Schicht des Patienten. Im Grunde führt auch er den Patienten auf die Happichsche Kindheitswiese, den schöpferischen Grund der Seele. Aber er wartet nicht ab, wie der Patient sich dazu stellt, sondern er erfüllt von sich aus die Wiese mit Gestalten, von denen er weiss, dass sie eindeutig positive Gefühle und Bilder erwecken: »die Geborgenheit« der Kindheit mit ihren »unschuldigen Freuden«. Hier soll der kranke Mensch wieder anknüpfen. Die von hier ausgehenden schöpferischen Kräfte sollen den Riss in der Persönlichkeit schliessen helfen.

Es ist bemerkenswert, wie Mauz anscheinend ganz intuitiv aus der echten menschlichen Begegnung heraus wichtige Grundprinzipien der Meditation beschreibt. Das Bild ist das Wirksame, aber nur deshalb, weil es als wirklich, als aktuell, das heisst meditativ erlebt wird. »Das Bild muss persönlich und überpersönlich zugleich sein«. Es führt hinein in die »Sphäre der überpersönlichen Erkenntnisse und Wahrheiten«. »Alles Laute, Aufdringliche und Grelle muss vermieden werden.« Die entscheidenden Lebensvorgänge spielen sich in der Stille ab. Wir »müssen uns mit dem psychotischen Gegenüber identifizieren«. »Der Arzt muss sich selbst in den Zustand natürlicher Gelöstheit versetzen«, »seine eigene Freude anklingen lassen«.

Das heisst: der Arzt muss sozusagen den Patienten selbst meditieren. Er muss sich vom Patienten ergreifen lassen, wenn der Patient von seiner gestaltenden Kraft ergriffen werden soll. Dies ist die mystische Einheit von Arzt und Kranken. Man soll »nicht nur das Krankhafte analysieren« ..., sondern auch »das möglich Gesunde erkennen«. Der Arzt soll also stets die Idee des ganzen harmonischen Menschen vor sich haben und suchen, wo er es im Kranken wieder finden beziehungsweise entwickeln kann.

Was hier geschieht, ist biologisch und ethisch in einem. »Das Gefühl der Geborgenheit« sagt Mauz, »ist vegetativ und geistig zugleich«. Damit umgreift er den gesamtanthropologischen Aspekt der Heilung überhaupt.

Das Entscheidende für Mauz ist vor allem »die einfache menschliche Begegnung«: »Es ist nötig, im Umgang menschlich zu sein.« Es scheint mir doch äusserst wichtig zu sein, dass ein berufener Wissenschaftler wie Mauz, über die Erfahrung der meditativen Sphäre zur Anerkennung des »Menschlichen« als oberstem ärztlichem Prinzip kommt, was der wissenschaftlichen Medizin heute noch weitgehend fremd ist.

Fassen wir noch einmal die wesentlichen Gesichtspunkte zusammen, welche die verschiedenen Methoden charakterisieren und verbinden. Da ist die aktive Provokation des Unbewussten, wie ich es nennen möchte, wobei der Arzt hauptsächlich die Funktion des »Geburtshelfers« hat. In dem der Mensch sich so mit dem Unbewussten auseinandersetzen kann, werden ihm dessen schöpferische Möglichkeiten für die Heilung dienstbar gemacht. Im Gegensatz zu der bewusst passiven Haltung der analytischen Behandlungsweisen nimmt der Mensch bei den meditativen Verfahren aktiv, bewusst und orientiert am Heilungsprozess teil. Ebenfalls im Gegensatz zu der analytischen Methode erstreben die meditativen Verfahren eine zielgerichtete, aber individuell angepasste Formung des Menschen, wobei ein transzendentes Menschenbild im Hintergrunde steht. - Frederking macht hier eine relative Ausnahme. - Im Unterschied zu den analytisch-psychologischen Verfahren sind die Grundübungen der Meditation auch für den gesunden Menschen nicht nur anwendbar, sondern auch sehr nützlich.

Es wird ein geringer Wert auf die Analyse des Krankhaften gelegt. Die Betonung des Analytischen ist ja offensichtlich Ausdruck unserer geistigen Zeitlage. Vielmehr wird bei der Meditation auf die Aktivierung der gesunden Heiltendenzen der Seele abgezielt. Die Orientierung ist synthetisch.

Es wird den Patienten zu überpersönlichen, bewusstseinserweiternden Erfahrungen und Erkenntnissen verholfen. Ein weiterer Vorteil besteht darin, dass der Übergang zur religiösen Problematik in ganz natürlicher Weise sich vollziehen lässt. Die Behandlungszeit verkürzt sich, da man von den Launen der Träume unabhängig ist und schnell diagnostisch und therapeutisch an den psychischen Konflikt herankommt. Schliesslich spielt das Moment der Übertragung der Komplexe auf den Arzt mit den entsprechenden Lösungsschwierigkeiten eine ganz untergeordnete Rolle.

Der grossen Reichweite und Wirksamkeit der meditativen Verfahren gegenüber muss nun aber eine tiefgreifende Einschränkung gemacht werden. Sie liegt in der Tatsache der Subjektivität bei Arzt und Patient. Nicht umsonst sind alle beschriebenen Verfahren praktisch auf den Namen eines Schöpfers beschränkt und haben keine ins Gewicht fallende Schule gebildet. Es ist ja immer so, dass jeder erfolgreiche Psychotherapeut eine unnachahmliche eigene Schule in sich darstellt. Wir müssen zugeben, dass zum Beispiel die Arbeitsweisen von Desoille und Mauz eine ganz aussergewöhnliche Intuition und künstlerische Gestaltungsfähigkeit voraussetzen. Auch nicht jeder Patient ist in gleicher Weise fähig, tiefere Grade der Versenkung fruchtbar zu erleben. Das Entscheidende ist aber das von Heyer beschriebene Problem des seelischen Kraftfeldes, das für jede tiefenpsychologische Arbeit gültig ist. Soll der Patient mit seinen intimen seelischen Problemen fertig werden, so müssen die Tiefenbilder, welche diese Probleme veranschaulichen, im Traum oder in der Meditation an die Oberfläche des Bewusstseins gebracht werden. Dies anzuregen ist die Kunst des Arztes, welche man eigentlich nur mit dem unwissenschaftlichen Ausdruck der »Beschwörung« bezeichnen kann. Ob die Geister beschworen werden, dies ist nicht mehr einfach das Resultat einer erlernbaren Technik, sondern ergibt sich aus der personalen Gesamtwirkung des Arztes auf den Patienten. Darüber sind sich alle auf diesem Gebiet kompetenten Leute einig. Beim einen Arzt sieht der Patient nur banales Zeug, während er beim anderen einschneidende Tiefenerlebnisse hat. Die Psychotherapie ist in dieser Ebene eine Frage der Berufung und weniger der Technik allein. Berufung aber ist Folge der Begabung und der Formung. Nicht der generell handwerklichen Formung, wie sie das Medizinstudium darstellt, sondern der individuell-persönlichen Formung, wie sie dem Verhältnis des Meisters zum Schüler entspringt. Die grosse Psychotherapie ist einzigartig und unnachahmlich wie das Schaffen eines Künstlers. Dennoch und gerade deshalb können wir von ihr lernen.

Die Meditation hat wohl Aussicht, einmal eine führende therapeutische Methode zu werden. Alle jüngeren Systeme, die wir kennengelernt haben, sprechen für eine Entwicklung in dieser Richtung. Ob es aber wirklich dazu kommt, wird ganz gewiss von einer tiefgreifenden Umgestaltung der ärztlichen Ausbildung und der ärztlichen Praxis abhängen. Es ist aber von grosser Wichtigkeit, ob in Zukunft überhaupt in dieser Richtung gedacht und gesucht wird. Nur so dürfen wir hoffen, von der Psychotherapie zu einer echten Menschenbehandlung zu gelangen.

Geschichtlicher Abriss und Entwicklung der Psychosynthese

Roberto Assagioli wurde 1888 in Venedig geboren. Er studierte Medizin in Florenz und wurde Facharzt für Neurologie und Psychiatrie. Seine erste Konzeption der Psychosynthese war in seiner Doktorarbeit über Psychoanalyse enthalten (1910), in der er auf einige Begrenzungen der Freudschen Vorstellungen hinwies. 1911 stellte er seine Ansichten über das Unbewusste in einem Referat auf dem »Internationalen Kongress für Philosophie« in Bologna vor.

Dann entwickelte er allmählich seine Ideen und verband in seiner psychotherapeutischen Praxis den Gebrauch verschiedener Techniken der Psychotherapie. In vielen Vorträgen, Artikeln und Broschüren stellte er seine Ansichten dar. 1927 erschien ein erster Artikel in englischer Sprache »A New Method of Healing - Psychosynthesis« (Eine neue Methode des Heilens - Psychosynthese).

1926 gründete er das »Istituto di Psicosintesi« (Institut für Psychosynthese) in Rom, um verschiedene Techniken der Psychotherapie und der Erziehung zu entwickeln, anzuwenden und zu lehren mit dem Ziel einer Psychosynthese von Patienten und - im pädagogischen Feld - von Schülern. Der Zweite Weltkrieg unterbrach diese Aktivitäten; bereits 1938 wurde das Institut von den Faschisten geschlossen. Assagioli eröffnete es 1944 wieder in Florenz, später ergänzt durch Zweigstellen in Rom und Bologna. 1946 hielt Assagioli auch wieder Vorträge in Italien, der Schweiz und England. Mehrere seiner Artikel wurden in verschiedenen Sprachen veröffentlicht.

1957 wurde in den Vereinigten Staaten die »Psychosynthesis Research Foundation« mit Sitz in New York gegründet. Im Jahre 1976 wurden die Aufgaben der »Research Foundation« vom »Psychosynthesis Institut« in San Franzisko übernommen. Diese gab eine Zeitschrift *(Synthesis)* heraus. Das San Franzisco Institut wurde im Jahr 1978 geschlossen und andere Institute übernahmen die Weiterentwicklung der Psychosynthese in den Vereinigten Staaten.

Assagiolis Idee von der Zukunft der Psychosynthese war, dass diese von unabhängigen Instituten weiter entwickelt werden würde. Diese Institute würden sich aus den individuellen Perspektiven ihrer Begründer entwickeln. Assagioli wollte, dass diese Lehrzentren unabhängig voneinander, aber in freundschaftlicher Zusammenarbeit miteinander, arbeiten würden, *ohne eine Schule, die eine zentrale oder tonangebende Richtung einnimmt.* Assagioli hinterliess eine offene, jedoch klare und präzise Formulierung der Psychosynthese, die es möglich macht, neue Einsichten der Psychologie in die sich weiter entwickelnde Psychosynthese zu integrieren. Ein Beispiel davon ist, dass nach seinem Tod im Jahre 1974 einige Psychosynthese-Lehrzentren in Amerika und Europa neue Ideen, wie die der Ich-Psychologie und der Objekt-Verhältnis-Theorie in ihre Ausbildungsprogramme aufnahmen.

Psychosynthese-Lehrzentren und Institute

(Diese Liste enthält lediglich die Namen und Anschriften der Zentren und Institute, von denen der Verleger Kenntnis hat.)

AUSTRALIEN
Psychosynthesis Training Centre
3, Hoods Road
Adelaide, South Australia 5085

BUNDESREPUBLIK DEUTSCHLAND
Psychosynthese Haus Wolfegg
Truchsessenstr. 5
D - 7962 Wolfegg/Allgäu

ENGLAND
Psychosynthesis and Education Trust
188-194 Old Street
London EC1V 4JN

The Institute of Psychosynthesis
1, Cambridge Gate, Regents Park
London NW1 4JN

FRANKREICH:
Centre Français de Psychosynthèse
61, Rue de la Verrerie
F - 75004 Paris

HOLLAND
Centrum voor Psychosynthese
& Therapie,
Postbus 85156
3508 AD Utrecht

IRLAND
Eckhart House
19, Clyde Street
Dublin 4

ITALIEN:
Centro di Studi Psicosintesi
"Roberto Assagioli"
Piazza Madonna, 7
I - 50123 Firenze

Istituto di Psicosintesi
Via san Domenico, 16
I - 50133 Firenze

Istituto di Psicosintesi - Centro di Bologna
Via Matteotti, 24
I - 40129 Bologna

Istituto di Psicosintesi - Centro di Catania
Viale Regina Margherita, 35b
I-95123 Catania

Istituto di Psicosintesi - Centro di Padova
Via Vescovado, 15 - Casa Pio Decimo
I - 35100 Padova

Istituto di Psicosintesi - Centro di Perugia
Via Vermiglioli, 16
I - 06100 Perugia

Istituto di Psicosintesi - Centro di Roma
Via Cola di Rienzo, 217
I - 00192 Roma

Societa Italiana di Psicosintesi Terapeutica,
Via Bargigia, 27
I - 48100 Ravenna

Weitere Zentren in den Städten:
Varese - Milano - Teramo - Prato - Bolzano.

MEXICO
Instituto de Psicosintesis
Alfonso Reyes 147-4
Mexico D.F.

NEUSEELAND
Institute for Psychosynthesis
7 Farnol Street
Auckland 2

PORTUGAL
Centro di Psicosintese
Serra do Louro (4 Moinho)
2950 Palmela

VEREINIGTE STAATEN
Berkshire Center for Psychosynthesis
Hupi Road
Monterey, Massachusetts 01245

Intermountain Associates for Psychosynthesis
1624 Cornell S.E.
Albuquerque, New Mexico 87108

International Association for Managerial
and Organizational Psychosynthesis (IAMOP)
3308 Radcliff Road
Thousand Oaks, California 91360

Kentucky Center for Psychosynthesis
436 West 2nd Street
Lexington, Kentucky 40508

Psychosynthesis Center of New Hampshire
RFD 1 Box 680
Hancock, New Hampshire 03439

Psychosynthesis for the Helping Professional
Box 82
Concord, Massachusetts 01742

Psychosynthesis Institute of Minnesota
P. O. Box 8171
St. Paul, Minnesota 55108

Psychosynthesis Institute of New York
5 Milligan Place
New York, 10011

Psychosynthesis International
P. O. Box 926
Diamond Springs, California 95619

Psychosynthesis in Virgina
4104 Holly Road
Virginia Beach, Virginia 23451

Psychosynthesis of Seattle
613 9th Avenue, 204
Seattle, Washington 98112

Sacramento Psychosynthesis Center
P. O. Box 161572
Sacramento, California 95816

San Diego Center for Psychosynthesis
2733 Walker Drive
San Diego, California 92123

Synthesis Educational Foundation
236 Mystic Valley Parkway
Winchester, Massachusetts 01890

The Psychosynthesis Center
Eagle Farm Road
Uwchlan, Pennsylvania 19480

The Synthesis Center
P. O. Box 505
Amherst, Massachusetts 01004

Vermont Center for Psychosynthesis
62 East Avenue
Burlington, Vermont 05401

BIBLIOGRAPHIE

Schriften von Dr. Roberto Assagioli

Gli Effetti del Riso e le loro Applicazioni Pedagogiche. (Rivista di Psicologia Applicata, No. 2, 1906).

La Psicologia delle Idee-Forze e la Psicagogia. (Rivista di Psicologia Applicata, No. 2-3, 1910).

Trasformazione e Sublimazione delle Energie Sessuali. (Rivista di Psicologia Applicata, No. 3 1912).

Il Subcosciente. (Atti del IV Congresso Internationale di Filosofia, Bologna 1911;)(Biblioteca Filosofica, 1911).

La Psicologia del Subcosciente: I. La Psicoanalisi. - 2. Personalità alternantie e Concosciente. ("Psiche", 2-3 1912).

Psicologia e Psicoterapie. ("Psiche", 3 1913).

Gli Errori degli Scienziati. ("Psiche", 4, Florence 1913).

La Classificazione dei Sogni. ("Psiche", 4, Florence 1915).

L'Ecole Psychopathologique Americaine. ("Scienta", Milan, March 1919).

La Psicologia e la Scienza della Sessualità. (Bolletino dell' Associazione di Studi Psicologici, 1 Florence 1920).

A New Method of Healing: Psychosynthesis.(Rom, Istituo di Psicosintesi 1927).

Il Valore Practico ed Umano della Cultura Psichica. (Rom, Istituto di Psicosintesi 1929).

Psicoanalisi e Psicosintesi. (Rom, Istituto di Psicosintesi 1931).

Parole Franche agli Adulti. (Rivista Montessori 1913).

Sviluppo Spirituale e Malattie Nervose. (Rom; Istituto di Psicosintesi 1933 (Dt. Übersetzung in »Wege zum Menschen«, Monatsschrift für Seelsorge, Psychotherapie und Erziehung, Göttingen, Mai 1955).

La Musica Come Causa di Malattia e Come Mezzo di Cura. (Rivista Internazionale del Cinema Educativo, 1934).

Contribution de la Psychologie à l'Education Interculturelle. (Revue Pedagogique, 3 1948).

Come si Imparano le Lingue col Subcosciente. (L'Economia Umana, Rassegna Medica Internazionale, Milan, Mai-Juni 1954).

Saggezza Sorridente. (Fenarete, Milan, Januar 1955).

Comprendere gli Altri. (Fenarete, Milan, April 1955).

La Psicologia e la Scienza della Sessualità. (L'Economia Umana, Milan, November-Dezember 1955).

Il Mistero dell'Io. (La Grande Ricerca, Rom, April-Juni 1956).

Modi e Ritmi della Formazione Psicologica. (L'Economia Umana, Milan November-Dezember, 1956).

Veleni e Farmaci Psicologici. (La Grande Ricerca, Rom, Juli- September, 1956).

La Psicoterapia. (Medicina Psicosomatica, 1 1957).

Music as a Cause of Desease and as a Healing Agent. (New York, Psychosynthesis Research Foundation 1956).

La Psicologia della Donna e la sua Psicosintesi. (L'Economia Umana, Milan, März-April 1958).

Dynamic Psychology and Psychosynthesis. (New York, Psychosynthesis Research Foundation 1959).

Psychologie Dynamique & Psychosynthèse. (Centre de Psychosynthèse, 11 rue Franquet, Paris 15e).

Self-Realization and Psychological Disturbances. (New York, Psychosynthesis Research Foundation 1961).

La Psicologia e l'Arte di Vivere. (Florenz, Istituto di Psicosintesi 1962).

Psicologia dinamica e psicosintesi. (Florenz, Istituto di Psicosintesi 1962).

L'educazione dei giovani particolarmente dolati. (Florenz, Istituto di Psicosintesi 1962).

Creative Expression in Education. (American Journal of Education, 1, 1963).

Pictures and Colours. (Their Psychological Effects. New York, Psychosynthesis Research Foundation).

The Technique of evocative words. (New York; Psychosynthesis Research Foundation 1970).

The Balancing and Synthesis of the Opposites. (New York, Psychosynthesis Research Foundation 1972).

Smiling Wisdom. (New York, Psychosynthesis Research Foundation).

The Training of the Will. New York, Psychosynthesis Research Foundation 1966). (*, siehe auch Deutsch unten)

Per l'Armonia della Vita, la Psicosintesi. (Florenz, Istituto di Psicosintesi, 1966).

Jung and Psychosynthesis. (New York, Psychosynthesis Research Foundation 1967).

Psychosomatic Medicine and Bio-Psychosynthesis. (New York, Psychosynthesis Research Foundation 1967).

The Psychology of Woman and her Psychosynthesis. (New York, Psychosynthesis Research Foundation 1968).

Symbols of Transpersonal Experiences. (Journal of Transpersonal Psychology, 1 (1969).

The Act of Will. (New York, Viking Press 1973; Baltimore, Penguin Books 1974).

Transpersonal Inspiration and Psychological Mountain-Climbing. (New York, Psychosynthesis Research Foundation 1976).

In Deutsch:
Die Schulung des Willens.(*) (Junfernmann-Verlag, Paderborn 1982).

Geistige Entwicklung und nervöse Störung. ("Astrolog", Zeitschrift für Astrologische Psychologie, Nr. 28 + 29, Okt.-Dez. 1985, Adliswil/ZH).

Literaturverzeichnis

Abraham, Karl: *Psychoanalytische Studien.* Ges. Werke in 2 Bdn. Hrsg. v. Johannes Cremenus. Frankfurt/M., S.Fischer 1971 (Conditio humana).

Adler, Alfred:
a) *The pattern of life.* Hew York: Cosmopolitan Book Co. 1930 (London, Kegan Paul 1931).
b) *Alfred Adlers Individualpsychologie. Eine systematische Darstellung seiner Lehre in Auszügen aus seinen Schriften.* Hrsg. v. Heinz L. Ansbacher und Rowena R. Ansbacher. München, Reinhardt 1972 (1975).

Allendy, Rene: *Le probleme de la destiniee.* Paris, Gallimard 1927. dt.: Wille oder Bestimmung. Stuttgart, Hippokrates-Verlag 1930.

Allport, Gordon W.: *Becoming.* New Haven 1955 dt.: Werden der Persönlichkeit. Bern, Huber 1958.

Ammann, A. N.: *Aktive Imagination. Darstellung einer Methode.* Walter-Verlag, 1978

Angyal, Andras:
a) *Foundations for a science of personality.* Cambridge, Mass.: Harvard Univ. Press. 1941 (1958).
b) *Neurosis and treatment. A holistic theory.* (Ed. by Eugenia Hanfmann and Richard M. Jones) Hew York, Wiley 1965.

Baruk, Henri:
a) *Psychiatrie morale experimentale, individuelle et sociale.* Paris, Presses Universitaires 1945.
b) *Le test »Tsedek« le jugement moral et la delinquence.* Paris, Presses Universitaires 1950.
c) *Taite de psychiatrie.* Paris, Masson 1958.

Baudouin, Charles:
a) *De l'instinct à l'esprit; precis de psychologie analytique.* Bruges, Desclee, de Brouwer 1950
b) *Die Macht in uns. Entwicklung einer Lebenskunst im Sinne der neuen Psychologie.* Dresden, Sibyllen-Verlag 1924.
c) *Suggestion und Autosuggestion.* Dresden, Sibyllen-Verlag 1926 de Mobilisation de l'energie; elements de psychagogie theorique et pratique. Paris, Ed. de l'institut Pelman 1931.
e) *Decouverte de la personne.* Paris, Presses Universitaires 1940.

Bergson, Henri: *Les deux sources de la morale et de la religion.* Paris 1932.
dt.: *Die beiden Quellen der Moral und der Religion.* Jena, Diederichs 1933.

** **Berne, Eric:**
a) *Transactional analysis in psychotherapy.* New York, Grove Press, 1961.
b) *Spielarten und Spielregeln der Liebe.* Rororo-TB 6848, Rowohlt 1974
c) *Spiele der Erwachsenen.* Rororo-TB 6735.

Bjerre, Poul:
a) *Von der Psychoanalyse zur Psychosynthese.* Halle 1925.
b) *Psychosynthese.* Stuttgart, Hippokrates Verlag 1971.

Boeke, Kees: *Cosmic view; the universe in 40 jumps.* New York, John Day 1957.

Bohm, David et al.: *Das holographische Weltbild.* Bern, Scherz, 1986.

** **Buber, Martin:** *Ich und Du.* Leipzig, Insel 1923, Heidelberg, Schneider, 1974.

** **Bucke, Richard Maurice:** *Cosmic consciousness.* Philadelphia 1901. (Viele Neuauflagen, z.B. New York, Dutton 1969.)
Gekürzte und stark bearbeitete deutsche Ausgabe unter dem Titel: *Die Erfahrung des kosmischen Bewusstseins.* Freiburg i.Br., Aurum. 1975.

** **Capra, Fritjof:**
a) *The Tao of physics. An exploration of the parallels between modern physics und eastern mysticism.* Berkeley, Shambhala, 1975.
dt.: *Der kosmische Reigen.* Physik und östliche Mystik. München, Barth 1977.
b) *Wendezeit.* Bern, Scherz, 1983.

Capra, Fritjof et al.: *Psychologie in der Wende.* Bern, Scherz, 1985.

Carlyle, Thomas: *On heroes, hero-worship and the heroic in history.* London, Fraser 1841.
dt.: *Über Helden, Heldenverehrung und das Heldentümliche in der Geschichte.* Leipzig, Reclam 1924.

Caruso, Igor A.:
a) *Psychoanalyse und Synthese der Existenz.* Wien, Herder 1952.
b) *Bios, Psyche, Person. Eine Einführung in die allgemeine Tiefenpsychologie.* Freiburg, Albert 1957.

Crampton, Martha:
a) *The use of mental imagery in Psychosynthese* in: Journal of Humanistic Psychology 9, 1969. (Nachdruck: Hew York: Psychosynthese Research Foundation 1970.)
b) *An historical survey of mental imagerv techniques in psychotherapy and description of the dialogic imaginal integration behind.* Montreal, Quebec Center for Psychosynthese 1974.
c) *Psychosynthese: some key aspects of theoy and practice.* Montreal, Canadian Institute of Psychosynthese 1977.

De Jonge/ A.J. Kiewiet: *Quelques principes et exemples de psychosynthese 11.* Tagung der Kommission für Psychotherapie der Schweiz. Bern, Gesellschaft für Psychiatrie 1937.

Desoille, Robert:
a) *Le rêve éveillé en psychothérapie Paris.* Presses Universitaires 1945.
b) *Theorie et pratique du rêve éveillé dirigé.* Geneva, editions du Mont Blanc 1961.

Ellenberger, Henry F.: *Die Entdeckung des Unbewussten,* 2 Bände, Hans Huber, Bern, 1973.

Ellis, Albert:
a) *Reason and emotion in psychotherapy.* Hew York, Lyle Stuart 1962.
b) *A guide to rational living.* Hew York; Prentice Hall 1961. (Neuauflage unter dem Titel: *A new guide to rational living.* Englewood Cliffs, H.). Prentice Hall 1975.)
c) *Die rational-emotive Therapie.* Das innere Selbstgespräch bei seelischen Problemen und seine Veränderung. München, Pfeiffer, Reihe Leben lernen. Nr. 26. 1977.

Emerson, Ralph Waldo: *Essays on representative men.* 1850.
dt.: *Vertreter der Menschheit.* Leipzig, Diederichs, 1903 (Ges.Werke Bd.2)T.

Erickson, Milton H.: *Meine Stimme begleitet Sie überallhin.* Stuttgart, Klett-Cotta, 1985.

Erickson Milton H./Rossi E. L./Rossi S. L.: *Hypnose. Induktion Psychotherapeutische Anwendung - Beispiele.* Reihe Leben Lernen 35, Pfeiffer 1978.

Feldenkrais, Moshe: *Awareness through movement.* Hew York, Harper and Row 1972.
dt.: *Bewusstheit durch Bewegung.* Frankfurt, Suhrkamp (Suhrkamp-TB 429), 1978.

** **Ferruci Pierro:** *Werde was du bist. Selbstverwirklichung durch Psychosynthese*, Sphinx-Verlag 1984.

** **Frankl, Viktor E.:**
a) *Ärztliche Seelsorge. Grundlagen der Existenzanalyse und Logotherapie.* Wien, Deuticke 1971.
b) *Theorie und Therapie der Neurosen.* Einführung in Logotherapie und Existenzanalys. Wien, Urban und Schwarzenberg 1956. München, Reinhardt 1975 (Uni-Taschenbücher 457).
c) *Der unbewusste Gott. Psychotherapie und Religion.* München, Kösel 1974.

Freud, Sigmund: *Gesammelte Werke (17 Bde.)* Frankfurt/M., Fischer.

** **Fromm, Erich:**
a) *Escape from freedom.* Oxford/Toronto, Farrar and Rinehart 1941.
b) *The sane society.* London, Routledge a. Kegan Paul 1956.
c) *Psychoanalysis and religion.* Hew Haven, Yale Univ.Press 1950.
dt.: *Psychoanalyse und Religion.* Konstanz, Diana Verlag 1966.
d) *Haben oder Sein. Die seelischen Grundlagen einer neuen Gesellschaft.* Stuttgart, Deutsche Verlags-Anstalt 1976.

Geley, Gustave: *Vom Unbewussten zum Bewusste.* Suttgart; Union Dt. Verl. Ges. 1925.

Gerhard, Robert: *Symbolic visualization.* Hew York; Psychosynthesis Research Foundation.

Goldstein, Kurt: *Der Aufbau des Organismus.* Amsterdam 1934 (Nachdruck Den Haag 1963).

Grinder, J./Bandler, R: *Therapie in Trance.* Stuttgart, Klett-Cotta, 1984.

** **Grof, Stanislav:**
a) *Realms of the human unconscious. Observations from LSD research.* Hew York, Dutton 1976.
dt.: *Topographie des Unbewussten. LSD im Dienst der tiefenpsychologischen Forschung. Stuttgart, Klett-Cotta, 1978.*
b) *Geburt, Tod und Transzendenz.* Kösel, München, 1985.
c) *Alte Weisheit und modernes Denken.* Kösel, München, 1986.

Hall, Calvin S./Gardner Lindzey: *Theories of personality.* Hew York, Wiley 1957 und 1970.

Hall, Winslow W.: *Observed illuminates.* London, Daniel 1926.

Happich, Carl: *Anleitung zur Meditation.* Darmstadt, Roether 1948.

Harding, Mary Esther: *Psychic energy: its source and goal.* Hew York, Pantheon Books 1948.

Hardy, Jean: *A Psychology with a Soul. Psychsynthesis in Evolutionary Context.* Routledge & Kegan Paul, London 1987.

Heiler, Friedrich:
a) *Das Gebet. Eine religionsgeschichtliche und religionspsychologische Untersuchung.* München, Reinhardt 1918 (1969).
b) *Erscheinungsformen und Wesen der Religion.* Die Religionen der Menschheit Bd. 1) Stuttgart, Kohlhammer 1961.

** **Horney, Karen:** *Our inner conflict. A constructive theory of neurosis.* London, Routledge a. Kegan Paul 1957.
dt.: *Unsere inneren Konflikte.* Neurosen in unserer Zeit - Entstehung, Entwicklung und Lösung. München, Kindler, Geist und Psyche 2104, 1973.

Huber, Bruno und Louise:
a) *Die astrologischen Häuser.* Adliswil/ZH, Verlag Astrologisch-Psychologisches Institut, 1983.
b) *Die Lebensuhr*, Band I, Adliswil/ZH, Verlag Astrologisch- Psychologisches Institut, 1980.
c) *Die Lebensuhr im Horoskop.* Band II, Adliswil/ZH, Verlag Astrologisch-Psychologisches Institut, 1983.
d) *Die Lebensuhr im Horoskop.* Band III, Adliswil/ZH, Verlag Astrologisch-Psychologisches Institut, 1985.

Huber, Louise: *Die Tierkreiszeichen.* Adliswil/ZH, Verlag Astrologisch-Psychologisches Institut, 1981.

** **James, William:**
a) *The principles of psychology.* Vol. 1,2. London, Macmillan 1890.
b) *The varieties of religious experience.* Hew York, Longmans Green 1902. London, Collier Books, 1961.
dt.: *Die Vielfalt religiöser Erfahrung.* Neuübersetzung bei Walter-Verlag, Freiburg i.Br./Olten. 1979).

Janet, Pierre: *L'automatisme psychologique Paris*, Alcan, 1889.

** **Jung, Carl Gustav:**
a) *Gesammelte Werke.* Olten/Freiburg i.Br., Walter Verlag.
b) *Diagnostische Assoziationsstudien. Beiträge zur experimentellen Psychopathologie.* Bd. 1,2. Leipzig; Barth 1906 (in: Ges. Werke Bd. 2, als »Studien zur Wortassoziation«).
c) *Die Beziehung zwischen dem Ich und dem Unbewussten.* Darmstadt,

Reichl 1928 (in: Ges. Werke Bd. 7. Olten/Freiburg, Walter 1964).
d) *Erinnerungen, Träume, Gedanken*. Olten, Walter, 1971.
e) *Der Mensch und seine Symbole*. Olten, Walter, 1968.

** **Keyserling, Hermann Graf:** *Schöpferische Erkenntnis*. Darmstadt, Reichl 1922.

Klein, Melanie/Riviere, Joan: *Seelische Urkonflikte*. Fischer-TB 7323, 1983.

Kretschmer, Wolfgang (jun.): *Selbsterkenntnis und Willensbildung im ärztlichen Raume*. Stuttgart, Thieme 1958.

** **Kuhn, Thomas S.:** *The structure of scientific revolutions*. Univ. of Chicago Press 19702.
dt.: *Die Struktur wissenschaftlicher Revolutionen*. Frankfurt, Suhrkamp 1976.

Leuner, Hanscarl:
a) *Katathymes Bilderleben*. Stuttgart, Thieme 1970.
b) *Katathymes Bilderleben mit Kindern und Jugendlichen*. Hanscarl Leuner/ Günther Horn/Edda Klessmann. München, Reinhardt 1977.

Lewin, Kurt:
a) *A dynamic theory of personality*. New York, McGraw Hill 1935.
b) *Grundzüge der topologischen Psychologie*. Hrsg. Raym. Falk u. Friedr. Winnefeld. Bern, Huber 1969.

Lewis, Clive Staples:
a) *The four loves*. New York, Harcourt Brace, 1960;
dt.: *Die vier Arten der Liebe*. Einsiedeln, Benzinger, 1961.
b) *Dienstanweisung für einen Unterteufel*. Freiburg, Herder, 1986.
c) *Die grosse Scheidung. Oder zwischen Himmel und Hölle*. Einsiedeln, Johannesverl., 1985.

Lilly, John C.: *The center of the cyclone*. New York, Julian Press 1972.
dt.: *Das Zentrum des Zyklons. Eine Reise in die inneren Räume*. Frankfurt/M., S. Fischer, 1976, Fischer-TB 1768).

** **Lowen, Alexander:**
a) *Bioenergetics*. New York, Coward, McCann a. Geoghegan 1975.
dt.: *Bioenergetik. Der Körper als Retter der Seele*. München, Scherz 1976.
b) *Der Verrat am Körper*. Bern, Scherz, 1980.
c) *Liebe und Orgasmus*. München, Kösel, 1980

McDougall, William: *The energies of men. A study of the fundamentals of dynamic psychology.* London, Methuen 1932.
dt.: *Aufbaukräfte der Seele. Grundriss einer dynamischen Psychologie und Psychopathologie.* Leipzig, Thieme 1937.

Maeder, Alphonse:
a) *Heilung und Entwicklung im Seelenleben.* Zürich, Rascher 1918.
b) *Die Richtung im Seelenleben.* Zürich, Rascher 1928.
c) *Psychoanalyse und Synthese. Der Wiederaufbau der Persönlichkeit neben ihrer Analyse.* Schwerin, Bahn 1927.
d) *Psychosynthese-Psychagogik* in: Handbuch der Neurosenlehre und Psychotherapie. Hrsg. von Viktor E. Frankl, Victor E. Freiherr v. Gebsattel, 7.H. Schultz. Bd. 3, S. 391-412. München, Urban und Schwarzenberg.
e) *La personne du medecin - un agent psychotherapeutique Neuchatel*, Delachaux & Niestle 1953.

** **Maslow, Abraham H.:**
a) *Motivation and personality.* Hew York, Harper, 1954.
dt.: Motivation und Persönlichkeit. Olten, Freiburg i.Br., Walter 1977.
b) *Journal of Ortho-Psychology. Statement of purpose. Unpublished paper 1958.*
c) *Cognition of being in the peak experiences* in: Journal of Genetic Psychology. 94, (1959), S. 43-66. (Mehrfach nachgedruckt, z.B. in: international Journal of Parapsychology 2, 1960,5. 23-54.)
d) *Critique of self-actualization*, 1.: Some dangers of being-cognition in: Journal of Individual Psychologv. 15 1959), S. 24-32.
f) *Toward a psychology of being.* Princeton, N.J.: Van Nostrand 1962.
dt.: Psychologie des Seins. Ein Entwurf München, Kindler 1973.
g) *The psychology of science. A reconnaissance.* Hew York, Harper a.Row 1966.
dt.: *Die Psychologie der Wissenschaft. Neue Wege der Wahrnehmung und des Denkens.* München, Goldmann 1977 (Goldmann Sachbuch 11 131).
i) *Theory Z* in: Journal of Transpersonal Pychologt. 1,1 (1969), S. 3147. (auch in: A.H. Maslow: *The farther reaches of human nature.* Hew York, Viking, 1971,5. 280-295.)

Mauz, Friedrich: *Der psychotische Mensch in der Psychotherapie* in: Archiv für Psychiatrie, 1948. Nachdruck in: Nikolaus Petrilowitsch (Hrsg.: Die Sinnfrage in der Psychotherapie. Darmstadt, Wiss. Buchgesellschaft 1972 Wege der Forschung. LXXVii).

** **May, Roll R.:**
  a) *Antwort auf die Angst.* Fischer-TB 6778, 1984.
  b) *Freiheit und Schicksal.* Fischer-TB 6784, 1985.

** **Miller, Alice:**
  a) *Am Angang war Erziehung.* Frankfurt, Suhrkamp, 1983.
  b) *Du sollst nicht merken. Variationen über das Paradiesthema.* Frankfurt, Suhrkamp, 1983.
  c) *Das verbannte Wissen.* Frankfurt, Suhrkamp, 1988.
  d) *Der gemiedene Schlüssel.* Frankfurt, Suhrkamp, 1988.

Moreno, Jacob L.:
  a) *Psychodrama.* Vol. 1,2. Hew York, Beacon House 1946, 1959.
  b) *Gruppenpsychotherapie und Psychodrama. Einleitung in die Theorie und Praxis.* Stuttgart, Thieme 1959.

Ouspensky, Pjotr Demjanovic:
Tertium organum. Hew York, Knopf 1934.
dt.: *Tertium organum. Der dritte Kanon des Denkens. Ein Schlüssel zu den Rätseln der Welt.* Weilheim, Barth 1973.

** **Perls, Frederick S.:** *Gestalt-Therapie in Aktion.* Stuttgart, Klett-Cotta, 1986.

Prince, Morton: *The dissociation of a personality: a biographical study in abnormal psychology.* Hew York, Longmans 1906.
dt. in: Morton Prince/Walter F. Prince: *Die Spaltung der Persönlichkeit.* Stuttgart, Kohlhammer 1932.

Prince, Walter Franklin: *The Doris case of multiple personality* in: Proceedings of the American Society for Psychical Research. 9,10 (1916-16).
dt. in: Morton Prince/Walter F. Prince: *Die Spaltung der Persönlichkeit.* Stuttgart, Kohlhammer 1932.

Progoff, Ira:
  a) *Death and rebirth of psychology; an integrative evaluation of Freud, Adler, Jung and Rank and the impact of their culminating insights in modern man.* New York, Julian Press 1956.
  b) *Depth psychology and modern man.* Hew York, Julian Press 1959.
  c) *At a journal workshop.* Hew York, Dialogue House Library 1975.

Rank, Otto:
  a) *Wahrheit und Wirklichkeit. Entwurf einer Philosophie des Seelischen.* Wien, Deuticke 1929.
  b) *Seelenglauben und Psychologie.* Wien, Deuticke 1930.

Rhine, Joseph Banks:
a) *New frontiers of the mind.* Hew York, Farrar a. Rinehart 1937.
   dt.: *Neuland der Seele.* Stuttgart, Deutsche Verlags Anstalt 1938.
b) *The reach of the mind.* Hew York, Sloane 1947.
   dt.: Die Reichweite des menschlichen Geistes. Stuttgart, Deutsche Verlags Anstalt 1950.

Ribot, Theodule Armand: *Essai sur l'imagination creatrice.* Paris, F.Alcan 1900.

** **Rogers, Carl R.:**
a) *Entwicklung und Persönlichkeit. Psychotherapie aus der Sicht eines Therapeuten. Stuttgart, Klett, 1973.*
b) *Therapeut und Klient. Grundlagen der Gesprächspsychotherapie.* München, Kindler 1977.
c) *Der neue Mensch.* Stuttgart, Klett-Cotta, 1981.

Schultz, Johannes Heinrich: *Das Autogene Training.* Leipzig, Thieme 1932. Stuttgart, Thieme 1976.

Smuts, Jan Christiaan: *Holism and evolution.* Hew York/London, Macmilian 1926.
dt.: *Die holistische Welt.* Berlin, Metzner 1938.

Sorokin, Pitirim A.:
a) *Ways and power of love; types, factors, and techniques of moral transformation.* Boston, Beacon Press 1954.
b) *Forms and techniques of altruistic and spiritual growth; a symposium.* Boston, Beacon Press 1954.

Stern, William: *Allgemeine Psychologie auf personalistischer Grundlage.* Haag, Nijhoff 1935 Nachdruck 1950).

Sutich, Anthony J.:
a) *Some considerations regarding transpersonal psychology* in: Journal of Transpersonal psychology. 1,1 1969, S. 11-20.
b) *Transpersonal therapy* in: Journal of Transpersonal Psychology. 5,1 1973), S. 1-6.

Swartley, William: *A comparative survey of some active techniques of stimulating whole functioning.* New York, Psychosynthesis Research Foundation.

** **Tart, Charles T.:**
a) *Altered states of consciousness. A book of readings.* Charles T. Tart Ed.). New York, Wiley 1969.
b) *Transpersonal psychologies.* Hew York, Harper a. Row 1975.
   dt.: *Transpersonale Psychologie.* Olten/Freiburg i.Br., Walter 1978.

Terman, Lewis Madison (Ed.): *Genetic studies of genius.* London, Harrap 1926.

Thigpen, Corbett H./Hervey M.Cleckley: *The three faces of Eve.* Kingsport Tenn., Kingsport Pr. 1957.

Trüb, Hans: *Psychosynthese als seelisch-geistiger Heilungsprozess.* Zürich, Niehans 1936.

Underhill, Eveleyn: *Mysticism.* New York, Dutton 1911.
dt.: *Mystik. Eine Studie über die Natur und Entwicklung des religiösen Bewusstseins im Menschen.* München, Reinhardt 1928.

Urban, Hubert Josef:
a) *»Übernatur« und Medizin.* Innsbruck, Tyrolia 1946.
b) *Über-Bewusstsein.* (Cosmic Consciousness). Nach Bucke und Walker bearb. Innsbruck, Tyrolia 1950.

Van Kaam, Adrian Leo: *The third force in European psychology: its expression in a theory of psychotherapy.* New York, Psychosynthesis Research Foundation 1960.

** **Walsh, R.N./Vaughan F.: (Hrsg.)** *Psychologie in der Wende.* Mit Beiträgen von F. Capra, St. Grof, W. Harmann, Ch. Tart, K. Wilber und anderen.

Wehr, Gerhard: *Carl Gustav Jung.* München, Kösel, 1985.

** **Wilber, Ken:**
a) *Wege zum Selbst.* Kösel München 1984.
b) *Halbzeit der Evolution.* Scherz München 1884.
c) *Das holographische Weltbild.* Scherz-Verlag 1986.
d) *Das Spektrum des Bewusstseins.* Scherz, München 1987.
e) *Die drei Augen der Erkenntnis.* Kösel, München 1988.

Anmerkungen

(*1) Eine umfassende Darstellung der Freudschen Psychoanalyse enthält Ruth L. Munroes *Schools of Psychoanalytic Thought*, das auch einen klaren Überblick und kritische Kommentare zu den anderen Hauptvertretern des psycho-analytischen Denkens gibt.

(*2) Dieses höhere Selbst sollte nicht in irgendeiner Weise mit dem Über-Ich Freuds verwechselt werden, das nach Freuds Theorie kein wirkliches Selbst ist, sondern eine Konstruktion, ein künstliches Produkt. Es unterscheidet sich auch von jedem »phänomenologischen« Konzept des Selbst oder Ich.

(*3) Maslow hat gut erkannt, dass Selbstaktualisierung nicht als ein Zustand betrachtet werden sollte, bei dem alle Konflikte beseitigt sind und ein für alle Mal eine völlige Stimmigkeit erreicht wurde. Seine Ausführung zu diesem wichtigen Punkt ist so glänzend und überzeugend, dass sie es verdient, zitiert zu werden:

"Dieser Aufsatz ist der erste einer geplanten Reihe »Kritik der Selbstaktualisierung«, deren langfristiges Ziel die weitere Erforschung des gesamten Umfanges der menschlichen Natur ist, deren unmittelbares pädagogisches Ziel jedoch ist, das weitverbreitete Missverständnis zu korrigieren, nach dem Selbstaktualisierung ein statisches, unwirkliches, »perfektes« Stadium sein soll, in dem alle menschlichen Probleme überwunden sind und die Menschen »für jetzt und immer glücklich leben« in einem übermenschlichen Zustand des Glückes oder der Ekstase.

Um diese Tatsache klarer zu machen, könnte ich Selbstaktualisierung als eine Persönlichkeitsentwicklung beschreiben, die den Menschen von den Defizit-Problemen beim Reifungsprozess löst und freimacht von den neurotischen (oder infantilen, phantasierten, unnötigen oder »unwirklichen«) Lebensproblemen, so dass er in der Lage ist, den »wirklichen« Problemen des Lebens zu begegnen, sie zu ertragen und anzugehen (den intrinsischen und letzten menschlichen Problemen, den unausweichlichen, den »existentiellen« Problemen, für die es keine perfekten Lösungen gibt). Selbstaktualisierung ist also nicht die Abwesenheit von Problemen, sondern ein Sich-Wegbewegen von vorübergehenden und unwirklichen hin zu wirklichen Problemen.« (Maslow, *»Critique of Self-Actualization«*, Journal of Individual Psychology, 1959).

(*4) Einige der Charakteristika von Selbstaktualisierung und Selbsterfüllung sind von Abraham H. Maslow gut beschrieben worden, z.B. in »Cognition of Being in the Peak Experiences« und »Theory Z.«

(*5) Von griechisch *nous* = Verstand. Die eigentliche Entsprechung zum lateinischen *spiritus* (= Atem, Wind) wäre aber allerdings *pneuma* (= Geist). Es müsste also stattdessen »pneumatische Dimension« heissen. *Nous* entspricht dagegen dem lateinischen *mens* (= mental, verstandesmässig).

Tatsächlich hat auch im Bezugsrahmen der logotherapeutischen Terminologie »spirituell« keine primär religiöse Bedeutung, sondern bezieht sich auf die spezifisch menschlichen, d.h. personalen Dimensionen. So herrscht in der Logotherapie deutlich eine terminologische Unschärfe, die nicht klar zwischen personalem Bereich (körperliche, emotionale und mentale Ebene) und den höheren (spirituellen, transpersonalen) Dimensionen unterscheidet.

(*6) »Bildbewusstsein und schöpferische Situation«, Dtsch. med. Wschr. 1939, Nr.2 und »Das Bildbewusstsein als Ansatzstelle psychischer Behandlung«, Zbl.f.Psychotherapie Bd. 5.

(*7) E. Röther, Darmstadt 1948.

(*8) In neuerer Zeit sind allerdings entsprechende Werke erschienen. Siehe dazu zum Beispiel A. N. Ammann: «Aktive Imagination», Walter-Verlag, Olten 1978.

(*9) Le rêve eveillé en psychothérapie, Paris 1945; Dialogues sur le rêve eveillé en psychothérapie, Paris 1945; Dialogues sur le rêve eveillé, Paris 1973.

Verlag Astrologisch-Psychologisches Institut

Buchreihe »Astrologische Psychologie«

Bruno und Louise Huber:	Die Berechnung des Horoskopes
	Die astrologischen Häuser
	Lebensuhr im Horoskop, Band I
	Lebensuhr im Horoskop, Band II
	Lebensuhr im Horoskop, Band III
in Vorbereitung:	Die Astrologie des Mondknoten
Louise Huber:	Die Tierkreiszeichen. Reflexionen, Meditationen.
Roberto Assagioli:	Psychosynthese - Prinzipien, Methoden und Techniken

Studienreihe »Autodidacta«

Bruno Huber:	Die Persönlichkeit und ihre Integration
	Liebe und Kontakt im Horoskop
	Intelligenz im Horoskop
	Pluto in den zwölf Häusern
Louise Huber:	Was ist esoterische Astrologie
	Entwicklungsprozesse im Horoskop
Michael A. Huber:	Die Dynamische Auszählmethode Berechnung
Robert Mittelstaedt:	Freiheit oder Schicksal
Leonore Stapenhorst:	Die Weltordnung des I Ging

AstroLog
Zeitschrift für Astrologische Psychologie

Tierkreis-Meditations-Kassetten
Text: Louise Huber
Musik: Christian Bühner

Formulare und Hilfsmittel für das Astrologiestudium
Horoskopformulare, Rechenblätter, Studienmaterialien usw.

Fachliteratur
Ein breites Sortiment astrologischer, psychologischer und esoterischer Literatur finden Sie in unserem Buchversand. Bitte verlangen Sie die aktuelle Bücherliste.

Buchversand Michael und Margret Huber
Weidstr. 20, CH-8910 Zwillikon, Tel.: 01/761'87'87